La *vie* vaut la peine d'être *vécue*

Données de catalogage avant publication (Canada)

Lozoff, Bo
La vie vaut la peine d'être vécue

Traduction de: It's a meaningful life.

1. Vie spirituelle. 2. Vie - Philosophie. I. Titre.

BL624.B6914 2002 291.4'4 C2002-940907-1

DISTRIBUTEURS EXCLUSIFS:

- Pour le Canada
et les États-Unis:
MESSAGERIES ADP*
955, rue Amherst
Montréal, Québec
H2L 3K4
Tél.: (514) 523-1182
Télécopieur: (514) 939-0406
* Filiale de Sogides ltée

- Pour la France et les autres pays:
VIVENDI UNIVERSAL PUBLISHING SERVICES
Immeuble Paryseine, 3, Allée de la Seine
94854 Ivry Cedex
Tél.: 01 49 59 11 89/91
Télécopieur: 01 49 59 11 96
Commandes: Tél.: 02 38 32 71 00
Télécopieur: 02 38 32 71 28

- Pour la Suisse:
VIVENDI UNIVERSAL PUBLISHING SERVICES SUISSE
Case postale 69 - 1701 Fribourg - Suisse
Tél.: (41-26) 460-80-60
Télécopieur: (41-26) 460-80-68
Internet: www.havas.ch
Email: office@havas.ch
DISTRIBUTION: OLF SA
Z.I. 3, Corminbœuf
Case postale 1061
CH-1701 FRIBOURG
Commandes: Tél.: (41-26) 467-53-33
Télécopieur: (41-26) 467-54-66

- Pour la Belgique et le Luxembourg:
VIVENDI UNIVERSAL PUBLISHING SERVICES BENELUX
Boulevard de l'Europe 117
B-1301 Wavre
Tél.: (010) 42-03-20
Télécopieur: (010) 41-20-24
http://www.vups.be
Email: info@vups.be

L'ouvrage original américain a été publié
par Viking Penguin,
division de Penguin Putnam Inc.,
sous le titre *It's a Meaningful Life*

Dépôt légal: 3e trimestre 2002
Bibliothèque nationale du Québec

ISBN 2-8904-4725-1

Pour en savoir davantage sur nos publications,
visitez notre site: **www.edjour.com**
Autres sites à visiter: www.edhomme.com •
www.edtypo.com www.edvlb.com • www.edhexagone.com

Gouvernement du Québec – Programme de crédit d'impôt pour l'édition de livres – Gestion SODEC.

L'Éditeur bénéficie du soutien de la Société de développement des entreprises culturelles du Québec pour son programme d'édition.

Nous reconnaissons l'aide financière du gouvernement du Canada par l'entremise du Programme d'aide au développement de l'industrie de l'édition (PADIÉ) pour nos activités d'édition.

BO LOZOFF

La vie vaut la peine d'être vécue

Traduit de l'américain par Marie Perron

le jour, éditeur

Préface

par Sa Sainteté le Dalaï-Lama

Je suis persuadé que la nature humaine est foncièrement bonne et créatrice, et qu'il importe de reconnaître cette réalité. Si nous examinons notre vie, nous constatons que de la naissance à la mort les rapports affectifs jouent un rôle prépondérant qui affecte non seulement notre bonheur, mais aussi notre survie. Certes, en tant que créatures sociales, nous, êtres humains, dépendons les uns des autres pour vivre, mais nous sommes aussi animés d'un désir profond de communiquer entre nous, d'exprimer ce que nous ressentons et de partager nos expériences. D'une part, en raison du besoin que nous avons de vivre ensemble comme les membres d'une même famille, nous devons nous montrer capables de tolérance et de soutien mutuel. D'autre part, c'est dans notre diversité que nous puisons courage et créativité.

Les progrès de la civilisation sont immenses, mais nous continuons à affronter de nombreux problèmes liés à l'importance indue que nous accordons au confort matériel. Nous sommes si engagés dans la poursuite de ce bien-être que, presque à notre insu, nous avons négligé notre besoin fondamental d'amour, de bonté, d'entraide et de compassion. Pourtant, sans entraide, la société n'avancerait pas. Si nous perdons notre humanité essentielle, à quoi nous sert de poursuivre des buts strictement matérialistes ?

La recherche du bonheur est le but premier de l'existence. Par conséquent, il importe que nous sachions ce qui nous rendra le plus heureux. Nos expériences, qu'elles soient bonnes ou mauvaises, sont généralement du domaine mental ou physique, de sorte que nous devrions avant tout nous efforcer d'atteindre la paix de l'esprit. Selon les limites de ma propre expérience, je puis dire que l'amour et la compassion sont les vertus qui apportent le plus de paix intérieure. Plus nous nous soucions du bonheur d'autrui, plus nous nous sentons bien dans notre peau. Le fait de cultiver des sentiments chaleureux envers les autres suffit pour que nous ayons l'esprit tranquille. Cela contribue à nous débarrasser de nos peurs et de nos sentiments d'insécurité et nous procure le courage d'affronter tous les obstacles. C'est la principale clé du succès.

À tous les échelons de la société, des simples liens familiaux aux relations internationales, le secret d'un monde plus heureux et plus dynamique réside dans l'apprentissage de la compassion. L'appartenance religieuse ou la foi en une quelconque idéologie n'ont rien à y voir. Il suffit, pour y parvenir, que chacun d'entre nous développe ses qualités humaines.

Dans cet ouvrage, Bo Lozoff se penche sur ces thèmes. Il nous explique que, si nous voulons améliorer le monde dans lequel nous vivons, il convient avant tout de nous améliorer nous-mêmes et de développer nos vertus innées. En dépit du désespoir et du cynisme qui nous entourent, l'occasion nous est offerte de donner un sens à notre vie si nous nous y appliquons vraiment. Certes, ce livre nous oriente vers les anciennes pratiques méditatives qu'ont enseignées les saints et les sages, mais il n'est pas exempt de conseils plus terre à terre : par exemple, le fait d'éteindre la télévision plus souvent nous permet de créer autour de nous une ambiance plus sereine. L'auteur aborde ici des questions profondes d'une manière simple et accessible à tous. Je ne doute pas que quiconque, qu'il adhère ou non à une croyance, pourra bénéficier des points de vue universels et des conseils judicieux contenus dans ce livre pour rehausser sa vie personnelle et celle du monde entier.

Introduction

NE PERDONS PAS DE VUE LE SENS DE LA VIE

Nous vivons, vous et moi, à une époque où l'ordinaire semble extraordinaire : prendre le temps de regarder un lever de soleil, de savourer une bonne tasse de thé en écoutant de la musique, de partager un petit déjeuner ou un souper en famille tout en étant heureux de la présence de chacun. Ces moments de simple humanité sont si rares de nos jours que les publicitaires nous les présentent tout imprégnés de romantisme et de nostalgie.

Nous vivons aussi à une époque où l'extraordinaire semble ordinaire : un rythme infernal qui viendrait à bout d'Alexandre le Grand lui-même ; un matérialisme et un degré de confort qui excéderaient les rêves les plus fous de Cléopâtre ; une estime de soi dont rougirait Narcisse. Les dizaines de millions d'individus qui ne parviennent plus à suivre ou qui sombrent dans une confusion et une dépression bien compréhensibles se voient prescrire des médicaments puissants pour être en mesure de rentrer dans le rang. C'est non seulement extraordinaire: c'est incroyable.

De nos jours, nous avons même recours aux anciennes pratiques spirituelles, non pas tant pour nous unir au sacré, mais pour réduire notre niveau de stress afin de mieux poursuivre un rythme de vie frénétique et destructeur d'âme. Aux États-Unis, par exemple, on se tourne plus souvent vers la méditation ou le yoga sur les conseils de son médecin que pour obéir aux enseignements des sages.

Lorsque nous osons ralentir et nous poser de graves questions, nos réponses nous satisfont-elles? Ressentons-nous un bien-être profond? Croyons-nous que notre vie a un sens? Sommes-nous pleinement conscients de notre rôle dans l'univers? Sommes-nous confiants dans l'avenir de notre société? Dans l'ensemble, nous sommes loin d'être fainéants; nous dépensons beaucoup d'énergie, et ce, pour toutes sortes d'entreprises. Mais dans quel but?

> C'est comme si un roi vous avait dépêché dans un pays étranger pour y accomplir une tâche spécifique. Vous vous y rendez et vous faites des tas d'autres choses; mais si vous n'accomplissez pas la tâche que l'on vous a confiée, vous n'avez pour ainsi dire rien fait du tout. Ainsi, l'homme est venu sur terre pour y accomplir une tâche précise: cela est son but. S'il ne réalise pas cet objectif, il n'a rien accompli du tout.
>
> - Jalâl al-Dîn Rûmî, poète mystique du XIIIe siècle

Quelle est cette «tâche spécifique» que nous devons accomplir ici-bas? Eu égard aux nombreuses traditions philosophiques et spirituelles, l'on pourrait penser qu'existent de nombreuses réponses contradictoires à cette question, mais cela n'est pas le cas. Toutes les grandes traditions transmettent les mêmes idées fondamentales, telles celles que décrit le *Sanatana Dharma* de l'hindouisme :

- Il existe réellement quelque chose de sacré, de saint et d'incompréhensible.
- Cette réalité sacrée est accessible à tous ; elle est au plus profond de nous-mêmes.
- La quête de cette réalité est le but premier de l'existence. Si nous n'accédons pas au sacré, nous n'aurons « rien accompli ».

Pourtant, nombreux sont ceux qui croient manquer de temps à consacrer au « tas d'autres choses » dont parle Rûmî et qui se disputent notre attention. Le travail, l'hypothèque, les factures et les dettes, les ambitions personnelles et les ennuis familiaux, de même que ces vacances coûteuses et épuisantes qui de temps en temps viennent nous distraire, tout cela occupe l'essentiel de notre emploi du temps. Pour nous, c'est cela *bien vivre.* Nous en sommes venus à croire que nous n'avons pas d'autre choix. La voie rapide occupe maintenant toute la largeur de l'autoroute, et, dans bien des cas, nous filons pleins gaz, aveugles aux vérités et aux pratiques spirituelles qui pourraient donner un sens profond à notre quotidien et nous rendre heureux. Cet ouvrage a pour but de ranimer ces trésors spirituels et de les intégrer à notre vie de tous les jours.

Si nous cherchons un sens à la vie hors de nous-mêmes, nous ne le trouverons pas. Mais si nous nous efforçons de chercher le sens de la vie *dans* la vie, nous constaterons que ce sens réside dans l'instant présent et qu'il nous y attend. Je ne parle pas, bien entendu, de cette notion égoïste et contemporaine du moment présent qui se traduit par « Si je pouvais revivre ma vie, je porterais davantage de pourpre », ou par « La vie est précaire ; il vaut mieux manger son dessert en premier ». Une spiritualité profonde ne se contente pas de « vivre dans le moment présent » dans un but purement égoïste. Nous avons accès à quelque chose de plus profond, à une liberté et un pouvoir spirituels que notre égocentrisme ne nous permet guère d'imaginer. Nous sommes des êtres infiniment plus profonds que nous ne le donnons à entendre.

L'état de spiritualité existe véritablement, il n'est pas uniquement une perception personnelle ou une illusion. Lorsque mon cœur et le vôtre s'ouvrent, notre expérience est identique. Nous abandonnons derrière nous nos personnalités et les circonstances particulières de notre vie afin de participer à la seule grande compassion qui est sans commencement et sans fin. Certains lui donnent le nom de conscience du Christ, d'autres celui de *Sat-chit-ananda*. Lorsque mon esprit et le vôtre se libèrent, nous voyons la même chose. Nous percevons le seul Esprit vivant de toute la création, l'éblouissante lumière divine qui unit et vivifie également tous les êtres. Nous pouvons exprimer ces expériences de mille et une façons, avec des styles, des symboles et des langages différents, mais ces réalités transcendantes ne changent pas.

La notion de responsabilité humaine ne change pas non plus. Chacun de nous est sans cesse appelé à préférer le bien au mal, l'amour à la haine, la bonté à l'égoïsme. Et chacun récoltera les conséquences de ses choix. Ni époque, ni culture, ni sentiment populaire ne sauraient altérer ces vérités fondamentales. Ainsi que le chante le psaume 100, « Éternel est son amour, et d'âge en âge, sa vérité ». Ailleurs, dans l'Ancien Testament, on peut lire : « Je suis la Vérité immuable. »

Nous sommes libres d'ignorer ou de rejeter les lois spirituelles de l'univers, mais nous ne pouvons pas les rendre caduques. De tout temps, les sages nous ont répété que du respect de ces lois dépend notre épanouissement spirituel. Si nous y contrevenons – en nous détournant de ce que les traditions orientales nomment Dharma ou Tao, ou, en termes judéo-chrétiens, si nous préférons Mammon à Dieu –, notre spiritualité se flétrira, quels que soient la gloire, la fortune ou le pouvoir auxquels nous pouvons prétendre.

L'histoire de l'humanité n'est rien d'autre que la narration de ce drame merveilleux où nous sommes beaucoup plus que de simples figurants. Chacun de nous chemine sur la voie des héros, chacun de nous a reçu du roi la mission d'accomplir cette « tâche spécifique » qui consiste à lutter contre d'innombrables illusions et tentations pour accéder à la sainteté qui nous revient de droit.

Nous sommes donc tous mis devant un choix essentiel. Adhérons-nous à l'idée moderne selon laquelle la vie est chaotique, l'effet du hasard et moralement neutre, sans plus de sens que celui qu'on lui confère ? *La vie est une salope, et puis on meurt. Celui qui meurt en ayant accumulé le plus de joujoux est gagnant.* Ou choisissons-nous de nous fier à la sagesse des initiés et des saints – la vie contient un sens profond et chacun peut accéder au Divin ? Si nous optons pour la seconde option, il convient de nous familiariser avec les plans et les règles de ce cheminement afin d'être certains que la voie choisie est la bonne.

Il y a plusieurs années, mon épouse Sita et moi-même avons choisi de suivre les enseignements des initiés et des saints. Plus nous progressions dans nos études et notre pratique, plus nous devenions à même de constater que toute grande religion ou tradition de la sagesse tourne autour des deux mêmes principes fondamentaux, l'un ayant trait à la spiritualité intérieure et l'autre à la spiritualité extérieure.

- Le principe intérieur nous enseigne que chacun de nous peut, dans le silence et la solitude, accéder et même se fondre à l'essence du Divin qui réside en chacun de nous. Nous pourrions donner le nom de *communion* à ce principe. Le nom et les idées qui entourent l'objet de cette communion varient d'une religion à l'autre, mais toutes les religions s'entendent pour dire que par la diligence et l'ardeur nous pouvons communier avec l'être suprême, quel que soit le nom que nous donnions à celui-ci.
- Le principe extérieur commun à toutes les religions relève de l'éthique de nos rapports aux autres. On nous enseigne l'amour et le respect de toute la création, le pardon, la compassion et la bonté, et on nous enjoint de préférer le bien de tous à nos réussites personnelles. Un mot universel décrit bien ce principe: *communauté*. L'esprit communautaire doit être le principal moteur de notre existence.

La «tâche unique» dont parle Rûmî semble laisser entendre que la communion est le seul but qui compte, mais toutes les grandes religions insistent depuis toujours sur le fait que travail intérieur et travail extérieur sont interdépendants et ne peuvent vraiment être dissociés l'un de l'autre. Sans la compassion et l'amour d'autrui, nous avons peu de chance de communier avec Dieu, peu importe le nombre d'années que nous passions à prier en silence. Servir la création de Dieu est une forme de prière très efficace. La communion et la communauté, c'est là, semble-t-il, le principe binaire commun à toutes les grandes religions et le moyen qui nous est donné pour accomplir cette « tâche spécifique », la prise de conscience de Dieu.

Les grands initiés tels Jésus, Bouddha, Mahomet, Thérèse d'Avila, Ramakrishna, Ba'al Shem Tov, et combien d'autres, nous ont laissé d'innombrables enseignements, des anecdotes, des pratiques et des exemples qui nous aident à équilibrer les principes de communion et de communauté afin d'éviter de nous égarer dans le labyrinthe de la vie terrestre. Ces enseignements pratiques sont tous à notre portée : nous ne sommes pas laissés à nos propres moyens lorsqu'il s'agit d'apprendre à vivre dans la spiritualité.

Sita et moi avons été si bouleversés et si transformés par ce que ces enseignements et ces pratiques nous ont permis de découvrir que nous n'avons jamais regretté d'avoir quitté la voie rapide au profit de la vraie voie. Notre vie continue de se déployer avec une force et une grâce que notre imagination n'aurait jamais su créer.

Jamais nous n'aurions cru que le travail de toute une vie prendrait naissance dans le projet Prison-Ashram, commencé en 1973 avec le soutien de notre ami et premier guide, Ram Dass. Après avoir expédié des exemplaires de son premier ouvrage, *Be Here Now,* aux bibliothèques des centres de détention du pays, Ram Dass a reçu d'innombrables lettres de détenus assoiffés de conseils spirituels qu'ils pourraient mettre en pratique en milieu carcéral. À cette époque, quelques-uns des membres de ma famille étaient incarcérés et j'éprouvais un besoin croissant de me donner à cet univers de douleur, de peur et de souffrance.

Lorsque Ram Dass et moi avons pris conscience de nos intérêts communs, nous avons eu une idée qui nous a paru banale sur le coup : offrir aux détenus une amitié spirituelle interconfessionnelle et libre. Depuis, Ram Dass a suivi des voies différentes, mais le projet Prison-Ashram que nous avons fondé est sans doute la ressource de ce type la plus ancienne et la plus répandue au monde.

Bon nombre des centaines de lettres que nous adressent chaque jour les détenus et leurs familles peuvent se lire comme suit : «J'étais sur le point de capituler quand j'ai reçu vos livres. Vous m'avez littéralement sauvé la vie.» Sita et moi n'avions jamais pensé que nous verrions l'intérieur de centaines de prisons dans le monde entier, mais cela fut un privilège qui nous a grandis à un point que nous ne pourrions jamais exprimer.

Après plusieurs années de travail auprès des détenus, nous avons créé la Human Kindness Foundation (Fondation de la bonté humaine), afin que celle-ci devienne le noyau d'autres projets et intérêts. Mes tournées de conférences et de séminaires m'amènent à voyager partout dans le monde ; j'y aborde des sujets aussi divers que la société actuelle, les réformes carcérales, le mariage, l'éducation des enfants, la spiritualité interconfessionnelle, le bénévolat, les écrits sacrés, et tout ce qui me semble propice à un échange.

L'un des projets récents de la fondation est l'Interfaith Order of Communion and Community (Mouvement interconfessionnel pour la communion et la communauté) qui enseigne des pratiques et des préceptes à plusieurs centaines de participants à travers le monde (environ 70 p. 100 d'entre eux sont des détenus). Tous sont engagés dans une forme ou une autre de travail communautaire, ils méditent de concert avec nous à des moments précis et nous font part de leurs progrès une fois par mois.

Au début des années 1990, le volume de courrier que nous recevions (plus de cinquante lettres par jour) nous a prouvé que nous ne pouvions plus gérer cette entreprise du petit bureau aménagé dans un cagibi au fond de la cour arrière. Sita et moi vivons maintenant à Kindness House (Maison de la bonté), une communauté spirituelle composée d'environ dix à quinze individus qui assurent la gestion de la Human Kindness Foundation et de ses nombreux projets. Kindness House applique à fond les principes de communion et de communauté. Le troisième principe qui nous guide ici est celui d'une vie simplifiée. C'est notre façon de réagir aux problèmes personnels et planétaires dans une société esclave de la consommation et de l'endettement.

À Kindness House, nous commençons chaque journée par une pratique spirituelle silencieuse (méditation, prière, lecture, yoga, promenade dans la nature). Nous construisons nous-mêmes tous les édifices dont nous avons besoin, cultivons l'essentiel de nos produits alimentaires, coupons du bois, fabriquons presque tous nos meubles, et conduisons des tracteurs, des chariots élévateurs et toutes sortes d'autres engins rigolos qui trouvent leur place dans une organisation comme la nôtre. La menuiserie m'apporte un bonheur très précieux. Pour Sita, le bonheur, c'est de plonger les mains dans l'humus du potager ou de créer des vitraux pour nos maisonnettes à énergie solaire.

Les visiteurs qui viennent régulièrement partager notre vie communautaire pendant quelques jours, quelques semaines ou quelques mois sont pour nous un cadeau du ciel. Ainsi que le disait l'un de nos pensionnaires, «le monde entier vient à Kindness House». Lorsque mon regard circule autour de la table et que je vois des gens venus d'Australie, d'Inde, d'Allemagne ou d'ailleurs tenir la main tatouée d'un meurtrier réformé ayant vécu de nombreuses et cruelles années en prison, puis tenir celle de mon fils et de ma bru, ou celle de vieux musiciens de rock'n'roll, de professeurs de méditation, de moines et de religieuses, d'enseignants à la retraite, d'hommes d'affaires décrocheurs, de riches donateurs ou de vagabonds indigents, j'éprouve un sentiment de gratitude voisin de l'extase. En observant cette assemblée d'individus si différents les uns des autres, j'entends presque Jésus s'exclamer: «Ah, enfin! Voilà *tout à fait* ce que j'avais en tête!»

Je suis toujours abasourdi par la transformation que suscitent nos pratiques quotidiennes chez nos visiteurs: méditation de groupe dès le réveil; puis brève lecture spirituelle sous la direction de l'un d'entre nous; silence jusqu'au petit déjeuner; journée de travail et de préparation des repas dans la gaieté et le silence... bref, des tas de petits détails agréables auxquels nous qui vivons ici sommes habitués, mais qui métamorphosent l'existence de ceux qui nous rendent visite. Il m'est apparu clairement qu'un ouvrage axé sur ces pratiques et ces philosophies arriverait à point pour tous ceux qui ont l'impression que leur vie tourne à vide ou qu'elle leur échappe.

Ce livre rassemble près de trente-cinq années d'étude, de pratique et d'expérimentation empirique dans le domaine de la spiritualité interconfessionnelle, tel que j'en ai fait l'expérience avec ma propre famille. Il se veut également une critique des points de vue et des façons de faire de notre société actuelle, en particulier de la consommation excessive, un esclavage qui en est venu à dominer toutes les sphères de la vie humaine. Ainsi que le disait le moine Sujata dans son livre intitulé *Beginning to See*: «Le Bouddha n'est pas venu sur terre pour nous dire que le monde était dans la bonne voie.»

Je crois à une vie personnelle joyeuse et enrichissante. Je crois également que notre civilisation a de sérieux problèmes. Il serait peu judicieux de ne pas vous présenter un portrait équilibré de ces deux réalités. Je vous les offre ici toutes deux. J'ose espérer que ma critique sociale n'éteindra pas votre optimisme et que mes messages spirituels ne vous inciteront pas à vous concentrer sur le travail intérieur au détriment de l'attention que vous devez porter à l'univers souffrant et dysfonctionnel qui vous entoure.

Il y a beaucoup à faire, tant intérieurement qu'extérieurement, et nous devons nous y consacrer avec détermination et enthousiasme.

Le travail intérieur est le sujet de la première partie de ce livre – Le chemin du dedans: la communion. Le travail extérieur est le thème de la seconde partie – Le chemin du dehors: la communauté. Dans l'introduction de chaque partie, je m'efforce de transmettre au lecteur le sens fondamental des idées contenues dans tous les chapitres qui suivent. Ceux-ci s'ouvrent sur des questions que j'ai l'habitude d'entendre et se terminent par des pratiques spécifiques qui permettent au lecteur d'*agir* en fonction de l'information qu'il a reçue. Pour moi, ce passage de la théorie à la pratique est très important, car, ainsi que le disait Wang Yang Ming il y a des siècles: «Savoir sans agir équivaut à ne pas savoir.»

Le même sens primordial nous interpelle tous, parfois en un chuchotement – une «faible petite voix» que noient les rumeurs de la survie quotidienne. Mais ce chuchotement persiste jusqu'à ce que nous commencions à l'entendre au plus noir de la nuit ou à la suite d'un passage difficile ou d'un deuil, ou encore lorsque nous parvenons à étouffer le fracas du monde tout juste assez longtemps pour entendre l'essentiel.

Lorsque cela se produit, nous percevons des signes infimes – amitiés nouvelles, ressources inespérées, un détail qui semble dû au hasard. Ces signes nous procurent l'occasion de faire l'expérience de la vie avec une profondeur et une sainteté dont nous ne nous étions pas crus capables. J'ose espérer que mon livre sera pour vous l'un de ces cadeaux inattendus, que vous le recevrez au bon moment, et qu'il renforcera les chuchotements intérieurs auxquels vous ne pouvez plus faire la sourde oreille.

Première partie

LE CHEMIN DU DEDANS : LA COMMUNION

LA CRÉATION D'UNE PRATIQUE SPIRITUELLE INDIVIDUELLE

Il n'est pas indispensable que chaque époque réinvente, redécouvre ou conjecture de nouveau le sens de la vie. Il suffit pour en faire l'expérience de suivre la piste de ceux qui ont parcouru ce chemin avant nous. D'innombrables pèlerins spirituels ont connu les mêmes attentes que nous, affronté les mêmes obstacles et se sont voués à la vérité autant que nous souhaitons le faire. Il peut être très rassurant de lire leurs écrits et leurs enseignements pour ensuite adapter ceux-ci aux circonstances particulières de notre vie. Nous ne sommes jamais aussi seuls que nous le pensons.

L'une de mes citations préférées tirée des Évangiles est « Ne vend-on pas deux passereaux pour un as ? Et pas un d'entre eux ne tombera au sol à l'insu de votre Père ! » Le Mahabharata hindou énonce la même chose : « Je salue le Seigneur Krishna pour qui rien n'est impossible, rien n'est inconnu, rien n'est insupportable. » Ces deux extraits font allusion non seulement à l'omniscience de Dieu, mais aussi au souci qu'Il se fait pour nous et à l'affection qu'Il nous porte. Si Dieu connaît et aime tout, l'on peut en déduire que tout a de l'importance. La vie a un sens. La vie est foncièrement belle en dépit des combats que nous menons et de notre confusion. Tout concorde.

Mais dans le tourbillon d'activités, de passions, d'échéances, de pressions et de crises de notre vie quotidienne, de quelle façon pouvons-nous le mieux nous rappeler que la vie est belle et que tout concorde ? Connaissez-vous cette vieille plaisanterie : Un type s'approche d'un musicien de rue à Manhattan et lui demande : « Pardon, monsieur, comment puis-je me rendre à Carnegie Hall ? » Le musicien répond gravement : « En vous appliquant beaucoup ! » et il s'éloigne.

L'un des messages fondamentaux que nous ont transmis les saints et les sages concerne l'importance d'une pratique spirituelle sérieuse et diligente. La lecture et l'étude, si appliqués que nous soyons, ne suffisent pas à une réelle transformation, pas plus que le fait d'« être soi-même » ou de « suivre le courant ».

Le taoïsme est, de toutes les traditions spirituelles, celle qui prêche davantage la simplicité et le mouvement. Il permet aux choses d'être ce qu'elles sont. Pourtant, même Lao-tseu, le fondateur du taoïsme, insiste beaucoup sur l'importance de la pratique.

> *N'allez pas croire que vous parviendrez à l'éveil total et à un grand éclairement sans la discipline de la pratique.*
>
> *C'est de l'égocentrisme.*
>
> *Un rituel approprié canalise vos émotions et votre énergie vitale vers la lumière. Sans une pratique rigoureuse des rituels, vous trébucherez et retournerez sans répit à l'obscurité.*
>
> Lao-tseu, *Hua Hu Ching*

Nous devons accepter de faire le travail spirituel qui nous rapproche progressivement d'une communion avec l'éternel et le divin qui résident en nous. Dans le laboratoire du monde terrestre, toute notre vie devient une expérimentation spirituelle.

Les pratiques spirituelles nous aident à dompter l'esprit et le corps, à en faire nos serviteurs plutôt que nos maîtres. Les techniques que nous ont transmises les grandes traditions ne sont, en général, ni complexes ni raffinées ; ce sont des activités simples et répétitives qui entraînent peu à peu notre esprit vers la communion. Parmi ces pratiques universelles, notons la respiration, la méditation, la lecture des textes sacrés, le yoga, la marche, la prière, la répétition de mantras et les vœux. Je décris aussi d'autres pratiques moins traditionnelles, par exemple le travail manuel ou la rédaction de certaines de vos valeurs personnelles.

Je sais combien il peut être difficile de changer radicalement nos habitudes de vie, et je sais combien il est facile de céder au cynisme lorsque nous faisons face à un nouvel éventail d'idées, de pratiques ou de vœux : nous avons échoué si souvent. Mais pour en venir à nous débarrasser d'une mauvaise habitude, il suffit parfois de lui substituer une bonne habitude. La pratique spirituelle quotidienne, surtout au réveil, nous rappelle qui nous sommes et à quelle vie nous aspirons. Si, chaque matin et chaque soir, nous faisons s'évanouir toutes nos identités devant notre oratoire – en oubliant jusqu'à notre nom, combien d'argent nous gagnons ou quelle voiture nous conduisons, ainsi que le dit Joseph Campbell –, il ne nous reste plus que seize heures pour gâcher notre existence. Les vices et les mauvaises habitudes s'ancrent moins facilement quand nous faisons le ménage toutes les seize heures. Cela nous est d'un grand secours.

Rappelez-vous que les pratiques spirituelles n'ont pas pour but d'agrémenter immédiatement notre vie. On ne les adopte pas non plus pour développer une plus grande profondeur, mais bien pour prendre conscience de cette profondeur – que nous possédons déjà mais dont nous oublions l'existence. Lorsque se déplace notre centre de gravité et que notre mode par défaut passe du terrestre au spirituel, la sérénité naturelle que nous acquérons nous aide à faire face sans effort aux circonstances qui naguère nous auraient rendus malheureux.

Un éventail de pratiques spirituelles

Les pratiques spirituelles contribuent en outre à nous rendre plus attentifs à certaines questions, notamment l'alimentation, le conditionnement physique et la parole. Nous pouvons dire, par exemple, «Je ne parlerai de personne en son absence». Une telle résolution ne réclame, bien sûr, qu'une partie de notre attention, mais c'est précisément cette partie de notre attention qu'elle nous permet de renforcer. Nous nous taisons aussitôt que nous nous surprenons à parler de quelqu'un. La même chose se produit si, pour avoir consacré une journée au silence, nous entendons intérieurement tout ce que nous aurions pu dire ce jour-là, ou si nous accomplissons «attentivement» notre travail, sans bavardages inutiles. Cette intentionnalité est au cœur du travail spirituel, car nous voulons agir en toute conscience.

Bon nombre d'entre nous croient fermement aux bienfaits du jeûne. Jeûner est apaisant, car notre agitation extérieure s'estompe ainsi faute d'être alimentée. Au deuxième ou troisième jour, la personne qui jeûne est beaucoup plus calme. Lorsque je jeûne, je m'efforce de ne pas banaliser cette activité en déclarant trop aimer la pizza ou mourir d'envie d'une glace.

Il m'arrive de suggérer aux pensionnaires de Kindness House qui choisissent de pratiquer le jeûne d'aider à la préparation de leur mets préféré pour le repas communal. En d'autres termes, l'essentiel est de ne pas éviter la difficulté et de la regarder bien en face. Nous nous concentrons sur la dignité de cette pratique : *Je ne mange pas, c'est tout. Bien sûr, ça sent bon. Mais je jeûne. Inutile d'en faire un drame.*

Une autre de nos pratiques alimentaires consiste à faire le vœu du « refus de l'autre portion ». Souvent, nous avons les yeux plus grands que la panse par pure gourmandise. Cela m'arrive quand je mange de la pizza. Faire de temps à autre le vœu de se priver d'une « autre portion » pendant tout un mois nous aide à dominer notre gloutonnerie. Vous mettez dans votre assiette une quantité de nourriture suffisante pour combler votre appétit, et vous vous abstenez d'en reprendre. Si vous vous surprenez à le faire, vous vous dites *Oups... j'ai fait le vœu du « refus de l'autre portion »*.

De telles pratiques contribuent au développement de notre intentionnalité et celle-ci, en retour, nous rend plus sereins. Le fait d'affronter les privations et les déceptions avec sérénité est extrêmement libérateur. Vous avez un petit accident en vous rendant au travail ; vous cueillez par erreur au comptoir de nettoyage les vêtements de quelqu'un d'autre ; l'incompétence des employés d'une ligne aérienne vous force à passer la nuit à l'aéroport – si banals que puissent vous sembler ces exemples dans le contexte de votre cheminement vers Dieu, sachez que vos petits ennuis peuvent raccourcir vos jours si vous ne possédez pas la sérénité nécessaire pour les affronter avec humour.

Depuis longtemps, la pratique physique est vue comme une pratique spirituelle. Les sherpas tibétains ont grimpé pieds nus vers les plus hauts sommets du monde. Les coureurs amérindiens ont traversé sans effort des vallées profondes et d'immenses plaines dans un état voisin de l'extase. Les coureurs de marathon parlent du «Zen de la course à pied».

L'extraordinaire prouesse rendue possible par la fusion du cerveau, de l'esprit et du corps n'est plus mise en doute. Mais cette fusion nécessite une bonne dose de discipline personnelle. Si nous laissons le cerveau s'égailler pendant que nous nous entraînons, ou si nous nous entraînons en écoutant une cassette motivante ou en bavardant entre amis, nos pratiques seront purement physiques. Ce qui transforme une activité ordinaire en pratique spirituelle est la concentration totale sur cette activité, le plus possible dans un état d'esprit calme et réceptif. L'on s'étonne beaucoup de constater que la pratique physique est beaucoup plus efficace lorsqu'on l'aborde comme une pratique spirituelle.

L'habitude de la pratique spirituelle

Nous sommes toujours des néophytes dans notre cheminement spirituel. Nous n'avons nul besoin de pratiques compliquées ou ésotériques, encore moins de pratiques très diversifiées. Mais nous avons besoin de faire de la spiritualité le moyeu de notre vie quotidienne. Le temps, la détermination et la patience sont des éléments indispensables à une pratique spirituelle efficace et souple. Optez pour des pratiques qui vous paraissent agréables, faites-les chaque jour et vous verrez votre vie se transformer. Cela n'est ni discutable ni hypothétique : c'est une vérité issue d'une sagesse très ancienne.

La pratique spirituelle comporte plusieurs degrés. J'ai participé à bon nombre de retraites dirigées par des swamis, des enseignants, des moines et des maîtres, et j'ai aussi fait des retraites solitaires afin de puiser en moi-même une orientation. J'ai traversé les mers dans le but de m'asseoir en silence en présence d'une sainte femme. J'ai renoncé aux relations sexuelles, à la musique, à l'écriture et à l'enseignement pendant des périodes pouvant aller jusqu'à trois ans dans l'espoir de mieux percevoir le rapport intentionnel que j'entretenais avec ces différents aspects de ma vie. J'ai passé deux mois dans le silence le plus complet pour me libérer de mes modes d'expression habituels.

Mais le révélateur suprême de toute pratique spirituelle est la vie quotidienne. Nous ne pouvons échapper à ce creuset. Dans les années 1970, il arrivait qu'après un mois de retraite j'éprouve des sentiments de calme, de compassion et de sagesse, mais il me suffisait de participer à un dîner d'Action de grâces avec ma famille pour devenir, en deux heures, un imbécile hypertendu et bavard. Cette occurrence est si fréquente parmi les personnes qui s'adonnent à la méditation aux États-Unis qu'on lui a même donné un nom : le déraillement du retour de retraite.

Cela ne signifie pas que la retraite et l'étude auprès d'un maître soient sans valeur. Je recommande tout à fait cette quête intérieure à toute personne qui y est encline et qui peut s'y adonner dans un milieu adéquat ; il arrive qu'on y fasse d'énormes progrès. Mais si votre situation présente vous interdit toute retraite prolongée, tout entraînement en résidence ou tout pèlerinage spirituel, vous pouvez néanmoins vous aventurer dans votre propre jardin intérieur : il vous suffit d'intégrer un certain nombre de concepts et de pratiques spirituelles à votre vie quotidienne.

Les progrès spirituels ne se mesurent pas comme les progrès scolaires ou physiques. Regarder un documentaire sur Mère Teresa dans un état de réceptivité et d'humilité pourrait influencer votre vie plus fortement que deux semaines de méditation solitaire (voir la pratique de la page 139). Faire l'expérience d'une catharsis au cours d'un week-end en solitaire pourrait vous transformer plus sûrement qu'un mois entier passé dans un ashram. Renoncer en toute conscience à la colère et à la violence au volant si vous devez composer avec des conducteurs ineptes ou grossiers pourrait métamorphoser vos relations personnelles plus rapidement qu'un voyage en Inde.

Quels que soient le lieu et les circonstances où vous vous trouviez, ceux-ci sont propices à la pratique spirituelle. Mais vous devez lui payer son dû. Mon conseil : si vous souhaitez vous familiariser avec une pratique spirituelle précise, engagez-vous formellement à l'exercer pendant au moins un mois, à la même heure chaque jour, avant de juger si elle « fonctionne » ou si elle vous convient. La pratique du vœu décrite à la page 75 vous propose des moyens d'y parvenir.

Il importe également d'envisager correctement dès le départ la pratique spirituelle. Celle-ci ne nous sert pas à échapper aux pressions quotidiennes ou à nous distraire de nos problèmes, bien qu'il arrive que ce soit là l'un de ses effets secondaires. La pratique spirituelle a pour but de renforcer la présence de notre esprit dans l'instant. Elle nous aide à composer avec ce que Zorba le Grec appelait « la catastrophe générale », soit tout ce qui vient vers nous dans le maelström frénétique de l'existence.

Il ne s'agit pas de changer les événements eux-mêmes – bien que des miracles semblent parfois se produire à mesure que s'épanouissent notre foi et notre conscience –, mais plutôt de demeurer dans l'instant réel en nous rappelant que même cet instant doit faire partie de notre cheminement spirituel. À mesure que nous apprenons à affronter le danger ou les conflits sans égarement, sans peur et sans négativité, l'occasion nous est offerte de devenir les héros de nos drames personnels plutôt que leurs victimes. Les tragédies de l'existence sont presque amusantes quand, ainsi que le dit le maître bouddhiste Pema Chodron, «notre curiosité l'emporte sur nos peurs».

Pour toutes ces raisons, il est possible de s'adonner à certaines pratiques spirituelles à tout moment de la journée, et non pas uniquement à des moments convenus comme c'est le cas pour la méditation ou le yoga. Par exemple, le meilleur moment (et le plus difficile) pour travailler sur nos élans de colère est précisément lorsque nous sentons la moutarde nous monter au nez. À la page 256, vous trouverez par conséquent une pratique conçue pour cette occasion. Rien dans notre environnement ne peut mettre un frein à notre pratique spirituelle. Mes milliers d'amis détenus qui optent pour l'épanouissement de leur conscience et de leur compassion dans l'un des milieux les plus bruyants, les plus furieux et les plus brutaux de la terre me l'ont bien démontré. Leur persistance inouïe a métamorphosé ma vie.

Dans les pages qui suivent, je décris des pratiques simples et accessibles qui peuvent vous aider dans votre travail spirituel. Mes propres études et expérimentations m'ont permis d'adapter mes pratiques à ma personnalité, et vous ferez de même. Quelles que soient ces pratiques, celles-ci doivent répondre au besoin que nous éprouvons d'atteindre un équilibre mental, physique et spirituel. Nous avons tous besoin d'harmonie entre mysticisme et pragmatisme.

Au fil du temps, à mesure que s'ouvrent nos cœurs et que se dessillent nos yeux, nous découvrons qu'il n'y a rien à équilibrer : le cerveau, le corps et l'esprit ne font qu'un ; mysticisme et pragmatisme ne font qu'un. Notre vie devient un tout parfaitement lisse, et chaque instant donne lieu à une pratique spirituelle consciente. Nous accueillons la vie et la vie nous accueille ; les peurs, les inquiétudes, les luttes intérieures du passé s'évanouissent. Le chemin est souvent cahoteux. Mais la joie et la gratitude inhérentes à cet éveil surpassent tout autre bienfait que la vie pourrait nous offrir. Il s'agit véritablement d'un grand soulagement.

Au-delà même de ce grand soulagement, l'objectif suprême de toute pratique spirituelle est de nous faire pénétrer dans un état permanent de communion, un état qui ne fait aucune différence entre « ma volonté » et « Votre volonté », entre moi et Dieu. « Moi et le Père nous sommes un », dit Jésus (Évangile selon saint Jean 10,30). La religion sikhe psalmodie : « Il n'y a plus pour nous d'emmêlements ou de traquenards, pas même un soupçon d'égoïsme. Toute distance est abolie ; il n'y a pas de rideau entre nous. Vous êtes à moi ; je suis à Vous » (Adi Granth M.5). Dans l'état de communion au-delà de l'ego, c'est Dieu qui vit en nous et à travers nous, et il s'occupe rudement mieux de notre vie que nous aurions pu l'imaginer.

Mon ami et collègue écrivain le rabbin Rami Shapiro exprime admirablement cette idée :

Il a beaucoup plu pendant la nuit et la rue est boueuse. Ce matin, en me rendant à pied à la Bet Midrash (École du Savoir), je me suis arrêté pour observer un groupe d'enfants qui jouaient dans la boue. Oublieux de l'humidité, ils façon-

naient des douzaines de petits personnages et d'objets : maisons, animaux, tours. À les entendre, je compris qu'ils conféraient une identité à chacune de ces figurines. Ils leur donnaient des noms et racontaient leur histoire.

Les figurines de boue étaient provisoirement dotées d'une existence propre. Mais elles n'étaient, au fond, que boue. La boue était leur origine et leur substance. Du point de vue des enfants, ces créatures de boue possédaient une individualité. Du point de vue de la boue, cette individualité n'était manifestement qu'une illusion : les créatures de boue n'étaient que boue.

Il en va de même pour nous et Dieu. « C'est Yahvé qui est Dieu, là-haut dans le ciel comme ici-bas sur la terre, lui et nul autre » (Deutéronome 4,39). Lui et nul autre, c'est-à-dire qu'il n'y a rien ni personne d'autre que Dieu sur la terre comme au ciel.

Est-ce possible ? Quand j'observe le monde, je ne vois pas Dieu. J'aperçois des arbres de toute essence, des individus de tout type, des maisons, des champs, des lacs, des vaches, des chevaux, des poules, et ainsi de suite. En cela je suis comme les enfants de tout à l'heure qui voyaient de vraies créatures, pas seulement de la boue.

Où donc est Dieu dans tout cela ? La question elle-même est trompeuse. Dieu n'est pas « dans » ceci ; Dieu est cela.

Réfléchissez sérieusement à ce que je viens de dire. C'est la clé de tous les mystères de la vie.

Rabbin Rami Shapiro,
Open Secrets

Que signifie cette clé – Dieu seul existe ? Si tel est le cas, je n'existe donc pas en tant qu'individu. L'éveil à cette non-existence du moi est au cœur des enseignements de toutes les religions et le but de toutes les pratiques de communion. Voilà pourquoi je préfère parler d'« éveil » plutôt que d'« éclairement ». Le mot « éclairement » suggère un but à atteindre, un objet à obtenir, ce qui n'est pas du tout le cas. Nous nous éveillons à ce qui a toujours réellement existé.

Supposons que vous portiez une chemise et que vous marchiez dans la rue en répétant : « Si au moins je portais une chemise bleue ! Si au moins je portais une chemise bleue ! » Je vais vers vous et vous dis : « Mais baissez les yeux : vous verrez bien que vous portez une chemise bleue. » Vous baissez les yeux, vous voyez votre chemise, vous vous éveillez à cette vérité et vous en êtes heureux. Le fait que vous portiez une chemise bleue n'est pas devenu une réalité dans l'instant ; c'était une réalité depuis le matin. Mais puisque vous n'étiez pas encore conscient de cette réalité, vous ne pouviez en tirer aucun plaisir.

Vous, moi, nous regardons autour de nous et nous percevons une création différente. Mon gourou, Neem Karoli Baba, dit en regardant autour de lui : « Partout je ne vois que Dieu. C'est pourquoi j'honore toujours tout. » D'où l'expression « s'éveiller à Dieu » : comprendre que tout est Dieu. Nos yeux se dessillent et nous voyons la vérité qui a toujours été vérité. Toutes les religions du monde parlent de cela comme d'une expérience authentique, d'un état réel, et non pas d'une simple croyance, métaphore ou philosophie. Il s'agit d'une communion véritable avec l'ultime plénitude qui n'a lieu que dans le vide absolu de soi.

Bon nombre d'entre nous l'ont constaté : cette totale expérience de Dieu n'est pas entièrement à la portée de notre être conscient, et nous ne pouvons pas la résumer à une formule basée sur le nombre, le genre ou la durée de nos pratiques. Les voies de Dieu sont impénétrables. On dit que, dans une certaine mesure, la grâce est nécessaire. Telle personne s'adonne rigoureusement à la méditation pendant quarante ans sans avancer d'un pas ; telle autre a une illumination dix minutes après avoir commencé sa première séance.

Cela ne signifie nullement que nos pratiques soient étrangères à un tel éveil. Il y plusieurs années, j'accompagnais à la guitare le regretté rabbin israélien Shlomo Carlebach. Un soir, il s'adressa ainsi à la foule : « L'expérience totale de Dieu n'est pas le résultat d'une planification ou d'un effort. C'est un état de grâce spontané, presque accidentel. » Plus tard dans la soirée, quand nous avons été seuls, je lui ai posé la question suivante : « Rabbin, si l'expérience de Dieu n'est qu'un accident, pourquoi nous efforçons-nous tant d'accomplir nos pratiques spirituelles ? » Sa réponse : « Pour devenir le plus possible sujets aux accidents ! »

Les saints hommes et les saintes femmes, les pèlerins spirituels les plus « sujets aux accidents » rient beaucoup, semblent peu soucieux de ces paradoxes et ne s'inquiètent guère de leur trouver des explications rationnelles. Ce sont surtout leurs intuitions et leurs pratiques qui emplissent les pages de ce livre, tout simplement pour que vous et moi apprenions à rire comme eux.

SORTIR DU RÊVE AMÉRICAIN

Il me semble disposer de tous les ingrédients nécessaires à une vie satisfaisante et agréable. Mais il manque à cette vie quelque chose d'essentiel. J'éprouve toujours un manque, comme l'absence de la vraie joie. Où me suis-je trompé ?

Le bouddhisme met en lumière un aspect de la vie spirituelle que l'on pourrait traduire par la «juste perception». Cette notion de juste perception – qui se rapproche du dicton *Les arbres cachent la forêt* – nous enseigne que, peu importe le nombre d'ingrédients de qualité que nous ayons à notre disposition pour vivre une vie heureuse, ces ingrédients doivent aussi s'intégrer au tout auquel s'harmonisent nos existences individuelles. En d'autres termes, si nous parvenons à nous faire une idée de ce qu'est la vie dans son sens le plus vaste, nous commençons à comprendre les raisons de notre insatisfaction. Sans doute même découvrons-nous que nous ne sommes pas aussi malheureux que nous étions portés à le croire.

Nos vagues désirs, notre sentiment d'incomplétude sont peut-être la conséquence d'une perception faussée par les médias et par des attentes irréalistes.

Développez tout votre potentiel. Il suffit d'agir! Escaladez les plus hauts sommets. Osez rêver. Ces philosophies de pacotille sont tentantes à première vue, mais elles relèvent du même besoin de consommer qui ne saurait jamais nous combler puisque le matérialisme, en nous promettant pourtant mer et monde, se fonde précisément sur notre insatisfaction chronique. Derrière d'ingénieuses représentations de bien-être et d'irrésistibles slogans, cette conception de l'existence vise purement et simplement à nous vendre des produits de consommation.

Les deux moteurs principaux des stratégies mercatiques qui visent le consommateur sont le désir et la peur. *Mangez ceci, buvez ceci, faites ceci, prenez le volant de ceci, et vous serez heureux. Avalez cette pilule pour éviter de souffrir.* Entre-temps, tous les enseignements spirituels du monde nous répètent que le désir et la peur sont les deux principaux boulets de la vie humaine, les deux pires obstacles à notre bonheur.

Bien sûr, nous faisons tous l'expérience du désir et de la peur. Dès la naissance, le désir de ce qui pourrait nous faire du bien et la peur de ce qui pourrait nous faire du mal sont pour nous d'importants instruments de navigation. Le problème ne réside pas dans le fait qu'ils existent, mais bien dans notre attitude face à eux: parvenons-nous à les incorporer à un instrument de navigation plus développé et axé sur la juste perception? Dans l'affirmative, comment?

Le raffinement et le pouvoir de la publicité et de l'« info-spectacle », de même que la mondialisation des valeurs de la société de consommation – que de nombreux analystes tendent à nommer La Terre, Inc. –, font qu'il est toujours plus difficile de fondre nos désirs et nos peurs innés dans un instrument de navigation plus développé, car la société de consommation dépend de la survie de ces désirs et de ces peurs. Selon une curieuse observation de Helena Norberg-Hodge, auteur de *Ancient Futures: Learning from Ladakh*, le monde d'aujourd'hui est dominé par la même mentalité qui, naguère, était celle d'adolescents en blousons de cuir noir, à califourchon sur leur moto et cigarette au bec.

Même si vous et moi avons simplifié nos vies et adopté des valeurs différentes, nous serions idiots de prétendre être immunisé contre les blitz publicitaires et les slogans qui assaillent la société pour la faire mordre à l'hameçon du matérialisme, de la superficialité et de l'autogratification. Soyons francs : si le matérialisme s'est emparé du monde moderne, c'est pour des raisons d'efficacité ! Quand je mords dans une glace enrobée de chocolat fondu – mmm ! je suis un homme heureux. Mais existe-t-il au monde une glace capable de me rendre heureux plus que quelques minutes ?

La Terre, Inc. nous exhorte à rechercher cette glace ultime de toutes nos forces et de tous nos dollars. Les subtilités de la mercatique en ont même convaincu plus d'un que le fait de ne pas satisfaire nos envies et apaiser nos peurs nuit à la santé. Mais si l'on ne met jamais un frein à nos envies, celles-ci nous pousseront à adopter des comportements égoïstes, malsains, voire criminels, pour nous satisfaire. Et si nos peurs en viennent à nous dominer, nous éviterons la compagnie de notre prochain ou nous nous efforcerons, par des moyens discutables, de fuir les hauts et les bas habituels de l'existence.

Vivre en esclave de nos désirs et de nos peurs équivaut à vivre comme ces chiens qui pourchassent un lapin en bois tout autour d'une piste de course. Non seulement ils n'attrapent jamais leur proie, mais cette proie, en viendraient-ils à l'attraper, ne sera jamais qu'un leurre en bois peint. Toute leur vie, ils courent autour de la piste en pure perte. Pour beaucoup d'entre nous, cette vérité ne devient évidente que si perdure en nous un sentiment d'incomplétude bien que nous possédions tout ce qui nous fait envie.

De nos jours, il faut être très conscient et très persistant pour ne pas perdre le nord. Un bon moyen d'aborder la quête du vrai bonheur consiste à subdiviser celle-ci :

- Quelle est ma principale conception de la vie et de la place que j'y occupe ? Autrement dit, quelles sont mes vraies valeurs ?
- Quels comportements dois-je adopter et quelles étapes dois-je franchir pour que ma vie quotidienne s'harmonise à ces valeurs ?

L'écart entre nos valeurs personnelles et nos comportements est à l'origine de la mésestime de soi. La mésestime de soi est l'antithèse du bonheur. Il importe donc de se poser ces questions chaque matin au réveil ou, du moins, très souvent pendant la journée, et de ne ménager aucun effort pour ajuster nos comportements à nos valeurs personnelles. Il n'y a rien de plus important. Tant que nous resterons tiraillés entre ces deux pôles, le bonheur nous échappera.

J'ai également pu constater qu'une honnêteté scrupuleuse nous aide grandement à convertir nos envies et nos peurs en un sentiment de bonheur venu à maturité. À titre d'exemple, nombreux sont ceux (moi inclus) qui ont eu à affronter des problèmes de drogue ou d'alcool. Lorsque je m'adresse aux pensionnaires de centres de réhabilitation, je leur signale qu'une partie de moi adorerait, à cet instant même, fumer un joint ou boire une bière bien froide dans une chope givrée. Si je prétendais détester la griserie associée aux drogues ou ne ressentir aucune envie de fumer ou de boire, une telle négation me pousserait à retomber dans le vice. Lorsque j'aborde ainsi cette question, un grand soulagement s'inscrit sur le visage de ces toxicomanes en rémission qui, jusque-là, s'étaient efforcés de prétendre que rien, dans leur ancienne vie, ne leur manquait.

Il est possible de reconnaître l'existence de nos envies sans pour autant leur céder – c'est l'essence même du libre arbitre. En ce qui me concerne, les drogues et l'alcool sont de tels boulets que je préfère leur résister. Certaines envies sont inévitables, mais nous avons le choix de les satisfaire ou non. Les pratiques spirituelles renforcent notre libre arbitre de façon que nous puissions vivre nos désirs et nos peurs dans le respect de nos valeurs fondamentales.

La Bhagavad-Gîtâ nous dit que seul peut s'embarquer sur la route du bonheur celui qui parvient à dominer ses désirs et ses peurs. Elle dit aussi que, pour accéder au bonheur, nous devons renoncer à exercer un contrôle sur ce qui est extérieur à nous. Vous connaissez la musique : imaginez-vous en train de vivre chaque journée comme un joueur de quilles qui a déjà lancé la boule, mais qui se balance sur un pied et sur l'autre, s'agite et s'époumone en levant les bras au ciel dans l'espoir de s'attirer ainsi un abat, alors que tout ce remue-ménage reste sans effet !

Combien de fois n'avons-nous pas imité ce comportement dans le but d'influencer le cours des événements? *Il faut que trouve à garer la voiture.* Désir. *Non, non, faites que je n'attrape pas la grippe; je n'ai pas le temps d'être malade!* Peur.

Le bonheur véritable, ou ce que nous appelons la joie, est intérieur et non pas extérieur. Le fait de garer la voiture ou d'éviter de tomber malade ne l'attirera pas. Il naît plutôt de notre aptitude à prendre la responsabilité de ce qui dépend de nous et à accepter même les malheurs contre lesquels nous ne pouvons rien. Le bonheur superficiel n'est qu'un songe creux. Le vrai bonheur est incontestable.

En outre, contrairement au bonheur factice, la vraie joie peut coexister avec la peine. Le maître bouddhiste vietnamien Thich Nhat Hanh parle de «peine joyeuse» ou de «joie triste». Lorsque quelque malheur nous abat, nous savons que celui-ci ne fait que masquer la beauté intrinsèque de la vie. Un courant constructif et reconnaissant sous-tend alors notre tristesse pourtant tenace. C'est la peine joyeuse. De même, lorsque nous nous sentons merveilleusement bien, si nous ne perdons pas de vue les souffrances et les luttes qui affligent l'humanité et si nous nous montrons toujours compatissants envers ceux qui ne partagent pas notre bonne fortune, nous faisons l'expérience de la joie triste.

Être triste sans le plus petit atome de joie, c'est être aveugle au grand tout transcendant et unifié. Être heureux sans le plus petit soupçon de tristesse, c'est ne pas voir la souffrance et le désespoir des nations et des êtres.

Convient-il de rechercher cette peine joyeuse ou cette joie triste? Est-ce en les cherchant qu'on les trouvera? Les individus les plus heureux qu'il m'ait été donné de connaître avaient renoncé à leur quête du bonheur et se contentaient de vivre en harmonie avec leurs principes supérieurs et leurs valeurs fondamentales.

Michel-Ange disait qu'un sculpteur ne crée jamais rien ; il voit la beauté dans la pierre, puis, à coups de ciseau, il la libère de tout ce qui l'emprisonne. S'il est vrai que le vrai bonheur et la joie véritable résident en chacun de nous, il nous suffit donc de les libérer de ce qui nous attire vers une notion réduite et égocentrique de l'existence.

Ah, la Joie de découvrir que le bonheur
n'est pas de ce monde !
Wei Wu Wei

PRATIQUE : SACHEZ CE QUI VOUS MOTIVE

Si élémentaire que cela soit, rares sont ceux qui s'arrêtent chaque matin, fût-ce quelques instants seulement, pour se demander qui ils sont, ce à quoi ils croient ou ce qu'ils espèrent faire de leur vie ce jour-là. Le cerveau est un extraordinaire répertoire des messages qu'il reçoit. Si, au réveil, nous nous remémorons notre haute perception de l'existence et nos plus nobles buts, il nous deviendra peu à peu plus facile d'identifier les messages contradictoires et les tentations que nous devrons affronter au cours de la journée.

Les scénaristes parlent de « fil conducteur », c'est-à-dire du thème qui parcourt l'œuvre du début à la fin en dépit des sous-thèmes et des intrigues occasionnelles qui la parsèment. Tenter de savoir ce qui nous motive est une excellente façon d'assurer à notre vie son fil conducteur quotidien.

La grande épuration

Pour profiter du moment où votre esprit est disponible et serein, procédez à cette épuration tôt le matin, avant de vous réfugier pour la journée dans les recoins de votre personnalité. Avant même de sortir du lit ou au tout début de votre séance de méditation matinale, apprenez à éveiller votre conscience à des pensées comme celles qui suivent. Choisissez-en deux ou trois tout au plus, et donnez-vous le temps de les assimiler le plus profondément possible.

Dans mon cheminement spirituel, je recherche la vérité. Je crois au sens et au but sacrés de l'existence.

Puisse mon comportement de ce jour refléter mes plus profondes convictions.

Aujourd'hui, puissé-je remplir toutes mes responsabilités dans un souci de perfection.

Aujourd'hui, puisse ma présence sur terre être simple, humble et généreuse.

Aujourd'hui, puissé-je percevoir en chaque être l'essence du Divin.

Aujourd'hui, puissé-je être reconnaissant à ceux qui m'ont précédé et faciliter le trajet de ceux qui me suivront.

Aujourd'hui, puissé-je améliorer quelque peu chacun des lieux où je me trouverai.

Puissé-je aimer ce jour comme s'il devait être mon dernier.

Puissé-je me souvenir, me souvenir, me souvenir de ne pas oublier, ne pas oublier, ne pas oublier.

Allongez cette liste comme bon vous semble, mais sachez qu'il y a un gouffre de différence entre ces épurations et la pléthore d'affirmations populaires et superficielles, du genre «Je suis un être unique» et «Je veux partager mes dons», qui sont davantage destinées à renforcer le moi qu'à nourrir l'âme. De tels remontants sont inutiles; la vie se chargera de mousser votre ego si vous vous contentez de savoir qui vous êtes et ce que signifie vivre avec humanité. Ces rappels quotidiens pourraient transformer la façon dont votre esprit travaille.

Passez votre journée en revue et renforcez votre détermination en vue du lendemain

Si l'épuration quotidienne de ce qui vous motive correspond à la porte avant, le fait de passer en revue la journée qui vient de s'écouler correspond à la porte arrière. À la fin de votre séance de méditation du soir ou juste avant de vous endormir, consacrez quelques minutes à une évaluation honnête des événements de la journée. Sa Sainteté le Dalaï-Lama décrit cette pratique comme suit:

> Le soir, passez en revue la journée qui vient de s'écouler afin de déterminer si vous l'avez vécue comme vous vous proposiez de le faire. Si vous y décelez des actes positifs (bienfaisants, secourables), soyez-en heureux! Renforcez votre détermination en vous réjouissant de vos bonnes actions et en prenant la résolution de répéter ces gestes à l'avenir.
>
> Si vous croyez avoir fait quelque chose de mal (nuisible, destructeur), sachez en éprouver du remords... et dites-vous que ces mêmes actions néfastes, commises dans le passé, ont entraîné les conséquences négatives que vous subissez aujourd'hui. Dites-vous que si vous persistez à agir de la sorte, vous en subirez encore les conséquences.

Cette dernière étape est très importante, car il vous est maintenant possible d'être compatissant envers vous-même et de renouveler vos bonnes résolutions en vue du lendemain. Vous éviterez ainsi de vous tourmenter à nouveau demain soir. Soyez honnête mais tendre, ferme mais indulgent. Mes actes de ce jour me mortifient. Puissé-je demain, pour mon bonheur et celui de toute l'humanité, me montrer plus résolu.

Les petites épurations

Dans la tradition bouddhiste tibétaine, la motivation occupe une place de choix. Il peut être utile de savoir ce qui vous motive même pour composer avec les aspects les plus banals de la vie quotidienne. Un moine très aimé au Tibet, Geshe Ben, était réputé pour sa scrupuleuse honnêteté et pour le soin qu'il mettait à combattre l'imperfection qui pouvait déterminer les motifs de ses actes. Lors d'un dîner offert aux moines, Geshe Ben regardait les serviteurs remplir les bols des moines de lait caillé sucré et fort appétissant. Une fois venu son tour d'être servi, Geshe Ben recouvrit son bol de la main et dit: «Je n'en veux pas, merci. J'ai déjà reçu bien plus que ma juste portion!»

Avant de vous servir, posez-vous la question suivante: «Qu'est-ce qui me motive? La faim, l'ennui ou l'envie d'une saveur particulière?» En allumant le téléviseur, demandez-vous ceci: «Suis-je désireux de regarder une émission instructive ou mon but est-il seulement de me distraire?» Dans vos conversations, demandez-vous à l'occasion: «Qu'est-ce qui me motive à dire ceci? La participation, l'inspiration, l'entraide, le don, l'apprentissage? Ou encore la recherche d'attention, le besoin d'impressionner mes interlocuteurs, la simple envie d'exprimer une opinion?»

Il ne faut pas croire que ce processus d'épuration corresponde à une auto-analyse exagérée. Lorsque nous clarifions nos motivations, nous cherchons à découvrir ce qui se passe en nous dans l'immédiat. Nous mettons en pratique nos facultés d'observation et non pas notre intellect. Un moment ou deux suffisent pour que nous sachions ce qui nous motive. Nous ne voulons pas connaître le pourquoi de notre fringale ou de notre envie de regarder la télévision, mais seulement constater ce que nous voulons et nous rappeler que nous souhaitons mettre un terme à ces habitudes.

C'est une façon simple, mais efficace, de devenir plus heureux. Nous pouvons vraiment nous métamorphoser. Nous pouvons connaître le bonheur et la paix quel qu'ait été notre passé, ou quoi que nous ressentions dans le présent. Il suffit d'élucider les raisons qui motivent nos actes quotidiens, des plus petits aux plus grands. Comme le faisait Michel-Ange, chaque jour nous retirons au ciseau un peu plus de ce qui dissimule notre moi intérieur rayonnant. Ah, la joie...

LA SPIRITUALITÉ N'EST PAS FACULTATIVE

Que se passe-t-il si je veux connaître une vie heureuse et enrichissante, mais que je ne suis pas particulièrement religieux? Que se passe-t-il si je ne crois pas en Dieu, ou si je me considère athée?

On dit qu'un jour un roi tout armé pour la bataille courut voir le Bouddha et lui dit: «Ô grand initié, je m'en vais à la guerre où la mort me guette. J'ai besoin de tes enseignements les plus sacrés. Toutefois, je dois me hâter, car, en mon absence, mes soldats perdront tout courage. Peux-tu concentrer en un mot toute ta sagesse?» Le Bouddha répondit: «L'éveil.»

Pas la religion. Pas Dieu. Pas la foi. Seulement l'éveil.

Il y a une énorme différence entre la volonté de pratiquer une religion et le besoin d'éveil spirituel. La religion est une invention humaine. Mais la vie même – la création, l'univers, ou quel que soit le nom qu'on lui donne – *est* spiritualité. Je n'émets pas ici une opinion ou un point de vue, et je ne fais pas référence à une philosophie. Les expériences transcendantes n'ont rien de relatif: on ne peut dire qu'elles ont lieu si vous y croyez, et qu'elles n'ont pas lieu si vous n'y croyez pas. Non. Le Divin n'est ni une idée ni une métaphore. Lorsque nous accédons au pur éveil, il nous devient directement perceptible.

Il est toujours présent en vous – ne croyez pas
qu'Il soit loin.
Les enseignements du Maître vous aideront
à le reconnaître.
Adi Granth

Nous pourrions nous entêter à croire que ni notre cœur ni nos poumons n'existent, cela n'empêchera pas notre cœur et nos poumons de nous garder en vie malgré notre bêtise. Tout être intelligent sourirait d'entendre un individu prétendre que le cœur est une pure invention. Le sage qui ressent l'essence du Divin sourit de même aux conclusions éloquentes de l'athée qui nie l'existence du Divin. La vérité n'est pas facile à saisir.

Le théisme n'a nul besoin d'un Dieu barbu, chauvin et vengeur pour affirmer que l'intelligence, l'émerveillement et une sublime bonté sont inhérents à la création. La vie est complexe; certaines lois et certaines règles s'appliquent à chacun de nous. Nous pourrions retenir notre souffle jusqu'à ce que mort s'ensuive, cela n'inciterait jamais un sage à dire que la vie n'est pas du domaine de la spiritualité. La vie *est* spiritualité. Pour être en accord avec cet ordre universel, nous devons à tout prix parvenir à l'éveil spirituel. Sans cet éveil, il n'y a pas d'harmonie possible. Ce sont là des faits, pas des suppositions.

Les adeptes de différentes religions auront beau affirmer que l'expression unique qui rend le mieux compte des enseignements du Bouddha devrait être «l'amour», «l'obéissance», «la dévotion» ou «la foi», toutes ces vertus naîtront d'elles-mêmes lorsque le sublime éveil aura été atteint. Après tout, l'Ancien Testament ne dit pas «Aime et tu sauras que je suis Dieu», ou «Obéis et tu sauras que je suis Dieu», mais bien «Tais-toi et tu sauras que je suis Dieu».

Lorsque nous nous taisons vraiment, que nous parvenons à cette immobilité intérieure qui nous permet de voir les choses telles qu'elles sont, tout le reste tombe en place. Ainsi que vous en avez sûrement fait l'expérience, l'amour inconscient devient un besoin, l'obéissance inconsciente entraîne l'oppression, la dévotion inconsciente se transforme en obsession, la foi inconsciente en superstition. Il faut donc commencer par développer une conscience éveillée et sincère. La méditation, sous une forme ou une autre, est le moyen le plus sûr et le plus universel d'y parvenir.

Méditer n'est pas un acte, religieux ou autre. Méditer c'est apprendre très lentement à ne rien faire du tout. Méditer ne veut pas dire avoir des pensées sacrées, mais bien libérer peu à peu le cerveau de toutes les pensées qui l'envahissent, c'est-à-dire, dans les mots de Jung, de l'Esprit universel.

La notion de dépassement de soi – l'abandon de tous nos jugements de valeur, de nos préjugés et des comptes que nous avons à rendre – ne plaît pas à tout le monde. Dans les années 1960, je faisais partie des nombreux contestataires athées pour qui la méditation était un refuge égoïste, un acte réactionnaire. Mais quand Sita et moi avons enfin essayé la méditation pour ensuite nous y adonner avec application au début des années 1970, nous avons constaté qu'il s'agissait sans doute de l'activité la plus révolutionnaire qui soit. Pourquoi? Parce que méditer nous éveille à la réalité et nous conduit à reconnaître purement et simplement son existence. Au bout du compte, cela signifie que, ainsi que le disait le grand maître Krishnamurti, nous cessons de nous appuyer sur une autorité extérieure. Nous découvrons notre vraie nature et, par voie de conséquence, la vérité de toute nature humaine, et nous sommes en mesure de nous attacher à cette vérité en dépit des engouements, des modes ou des appréhensions de la société. Ça, c'est révolutionnaire.

Les premiers cours de méditation que Sita et moi avons suivis ont été pour nous une introduction à la spiritualité extrême-orientale. Nous avons commencé par nous adonner chaque jour à la méditation, puis, nous avons lu la Bible et d'autres ouvrages de spiritualité tels que l'*Évangile de Ramakrishna, Be Here Now* et le *Tao Te Ching.* Qu'ils soient judéochrétiens, islamiques, hindouistes, bouddhistes, orientaux, occidentaux ou autochtones, ces écrits rejoignaient nos aspirations les plus profondes, les espoirs et les rêves avoués ou non que nous avions formés au fil des ans tout en cherchant désespérément une perception de la vie différente de celle que nous proposait la culture de masse. Nous étions abasourdis de constater que les réponses à nos interrogations se trouvaient là, à portée de la main, depuis toujours. Par la pratique quotidienne de la méditation, nous faisions plus qu'embrasser intellectuellement des concepts : l'énergie vitale des grandes traditions spirituelles du monde se répandait dans nos cœurs.

Nous avons médité en compagnie de bouddhistes, psalmodié de concert avec des hindouistes, prié à l'église, à la synagogue, à la mosquée, éprouvé un authentique émerveillement devant la nature auprès des Amérindiens et appris un trésor de textes sacrés en provenance du monde entier. Il nous était facile de vouer un culte à l'essence du Divin avec des fidèles de toutes les religions et de toutes les croyances, car les similitudes entre ces différentes traditions nous paraissaient unir celles-ci beaucoup plus sûrement que ne les opposaient leurs différences. Toutes ces croyances semblaient s'accorder pour dire : « Prenez conscience de la Vérité aimante et vivez selon cette Vérité. » Tout nous ramenait donc à la notion d'éveil. Comment est-il possible d'être athée dans un pareil contexte ?

Ainsi que l'avait résumé le Bouddha, quel que soit le nombre de maîtres ou de sages qui nous enseignent ou le nombre de lieux de culte ou de retraite que nous fréquentions, la preuve par neuf de notre spiritualité réside dans un éveil de tous les instants. De notre aptitude à savoir qui nous sommes vraiment, ce que nous devons faire et quel doit être notre rapport au monde dépendent le silence ou les bavardages de notre esprit. La méditation est une technique universellement répandue pour nous aider à percevoir la vie en toute honnêteté, dans le calme et la réceptivité. Cet éveil est ce qui nous donne un pouvoir accru sur notre propre existence. Par « calme et réceptivité », j'entends un esprit ouvert à la réalité de l'instant, un esprit qui ne se laisse pas distraire par les souvenirs, les symboles, les comportements, les goûts et les aversions, les opinions, les suppositions, bref, tout ce bagage du moi qui imprime en nous une image réduite ou biaisée de la vie. C'est cette tranquillité que favorise la méditation.

Le bouddhisme zen, axé sur la méditation, emploie le terme *Shunyata* (vide). Faire le « vide » dans notre esprit ne nous transforme pas en zombie ou en coquille dépourvue de vertus humaines, bien au contraire ; faire le vide dans son esprit signifie que l'on est totalement réceptif aux merveilles et à la magnificence de la vie.

Le père Bede Griffiths, un moine bénédictin réputé ayant vécu pendant plusieurs années en Inde afin d'y promouvoir le dialogue interconfessionnel, décrit cette expérience avec un enthousiasme voisin de l'extase : «Je me suis dissous dans le vide, et j'ai découvert que ce vide était *comble* d'Amour ! » C'est la rencontre de Shunyata et d'Agapê. La sublime réconciliation de l'Orient et de l'Occident. Le royaume de la conscience méditative.

J'admets que, jusqu'à ce que nous fassions personnellement l'expérience de la spiritualité naturelle de la vie, il est sans doute préférable d'avoir la foi, de croire en quelque chose ou quelqu'un – une idée, un maître, un saint, une religion, une prière, un texte sacré, un ensemble de rituels ; quelque chose de beau ou de noble ; quelque chose qui nous aide à tendre vers ces réalités spirituelles que nous n'avons pas encore touchées. Nous entrons en confiance dans notre vie quotidienne, dans nos forces et nos faiblesses, dans nos espoirs, nos peurs et nos déceptions, et nous y cheminons hardiment.

Mais il ne s'agit ni de confiance aveugle, ni d'un jeu de colin-maillard. Nous pouvons ouvrir tout grands les yeux et lire les écrits sacrés des différentes religions, rencontrer des sages, lire la vie des saints hommes et des saintes femmes qui ont suivi leur propre voie spirituelle, rendre visite à plusieurs communautés de croyants. Nous pouvons assister à des cérémonies de rites différents, faire soi-même l'essai de certaines pratiques et être réceptifs à ce qui nous rejoint profondément. Si nous mettions autant de soin à explorer différentes religions que nous en employons à choisir une nouvelle voiture (et à la payer!), nous aurions accès à une mine d'informations.

Nous pouvons surtout nous adonner dès maintenant à la méditation, cette pierre angulaire de l'éveil spirituel qui fait partie intégrante de toute grande tradition. À mesure que se déploie notre conscience méditative, nous nous dégageons de nos béquilles, de nos interrogations et de nos doutes exactement comme une fusée lancée dans l'espace se dégage de l'échafaudage qui la retient. Nous constatons par nous-même, le plus souvent avec bonheur et soulagement, que nous ne sommes pas la personne que nous avions cru être. Lorsqu'un adepte demanda au grand maître Ramana Maharshi si la méditation répondrait à toutes ses interrogations, le maître sourit et répondit: «Non, mais elle détruira le questionneur.» Rien ne nous force à assumer sans fin les certitudes d'autrui: pour accéder à notre autonomie spirituelle, il suffit d'être vraiment en état d'éveil.

PRATIQUE: LA MÉDITATION CENTRÉE SUR LA RESPIRATION

Méditer n'est pas facile. Depuis toujours, notre mental se déchaîne avec notre permission, si bien qu'il ne se laisse pas dompter facilement. Il n'aime pas être une simple facette de notre personnalité. Notre identité est engoncée dans nos pensées et nos émotions, mais la méditation nous entraîne à isoler notre mental, nos émotions et notre moi. Le mental, qui perçoit ce cloisonnement comme une menace, y résiste de mille et une façons.

L'un de mes amis éprouvait d'intenses douleurs à l'épaule dès qu'il s'asseyait pour méditer. Il finit par interpréter ce mal comme une incitation à renoncer à sa pratique méditative. Si vous manquez comme lui de détermination, vous inventerez toutes sortes d'excuses pour ne pas méditer. Si, au contraire, vos épaules (ou vos genoux, votre dos, votre nuque, etc.) comprennent que vous ne renoncerez pas coûte que coûte, votre corps se pliera peu à peu à votre nouvelle discipline.

Faites un vœu

Laissez la chance au coureur: faites le vœu de méditer chaque jour à la même heure pendant au moins un mois. On conseille habituellement une séance de vingt à trente minutes, mais une séance de dix à quinze minutes suffira à vous indiquer si la pratique de la méditation influence votre vie quotidienne. Planifiez rigoureusement tous les détails: l'heure, le lieu et la durée de votre séance quotidienne, ce sur quoi vous vous assoirez, la manière dont vous minuterez votre séance de méditation.

Cette préparation contribuera à renforcer votre moi contre toute forme de résistance. La résistance prend souvent la forme d'«améliorations» successives du projet de départ. Ne vous y laissez pas prendre. Vous pourrez toujours modifier votre approche au terme du premier mois. Respectez votre engagement à méditer même si vous êtes souffrant ou si vous avez mal dormi la veille.

Efforcez-vous de résister à la tentation de laisser errer votre regard ou de vous déplacer. Par exemple, réglez votre montre ou une minuterie pour la durée de votre séance, et évitez de regarder l'heure qu'il est jusqu'à ce que vous en ayez terminé. Prévoyez de méditer à la même heure chaque jour, à un moment où vous ne risquez pas d'être interrompu. Branchez votre répondeur téléphonique et n'ouvrez pas si on sonne à la porte. Si adorable que soit votre chien ou votre chat, ne le tenez pas sur vos genoux et faites en sorte qu'il ne vienne pas lécher ou mordiller vos orteils. Abordez votre méditation avec respect.

Méditer, ce n'est pas allumer ou éteindre une lampe en appuyant sur un commutateur, mais augmenter imperceptiblement l'intensité de la lumière au moyen d'un gradateur. Sachez ne pas mesurer au jour le jour vos progrès ou l'intérêt que vous prenez à cette pratique. Engagez-vous à méditer fidèlement pendant un, deux ou trois mois avant de décider si la pratique de la méditation vous convient.

La position assise

Vous avez tout intérêt à porter attention à votre posture. Certes, on ne vous octroiera pas une médaille si vous parvenez à la parfaite position yogi ou si vous supportez inutilement des douleurs au dos ou aux genoux. Mais vous ne parviendrez guère à dominer votre esprit si vous vous affaissez et si vous somnolez au lieu de méditer, ou si vous remuez sans cesse pour trouver une position plus confortable. La position couchée n'est pas conseillée, car on l'associe spontanément au sommeil.

L'important est de trouver une posture où le dos, la nuque et la tête sont alignés et qui vous permette de rester droit sans en éprouver de tension. Pour la plupart, cela demande un peu de pratique. En vous asseyant sur des coussins ou des couvertures pliées, vous pourrez mieux ajuster leur hauteur de façon à garder le dos droit. Les genoux retombent en souplesse si votre siège est assez haut. Quand les genoux retombent, le dos est naturellement droit.

Il existe une autre façon de s'asseoir que les Japonais appellent seiza : à califourchon sur des coussins, les pieds repliés derrière vous. Cette posture est très confortable pour tous ceux qui ne parviennent pas à croiser les jambes. Assurez-vous seulement d'ajuster la hauteur des coussins pour éviter l'engourdissement des pieds ou les douleurs aux genoux. Vous pouvez également vous asseoir sur une chaise, mais alors vous aurez tendance à vous appuyer contre le dossier. Ne vous inclinez pas vers l'arrière, mais restez droit. Assurez-vous que vos pieds et vos jambes sont placés symétriquement : croisez vos jambes aux chevilles ou posez les pieds à plat par terre à quelques centimètres l'un de l'autre.

Dans tous les cas, laissez reposer vos mains sur vos cuisses pour éviter toute tension aux épaules. Vous pouvez les joindre ou non. En général, elles sont partiellement closes, car une main ouverte est signe de mouvement vers l'extérieur, tandis que la méditation est un mouvement vers l'intérieur.

Concentrez-vous sur votre concentration

La technique de méditation la plus répandue consiste à se concentrer sur sa respiration.

- Gardez le dos droit et ne bougez plus. Maintenant, concentrez toute votre attention sur le bout de votre nez – par où vous inspirez et expirez – ou l'abdomen – où le diaphragme se soulève à chaque inspiration et s'affaisse à chaque expiration.
- Que vous optiez pour le nez ou le diaphragme, ne vous laissez pas distraire et concentrez-vous sur l'ensemble du mouvement de balancier de votre respiration. Ne suivez pas ce mouvement ; portez votre attention sur un point précis et ressentez ce qui s'y passe lorsque vous respirez.

- La respiration facilite la concentration. En outre, comme elle se renouvelle à chaque seconde, elle dispose l'esprit à entrer dans l'instant présent. La vraie méditation ne saurait avoir lieu que dans l'instant présent (en fait, tout n'a lieu que dans l'instant présent).
- Votre esprit s'égarera des centaines de fois en l'espace d'une demi-heure, et vous oublierez d'observer votre respiration. Mais dès que vous constaterez cet oubli, abandonnez les pensées qui vous distraient et concentrez-vous aussitôt sur votre nez ou votre diaphragme. Il ne sert à rien de s'inquiéter de ces distractions, car l'inquiétude n'est qu'une distraction supplémentaire. Rappelez-vous : il ne s'agit pas encore de véritable méditation, mais d'un entraînement à la méditation. Si nous étions déjà des experts dans le domaine, nous n'aurions nul besoin de nous entraîner.
- La concentration sur la respiration ne requiert aucune technique respiratoire particulière ni aucun contrôle de la respiration. Il suffit d'observer sa respiration telle qu'elle se produit tout naturellement. Elle peut être longue et lente ou brève et saccadée, cela est sans importance. Sans doute remarquerez-vous que votre manière de respirer se transforme en fonction de vos pensées. L'anxiété et la peur accélèrent le rythme de la respiration, tandis que les pensées sereines tendent à le ralentir. Tout cela fait partie d'un processus d'auto-instruction. Observez et apprenez ; il n'y a rien d'autre à faire.
- Vous pouvez tenter de canaliser votre concentration en répétant mentalement « inspire... » et « expire » au rythme de vos inspirations et expirations. N'oubliez pas, cependant, de vous concentrer sur votre respiration ; ne vous laissez pas distraire par des mots.

- Si votre esprit s'égaille vraiment trop, faites l'exercice suivant jusqu'à ce qu'il redevienne docile. À chaque inspiration, pensez « inspire », puis comptez chaque expiration, comme ceci : « inspire... un ; inspire... deux ; inspire... trois », et ainsi de suite jusqu'à dix, puis recommencez. La seule règle à suivre : si vous perdez le fil, ou même si vous croyez l'avoir perdu, repartez du début.
- L'esprit se laisse si facilement distraire que vous perdrez sans doute le fil entre un et deux ! Ce fut très souvent mon cas. Cet exercice vous permettra d'évaluer avec précision la qualité de votre concentration.
- Il importe, dans les dernières minutes d'une séance de méditation, de reprendre contact d'une façon positive avec le réel qui nous entoure. Par exemple, concentrez-vous sur votre cœur et offrez des vœux de bonheur au monde entier. Imaginez qu'une vague lumineuse ou que des cercles de lumière concentriques émanent de vous et enveloppent toute l'humanité de façon que chaque être soit, à cet instant, comblé d'amour et de bienfaits.
- Vous pouvez aussi formuler des prières muettes : « Puisse chaque être trouver sa voie », ou encore des pensées compatissantes envers tous les êtres humains. Quoi qu'il en soit, il importe de mettre fin aux séances de méditation par un mouvement vers l'extérieur, car cela nous rappelle que nous ne méditons pas uniquement pour notre plaisir ou pour évoluer à l'écart du reste de l'humanité.

La méditation axée sur la respiration est simple mais très efficace, et l'on peut s'y adonner dans la solitude. Mais si vous en avez le temps et le désir, une retraite pourrait faciliter votre progrès. Vous gagneriez aussi à pratiquer de temps à autre une méditation guidée en plus de votre méditation habituelle. Il en existe de plusieurs types, dont celle qui suit.

La méditation de la montagne et du vent

Deux questions me sont souvent posées à propos de la méditation : « Comment faire taire mon esprit ? » et « Comment composer avec les bruits ambiants ? »

Bien que le silence mental soit parfois le résultat d'une longue expérience de la méditation, il est impossible de forcer l'esprit à se taire. Notre cœur commande la circulation sanguine, les poumons la respiration et le cerveau la pensée. À trop vouloir repousser nos pensées ou « faire le vide », nous nous empêchons de développer notre aptitude à la méditation.

Cela étant, voici une méditation guidée qui pourra vous aider à composer avec les bavardages de votre cerveau ou le bruit ambiant sans pour autant vous laisser distraire ou agacer par la dissipation de votre esprit. Il s'agit de mon adaptation personnelle d'une forme de Vipassana, ou méditation intuitive, que j'ai mise au point pour les détenus qui doivent affronter un grand vacarme intérieur et extérieur.

1. Adoptez une posture confortable (telle que décrite plus haut). Ne bougez plus et concentrez toute votre attention sur la sensation de solidité et d'immobilité que vous éprouvez. Imaginez que votre corps est une montagne immuable. Le corps est, en effet, une montagne pour les milliards d'organismes qui vivent en lui et sur lui. Ressentez cette immensité. Prenez conscience des innombrables formes de vie que vous hébergez sans vous en rendre compte, de la même façon

qu'une montagne héberge des troupeaux d'animaux, des chutes, des rivières, et ainsi de suite, sans pourtant rien faire. Renforcez ce sentiment d'immensité et de stabilité pendant quelques minutes.

2. Commencez à prendre conscience du mouvement de votre respiration et imaginez qu'elle est la brise qui caresse la montagne. La montagne ne bouge pas, et le vent bouge sans cesse. Il en va de même du corps et de la respiration qui, tous deux, obéissent à leur propre nature.
3. Si un bruit ambiant interfère avec votre concentration, ou si votre cerveau vous bombarde de pensées, de ritournelles, d'analyses, et ainsi de suite, acceptez cette intrusion comme si elle vous parvenait d'un appareil de radio que quelqu'un aurait laissé allumé quelque part sur un coteau voisin. La radio joue, mais ce bruit n'affecte en rien la stabilité de la montagne ou le courant incessant de la brise. La montagne ne s'identifie pas à l'appareil de radio. Elle n'essaie pas davantage de l'ignorer, elle se contente de le laisser faire du bruit sans en être dérangée. Corps bien droit, respiration régulière, arrière-fond de bavardage mental... tout est parfait, serein, fidèle à sa nature.
4. Restez ainsi pendant dix à vingt minutes. Ne vous inquiétez pas s'il vous arrive souvent d'être emporté par un flot de pensées, et concentrez-vous de nouveau dès que vous « vous rappelez avoir oublié », comme le disait le mystique russe Gurdjieff. Soyez patient et persistant.
5. Vers la fin de votre séance, respirez un peu plus profondément, mais lentement, et reconnaissez combien il est agréable d'être montagne et d'être vent. Vous n'avez rien à faire, rien à cesser de faire ; il vous suffit de ressentir votre force et

votre solidité. Prenez-en conscience. Laissez la montagne sourire imperceptiblement. Promettez-vous de vous remémorer cette sensation la prochaine fois que vous vous sentirez petit et impuissant, et la prochaine fois que vous verrez une montagne enveloppée de vent.

Méditer n'est pas facile. L'esprit est souvent débridé, entêté, chaotique. Mais si vous persistez, peu à peu il cessera de voguer à la dérive : il s'immobilisera, tel un navire à l'ancre au milieu d'une mer déchaînée. Quand la tourmente prendra fin et que votre cerveau en viendra à accepter que vous vous adonniez régulièrement à la méditation, vous vous sentirez de mieux en mieux dans tous les domaines de votre vie. La méditation améliore la santé physique, renforce la concentration et l'aptitude à apprendre, elle développe notre patience et notre sérénité, et elle nous aide à dominer nos élans et nos fureurs. Tous ces bienfaits sont le résultat de l'éveil – c'est tout : la parole unique que Bouddha dit au roi guerrier.

OUI, NOUS SOMMES CAPABLES D'EFFORT

J'ai souvent tenté de vivre plus sainement en faisant régulièrement de l'exercice physique et de la méditation, ou en consommant moins d'alcool. Mais, même si je me sens mieux en agissant ainsi, je ne persiste pas. Pourquoi est-il si difficile de changer nos habitudes ? Comment puis-je réussir à transformer ma vie ?

Une vie meilleure est l'une des aspirations les plus fondamentales de l'être humain, pourtant, nous sommes pour la plupart plus aptes à nous servir d'un téléphone cellulaire ou d'un magnétoscope qu'à changer nos habitudes. Nous tournons en rond notre vie durant plutôt que d'admettre que nos comportements nous échappent ou que nous refusons d'accepter le moindre processus de transformation.

Il n'y a rien de nouveau sous le soleil, comme en témoignent les lamentations de Paul, écrites il y a deux mille ans :

Vraiment ce que je fais je ne le comprends pas : car je ne fais pas ce que je veux, mais je fais ce que je hais. [...] en effet, vouloir le bien est à ma portée, mais non pas l'accomplir ; puisque je ne fais pas le bien que je veux et commets le mal que je ne veux pas. [...] Malheureux homme que je suis !

Épître aux Romains, 7,15-24

Qui n'a jamais ressenti une frustration semblable à celle de Paul ? Pourtant, nous savons que toute transformation, même considérable, est possible. N'oublions pas que, en dépit de ses aveux de méchanceté, Paul fut élevé à la sainteté.

Les changements positifs ne sont pas seulement à notre portée, ils représentent notre principale responsabilité d'être humain. Il importe pour le monde que nous devenions des créatures joyeuses et éclairées. Même si, comme Paul, nous commettons mille fois le mal que nous ne voulons pas au lieu de faire le bien que nous voulons, nous devons persister.

Tout changement est une corvée. Mais cette corvée permet à nos plus belles vertus de se manifester : notre courage latent, notre patience, notre humilité, notre détermination, notre empathie et notre compassion. Ce sont là des qualités indispensables à notre cheminement spirituel. Par exemple, quand nous parvenons avec peine à vaincre un tabagisme vieux de vingt ans, nous sommes sûrement plus forts, plus sages et plus compréhensifs. L'*objet* même de ce changement, soit le renoncement à la cigarette, est presque sans importance si on le compare aux gains que nous retirons du *processus* même. Plus l'expérience est difficile, plus elle nous rapporte.

À Kindness House, nous avons l'habitude de dire : « Oui, nous sommes capables d'effort », car, à notre époque, l'expression « c'est trop difficile » est devenue synonyme de capitulation. Vous avez mal quelque part ? Avalez un comprimé. Vous êtes en dépression parce qu'on vous a congédié ? Prozac vous sauvera. Une amie me disait un jour qu'elle regrettait d'avoir divorcé de son mari. Son seul motif de divorce à l'époque était l'attitude générale voulant que « Si c'est vraiment trop difficile, pourquoi souffrir ? ». Sans doute sommes-nous devenus craintifs devant tout ce qui exige de nous un effort certain. Peut-être avons-nous appris que ce qui est difficile est au-dessus de nos forces.

« Oui, nous sommes capables d'effort » : cette petite phrase sert à nous rappeler que nous ne devons pas fuir devant les grands défis qui se présentent. Cela nous intimide ? Nous sommes capables d'être intimidés. Cela nous effraie ? Nous sommes capables d'avoir peur. Peu importe la difficulté – qui peut fort bien être énorme –, nous sommes capables de l'affronter. Des années plus tard, notre effort se résume à une petite phrase : « Sita et moi avons éprouvé de la haine l'un pour l'autre pendant presque toute l'année 1979 ; notre mariage ne tenait qu'à un fil. » Une toute petite phrase. Rien d'extraordinaire. Et quand on l'énonce, personne ne s'en porte plus mal.

Oui, nous sommes capables d'effort. Croyez-le. Ne laissez pas une courte vue sociale vous convaincre que vous vous écroulerez quand tout va mal. Nous avons tous été conçus pour affronter les difficultés qui se présentent. Nous avons la force de survivre à d'inimaginables tragédies et d'en sortir grandis.

Sita et moi avons connu des êtres merveilleux, notamment le médecin personnel du Dalaï-Lama, un homme ayant connu dix ans de torture aux mains des Chinois. C'est un homme serein, ni traumatisé ni amer, extrêmement compatissant et doté d'un grand sens de l'humour. Bien entendu, grâce à notre travail auprès des détenus, nous avons connu des milliers d'individus qui ont dû affronter des conditions de vie très brutales et qui sont néanmoins parvenus à approfondir leur sagesse et leur compassion au lieu d'opter pour la brutalité à leur tour. Oui, nous sommes capables d'effort.

Pour bien saisir le processus qui préside à une transformation authentique et durable, il faut donc en premier admettre que l'on peut réellement faire tout ce qui s'impose pour y parvenir. Cette certitude est à double tranchant : d'une part, elle accroît notre confiance et notre dignité. D'autre part, elle nous rend entièrement responsables de notre échec si nous n'atteignons pas notre objectif. Mais c'est bien ; cela n'a rien à voir avec la culpabilité. Si vous décidez de cesser de fumer et que vous échouez à mi-course, vous devez accepter de ne pas avoir fait un effort suffisant. Quand vous vous en sentirez capable, vous le ferez. Il en va de même de la méditation quotidienne, d'une perte de poids, ou de toute autre entreprise raisonnable. Acceptez d'avoir la force de changer.

L'autre étape consiste à envisager le plus honnêtement possible le ou les changements auxquels nous aspirons et à décider s'ils servent vraiment notre développement personnel ou simplement notre vanité. Par exemple, je fais des poids et haltères depuis l'âge de quatorze ans. Le culturisme a contribué à me sauver la vie dans un grave accident de voiture quand j'étais âgé de dix-huit ans. J'aime beaucoup le culturisme et je lui suis très reconnaissant, en plus d'éprouver depuis toujours une certaine vanité à posséder un corps bien musclé.

Maintenant que j'ai atteint la cinquantaine, je continue de m'entraîner, mais mon but n'est plus celui que me dictait naguère ma vanité. Ma vanité me pousserait à soulever des poids lourds afin de sculpter mon corps. Mais pour mon bien-être physique général, pour prévenir les blessures et en raison de la prééminence que j'accorde à mon travail caritatif, il est préférable que je laisse les poids lourds et la sculpture du corps aux générations plus jeunes. Je me contente de quelque trente minutes d'entraînement avec des haltères de poids léger trois fois la semaine. Mon moi plus jeune n'en revient pas de cette « capitulation » ! L'autodiscipline emprunte parfois des voies surprenantes.

Il existe d'autres motifs de changement qui, outre la vanité, ne servent pas nos intérêts. Ce sont le plus souvent des « combats contre la nature » et la raison de nos échecs répétés : le coureur bien décidé à ne pas laisser son âge affecter négativement sa performance ; la personne qui suit régime sur régime afin de retrouver son poids de jeune fille... tous ces gens cherchent à défier la nature. Les médias qualifient de telles attitudes « d'esprit combatif ». Pourtant, l'âge n'est pas un ennemi. Il n'y a rien de mal à voir notre tour de taille s'épaissir un brin ou à nous fatiguer plus vite. Si je devais lutter pour conserver un tour de taille de 76 centimètres, comme dans ma jeunesse, ma vie serait une source constante de tensions ; mais il ne me coûte pratiquement aucun effort de le maintenir à 81 centimètres. Si j'observais le même rythme qu'il y a dix ou vingt ans dans mes tournées de conférences, je tomberais d'épuisement. Certes, j'ai une bonne alimentation et je fais de l'exercice physique, mais pourquoi perdrais-je de l'énergie à empêcher ou à nier le processus de vieillissement ?

Je vous encourage à analyser en toute honnêteté les changements que vous souhaitez apporter à votre vie. Ainsi, quand vous déciderez d'agir, vous serez plus sûr de vous et plus déterminé à déployer les efforts nécessaires pour atteindre votre objectif.

La troisième étape consiste à tenir compte de l'importance du processus de transformation lui-même. Les efforts que nous consacrons à l'autodiscipline, les obstacles que nous devons franchir quand nous voulons modifier nos comportements et que nous affrontons des peurs profondément enracinées ne sont ni perdus ni futiles. Ces suites d'actions spirituelles sont extrêmement importantes à long terme pour notre bien-être. Les vertus qu'elles nous permettent de découvrir en nous-mêmes nous seront utiles à maintes reprises tout au long de notre vie. La prise de conscience de ce phénomène devrait nous aider à tenir bon quand l'ascension nous semble au-dessus de nos forces. C'est ainsi que notre aventure transformatrice peut se hisser à un niveau supérieur et beaucoup plus vaste.

Imaginez l'athlète qui s'élance dans la course et qui, au bout de 20 mètres, voit un obstacle se dresser devant lui. *Saloperie! Qu'est-ce que cette barrière fait là? Elle me nuit!* Vingt mètres plus loin, deuxième obstacle. *Saloperie!* Et encore un autre, et un autre encore. À mesure qu'augmente sa frustration, sa concentration le quitte, le risque de blessures augmente, il perd son élan.

Mais s'il sait dès le départ que la course à laquelle il participe est une course à obstacles, sa perspective se transforme. Il devra déployer le même effort physique, il devra franchir le même nombre de barrières, mais maintenant ces obstacles font partie du jeu au lieu de n'être que de mauvaises surprises. Les mauvaises habitudes, les aspects de notre personnalité ou les circonstances de notre vie qui gagneraient à être transformés ne sont pas d'infranchissables obstacles. Nous dilapidons nos forces si nous refusons cette évidence.

La quatrième étape d'une transformation réussie consiste à ne pas croire qu'un seul changement propulsera notre vie dans la perfection. Une telle certitude nous conduirait tout droit à la désillusion. La vie continuera toujours de placer des obstacles sur notre route. Il ne sert à rien de changer dans l'espoir que Dieu nous gratifiera d'une vie lisse, dépourvue de difficultés. Nous nous transformons, Dieu n'est pas aussi généreux que nous l'avions cru, si bien que nous capitulons et reprenons nos vieilles habitudes.

« La vertu est sa propre récompense » : ce vieux dicton importe ici. La transformation est sa propre récompense en plus d'être riche de bienfaits cachés, mais elle n'est pas un outil de négociation qui nous permettrait d'obtenir des faveurs spéciales de la vie ou de Dieu. Je sais par expérience que, dans un affrontement avec la vie ou avec Dieu, nous sommes toujours perdants. Dieu ne se rend pas.

En outre, nos transformations ne nous rapprochent pas de Dieu ; tel n'est pas leur but, puisque, de toute façon, il n'y a pas de distance entre Dieu et nous. Nous ne pouvons être plus près de lui que nous ne le sommes déjà. Notre travail spirituel vise à nous rendre plus éveillés, moins distraits, de façon à mieux jouir en profondeur de cette perpétuelle proximité.

Un professeur de yoga de ma connaissance se tracassait pour les âmes de ses amis téléphages et buveurs de bière. Mais les téléphages buveurs de bière sont aussi près de Dieu que vous et moi ; pourquoi ne le seraient-ils pas ? Ainsi que le dit Krishna dans le Bhagavad-Gîtâ : « L'esprit seul est de ce monde. Rien ne vient après lui. » La bière, le petit écran, les téléphages, tout est esprit. Rien ne vient après. Ceux qui travaillent à leur transformation doivent prendre conscience de cette réalité et ne pas se croire supérieurs.

Ne me méprenez pas: je ne dis pas que nos actes n'ont aucune importance. La vie est un miracle, une chose sacrée. Vivre en fainéant et tourner le dos aux difficultés pour satisfaire nos vils désirs équivaut à lancer des fléchettes sur le canevas original de la Joconde. C'est une folie, un épouvantable gâchis. Mais la Joconde reste toujours la Joconde, que nous sachions ou non en apprécier la valeur. De même, nous sommes tous des créatures divines, que notre vie en soit ou non le reflet.

Un tel éveil nous renforce, nous grandit, et nous rend plus conciliants; il adoucit les jugements que nous portons sur nous-mêmes et sur notre entourage. Nous cessons de nous démener comme si nous étions toujours en retard. Surtout, nous pouvons cesser de croire à tort que notre travail spirituel est une obligation, et voir enfin plus clairement que nos transformations sont d'infinies sources de joie.

C'est alors que se métamorphose notre perception des choses. Au lieu d'envisager de remplacer nos «mauvaises» habitudes par de «bonnes» habitudes, nous nous efforçons de comprendre comment chacune de nos habitudes, bonne ou mauvaise, affecte notre vie. Nous constatons que l'hébétude due à l'alcool et l'apathie qu'engendre la télévision nous empêchent d'accéder à notre moi véritable. Le changement cesse d'être une obligation morale plus ou moins bien définie et un obstacle insurmontable.

Lorsque nous cessons de tout regarder par le petit bout de la lorgnette, nous sommes plus déterminés à nous débarrasser de tout ce qui s'interpose entre nous et la vraie joie. Autrement dit, nous comprenons ce qu'une transformation peut et ne peut pas accomplir. Elle peut nous aider à mieux apprécier la richesse de notre existence, mais elle ne peut enrichir notre vie, car l'esprit, la plénitude et le sacré en font déjà partie et sont déjà à notre portée.

PRATIQUE : FAITES UN VŒU

Changer exige un engagement de longue haleine. Pour renforcer notre détermination, rien ne vaut la formulation d'un vœu en présence de tiers. Le vœu est plus formel que la simple résolution. À Kindness House, nous sommes nombreux à formuler régulièrement des vœux, car nous avons pu constater que ces vœux nous aident à persister dans nos efforts. Les principaux éléments de cette pratique sont la *préparation,* la *formulation* et la *mise en application.*

- *Préparation :* Planifiez. Les vœux formulés dans la précipitation (surtout lorsque nous sommes en colère contre nous-mêmes) ne durent pas. Priez et réfléchissez aux changements auxquels vous aspirez, que ceux-ci soient mineurs, majeurs, à long terme ou provisoires. Pensez à la manière dont votre engagement affectera votre vie, vos amitiés, vos projets d'avenir, et ainsi de suite, et acceptez ces conséquences. On ne gagne rien sans perte ou sacrifice.

  Ensuite, réfléchissez à la formulation de votre vœu. Un ami détenu désirait faire vœu de silence pendant une année entière. Je lui dis : « Que se passera-t-il si un gardien te parle et exige une réponse ? » Nous lui avons conseillé deux approches. D'une part, inclure l'exception suivante dans sa formulation: «sauf en cas d'urgence ou lorsque je dois répondre à un supérieur». D'autre part, faire connaître son intention au directeur de la prison en le priant de lui accorder son soutien. Une planification sérieuse nous permet de mieux respecter notre engagement.

Le plus important est ce qui suit: ne faites aucun vœu tant que vous n'êtes pas certain de le respecter. Si vous doutez de votre aptitude à «toujours» ou «ne jamais» faire ceci ou cela, dites plutôt «je vais faire tout mon possible pour...». Ainsi, votre engagement consiste à essayer. Quoi qu'il en soit, cette précaution est souvent plus efficace. Mais si vous dites «jamais» ou «toujours», soyez sûr de comprendre la gravité et la portée de votre engagement.

Vous pourriez choisir de vous fixer une limite de temps. Si l'idée de cesser de fumer à tout jamais vous terrifie, engagez-vous formellement à ne pas fumer pendant un mois ou une semaine, voire une journée si vous ne croyez pas tenir le coup plus longtemps. Dans cet ouvrage, vous trouverez de nombreux modèles de vœux ayant trait aux modes d'expression, au blâme, à la télévision, et ainsi de suite, qui vous aideront à identifier certains de vos problèmes. La pratique du vœu est polyvalente.

Quand vous avez formulé votre vœu à haute voix, vous vous êtes engagé à le respecter. Respecter ses engagements est indispensable à l'estime de soi et à toutes nos réussites. Réfléchissez bien aux engagements que vous prenez, parlez-en à une personne de confiance et notez-les par écrit, mot pour mot (évitez le style télégraphique et les résumés).

- *Formulation:* Une fois votre vœu conçu avec soin, formulez-le à haute voix devant un ou plusieurs témoins amis. Cette étape est très importante, car elle vous engage publiquement comme lors d'une cérémonie de mariage. Si vous ne respectez pas vos engagements, l'on saura que vous avez manqué à votre parole. Vous aurez aussi desservi vos amis, car votre exemple pourrait affaiblir leur confiance en eux-mêmes.

Il importe donc que vous vous engagiez devant des tiers. En outre, leur soutien vous encouragera à respecter votre engagement. Après que vous avez formulé votre vœu à haute voix, vos témoins pourraient vous dire : « Nous respectons ton vœu ; nous recevons ton vœu. » Chez nous, cette formule que nous prononçons en nous inclinant clôt l'étape de la formulation.

- Mise en application : C'est le nœud de l'affaire. Jour après jour, vivez en fonction de l'engagement que vous avez pris. Je vous conseille vivement de redire votre promesse chaque matin au réveil. Relisez-la ou récitez-la avec la même sincérité que la première fois, et remémorez-vous les émotions qui vous ont incité à vous engager de la sorte. Ainsi, vous réitérez votre engagement chaque jour. N'oubliez pas d'être fidèle également à chacun de vos vœux. Que vous vous soyez engagé à vous priver de dessert pendant une semaine ou à ne plus jamais boire d'alcool, vous devez persévérer. Un vœu sincère est l'expression de votre volonté à faire un effort, à sacrifier quelque chose, à changer. Il montre que vous comprenez la vie et qu'il ne suffit pas de se plaindre que quelque chose ne va pas pour changer. Les transformations véritables et durables requièrent une bonne planification, des efforts et beaucoup de persévérance.

La pratique du vœu est en outre une excellente façon de vous initier aux rituels spirituels quotidiens. Faites le vœu d'effectuer les pratiques décrites dans cet ouvrage à la même heure chaque jour, pendant un mois. Que vous soyez en forme ou mal en point, fatigué ou alerte, agité ou cafardeux, faites ce que vous vous êtes engagé à faire. Que cela vous tente ou non, que vous ayez ou non l'impression que cela ne sert à rien, ou que vous vous sentiez inapte, respectez le vœu que vous avez formulé. Quel soulagement! En renonçant à cette minuscule liberté – la possibilité de changer d'avis –, vous vous accordez une liberté immense – celle de transformer votre vie. Essayez. Vous ne le regretterez pas.

CE N'EST PAS LE SOMMET QUI COMPTE, MAIS L'ASCENSION

J'ai bien envie de m'adonner à certaines pratiques spirituelles, mais elles semblent toutes exiger beaucoup de temps et d'effort. Comment savoir si j'en retirerai quelque bienfait? Je n'ai pas l'intention de perdre mon temps.

De temps à autre, les individus qui s'initient au budo [un art martial] se demandent si tout le temps qu'ils consacrent à leur entraînement en «vaut la peine». Certes, cette question peut sembler rationnelle, mais elle révèle un profond manque de compréhension. Le temps que l'on consacre à la pratique d'un art est précisément ce qui en vaut la peine. L'apprentissage est beaucoup plus important que le but. La vie n'existe que dans l'instant.

H.E. Davey

Unlocking the Secret of Aiki-Jujitsu

Au milieu des années 1980, quand mon fils Josh était âgé de quatorze ans, on me demanda d'accompagner un petit groupe de jeunes de son école lors d'un stage d'entraînement en milieu sauvage dispensé par le groupe Outward Bound. On m'avait dit beaucoup de bien de ces stages, de sorte que j'ai profité de l'occasion qui m'était offerte pour en faire moi-même l'expérience. Nous sommes donc partis dans les montagnes de la Caroline du Nord. Pendant cinq jours, nous allions apprendre le travail de la corde, l'escalade de rochers, la descente en rappel, et nous ferions de grandes randonnées pédestres. Cette expérience avec Outward Bound a toujours été pour moi une sorte de métaphore de l'aventure spirituelle et un excellent outil d'enseignement du «juste point de vue».

L'aventure elle-même, par les défis considérables qu'elle comporte, requiert toute notre attention. Mais cette aventure n'a guère de sens sinon en ce qu'elle nous permet de développer notre force intérieure. Il en va de même de la vie: le quotidien nécessite presque toute notre attention, mais il serait insensé d'oublier les motifs spirituels qui se cachent derrière chacune des situations qui se présentent à nous.

Imaginez que vous vous inscriviez à un stage Outward Bound, puis que vous passiez tout votre temps à retrouver votre chemin en forêt sans jamais apprendre à vous mettre au sec quand il pleut, à lire une boussole, bref, à ne pas tenir compte des occasions qui vous sont offertes de renforcer votre courage et de vous débarrasser de vos peurs.

Si je songe «Je dois renforcer mon courage», mais que je reste assis sur une chaise pour réfléchir, cela ne m'avancera guère. Le cours de travail de la corde, où l'on grimpe le long d'une mince corde à nœuds jusqu'au haut d'un arbre pour ensuite traverser sous la pluie une poutre étroite et glissante et, enfin, attraper une autre corde et se laisser descendre jusqu'au sol, m'a permis de regarder en face ma peur et mon courage.

Il n'y a rien de noble ou d'important à grimper dans un arbre ou à glisser le long d'une corde. Comment cela peut-il aider l'humanité ? Pourtant, l'humanité a besoin de courage, un courage qui ne se voit pas, ne s'entend pas ou ne se ressent pas par lui-même. Par exemple, la couleur est très réelle, mais elle n'existe pas sans support concret : peinture rouge, encre noire, ciel bleu. Le rouge pur, le noir ou le bleu, qui sont des abstractions, ne sont pas visibles comme tels.

Aux dires des sages, notre vie n'est qu'un voyage au cœur de notre nature divine de l'amour, de la divinité, de la sainteté… peu importe le nom que nous lui donnions. Voilà ce qui compte, comme compte le courage dans un cours sur le travail de corde. De même que la corde n'est qu'un outil de développement du courage, la vie n'est qu'un outil d'éveil de l'âme. Toute personne, toute circonstance de notre vie représente un entraînement intérieur, une corde pour nous hisser vers l'âme, un roc ou une falaise à gravir, conçus exprès pour mettre en lumière nos forces ou nos faiblesses et pour que nous puissions pénétrer enfin notre nature divine. À quoi servirait-il de s'inscrire à un tel cours si nous nous plaignons ensuite que les leçons sont trop difficiles ?

Lors du stage Outward Bound, nous avons dû escalader un roc très lisse de quelque 9 mètres de hauteur. Je me souviens d'avoir levé la tête vers le sommet du rocher en attendant mon tour. Ceux qui étaient parvenus là-haut semblaient incroyablement heureux et exaltés. Ç'eût été une grave erreur (pourtant commune) de penser: «Comme ils ont l'air contents! Il doit y avoir quelque chose d'extraordinaire au sommet!» Bien entendu, il n'y avait rien de spectaculaire au sommet du rocher. Les grimpeurs se réjouissaient d'avoir réussi une escalade difficile. Combien de fois oublions-nous cela pour tenter de parvenir au sommet de mille et une façons sauf celle qui consiste à grimper, justement, au prix de nombreux risques et efforts?

Je me suis surpris à réagir de cette façon il y a quelque temps, lors d'une conversation avec l'un de mes guides spirituels préférés, le père Murray Rogers, un prêtre anglican qui a vécu plusieurs années en Inde, en Israël et en Chine. Je rentrais de l'Inde, et nous parlions de ma rencontre récente avec Sa Sainteté le Dalaï-Lama du Tibet. Je lui dis que Sa Sainteté était sans doute l'homme le plus simple, le plus profondément heureux qu'il m'ait été donné de connaître. Le père Murray me répondit ainsi: «Oui, et imaginez toutes les souffrances qu'il a dû traverser pour devenir aussi profondément heureux.» Je voyais le Dalaï-Lama au sommet du rocher, mais la réponse du père Murray me rappelait que l'escalade est ce qui l'avait rendu heureux. Ce que nous percevons dans la sainteté est le produit d'une longue et pénible ascension, non pas un coup de chance ou un rejet des difficultés.

Nous avons tous la possibilité de faire cette ascension et, bien entendu, nous la faisons sans cesse, que cela nous plaise ou non. Seulement, nous pouvons grimper dans l'ignorance, la peur, la fuite, la négation, les lamentations, les pleurnicheries, ou encore avec enthousiasme, gratitude, respect, persévérance et une foi inébranlable.

Le but de la pratique spirituelle n'est pas de parvenir au sommet sans effort. Nous sommes tous appelés à déployer des efforts considérables en pardonnant l'impardonnable, en tolérant l'intolérable, en surmontant l'insurmontable. Nous sommes tous appelés à vaincre nos préjugés, nos jalousies, nos dépendances et nos phobies, la peur de vieillir et de mourir, la perte de nos êtres chers. Il n'y a pas de vie facile et sans douleur.

Le but de la pratique spirituelle est de garder les yeux ouverts, de toujours demeurer conscients que nos luttes, les obstacles que nous devons franchir, ne sont jamais futiles ou dus au hasard: la beauté du sommet dépend de la qualité de notre ascension. Si votre escalade vous semble particulièrement difficile, votre joie sera sans doute plus grande. Les personnes qui n'ont pas de recul, qui ne comprennent pas l'importance des difficultés de l'ascension, seront forcément déçues. La meilleure aide que nous puissions leur apporter consiste à reconnaître que nous sommes tous des grimpeurs et à accorder notre appui et notre soutien moral à qui en manifeste le besoin.

Il se pourrait qu'un jour un diagnostic de cancer soit la paroi de roc qu'un être cher ou nous-même devrons escalader. Au sommet, il y a la survie ou la mort. Comme nous sommes nombreux à l'avoir constaté dans notre vie ou dans celle des autres, il est de toute première importance de ne pas perdre de vue la richesse et le pouvoir transformateur d'une telle ascension: les prises de main auxquelles nous nous agrippons, les décisions que nous prenons, les attitudes que nous adoptons, les relations que nous nous efforçons d'améliorer. Ceux qui profitent le mieux de leur ascension semblent heureux lorsqu'ils parviennent au sommet, qu'ils y trouvent la survie ou la mort. Mais ceux qui gravissent cette paroi de roc dans la peur et la résistance n'y trouvent rien de bon, et c'est ce qui se produit lorsque nous oublions que la vie est histoire d'ascension plutôt que de sommet.

Si nous réfléchissons au sens que je veux donner à ce chapitre, nous constaterons que, peut-être, nos peurs nous habitent afin que nous puissions les surmonter. Bien entendu, il ne faut pas exagérer non plus et devenir comme ces casse-cou qui sautent par-dessus trente autobus scolaires en motocyclette : la peur des blessures et de la mort a un rôle à jouer dans notre survie !

Mais nous hébergeons souvent des peurs qui ne sont ni instinctives ni raisonnables. Pendant plusieurs années, Sita éprouvait une peur phobique d'avoir la tête en bas. Cette phobie était si violente qu'elle était persuadée d'avoir été tuée de cette façon dans une autre vie. Quelle qu'ait été l'origine de cette terreur, celle-ci ne semblait lui être d'aucune utilité. Elle l'empêchait de faire le poirier ou un appui brachial renversé lors de ses séances de yoga et l'étouffait d'angoisse lorsqu'elle plongeait dans une piscine ou qu'elle devait affronter de fortes vagues dans l'océan. Par-dessus tout, cette phobie était pour elle un énorme fardeau qu'elle en avait assez de transporter partout.

Un beau jour de 1981, Sita me demanda, ainsi qu'à l'un de nos amis, de l'aider à surmonter cette ancienne peur (elle avait trente-sept ans). Pendant les sept heures qui ont suivi, sa terreur et sa détermination se livrèrent un cruel et épuisant combat. Elle nous avait simplement demandé de l'aider à se tenir sur la tête en soulevant ses jambes. Nous ne devions pas la forcer à lever les jambes, mais bien nous contenter de l'encourager et d'assurer son équilibre.

Tout cela peut paraître simpliste, mais quiconque a déjà été confronté à une phobie imaginera sans peine les cris et la résistance qui nous accueillaient lorsque nous tentions (des centaines de fois!) de convaincre Sita de soulever ses jambes au-dessus de sa tête. Nous avons dû fermer toutes les fenêtres pour que les voisins ne s'imaginent pas que nous étions en train de l'assassiner.

Sita a enfin réussi une fois à se tenir sur la tête. Puis elle y est parvenue une fois encore. Et une fois de plus. Et encore une fois. À la fin de cette épuisante journée, elle était aussi exaltée que les grimpeurs du groupe Outward Bound. Au cours des semaines qui suivirent, je l'aidai plusieurs fois à se tenir sur la tête pour m'assurer que sa phobie ne reviendrait pas la hanter. Le lourd fardeau qui écrasait ses épaules a disparu, son pas est plus libre et léger. Elle n'est même plus curieuse de savoir d'où lui venait sa peur. Celle-ci n'existe plus, un point c'est tout.

PRATIQUE : SURMONTEZ VOS PEURS

Quel est le fardeau que vous transportez et qui ne vous sert à rien, sinon à vous épuiser et à ralentir votre progrès ? Avez-vous peur de l'obscurité ? À un moment opportun, trouvez un endroit sécuritaire où vous pourrez rester seul pendant toute une nuit dans l'obscurité la plus complète. Avez-vous peur des serpents ? Efforcez-vous de passer quelque temps en présence d'un serpent non venimeux et, idéalement, tenez-le dans vos mains pour apprendre à vous détendre. Appréhendez-vous de lever la main et de vous exprimer lors d'une réunion ou d'une conférence ? (Il fut un temps où parler en public était la phobie numéro un des Nord-Américains.) Promettez solennellement d'exprimer votre opinion dès que l'occasion se présentera. Réitérez votre promesse au début de la réunion et respectez-la, même si vous vous contentez d'adresser des remerciements à l'orateur.

La peur de Sita était une phobie, mais bon nombre de nos peurs ne sont pas aussi dramatiques ; la plupart ne sont que de petites échardes que nous pourrions tolérer sans trop de problèmes toute notre vie durant. Chaque fois que nous affrontons et surmontons l'une de nos appréhensions, nous renforçons un certain nombre de vertus intérieures aptes à nous seconder dans notre démarche spirituelle.

Tout au long de ce périple vers la prise de conscience du Divin, nous sommes confrontés à des occurrences beaucoup plus terrifiantes que des insectes, des serpents ou un auditoire. Lorsque nous regardons nos petites craintes en face, nous nous entraînons à composer avec des peurs beaucoup plus profondes qui s'interposeront entre nous et notre cheminement intérieur.

Voici trois conseils d'ordre général pour vous aider à surmonter vos appréhensions :

1. Respirez. Entraînez-vous dès maintenant, et de toutes les façons possibles, à vous concentrer sur votre respiration dans les moments de peur, de stress ou de confusion. La respiration est un élément clé de toutes les traditions spirituelles. Quand vous avez peur, assurez-vous de respirer rythmiquement et calmement. Dites-vous qu'à chaque inspiration une plus grande détermination pénètre en vous et que la peur vous quitte à chaque expiration.
2. Si possible, faites part de vos intentions à au moins une personne afin qu'elle vous appuie dans votre démarche. Même si vous n'avez nul besoin d'une présence amie ou d'une aide

tangible, il peut être très encourageant de savoir que quelqu'un d'autre est au courant. Si vous devez être seul pour surmonter votre phobie, cette personne saura ce que vous vous apprêtez à faire. Elle pourra vous offrir son soutien au début de votre démarche et en discuter avec vous après.

3. Assurez-vous, comme Sita, que votre peur ne reviendra pas vous hanter à votre insu. À vous de décider quelle est la meilleure façon de procéder eu égard à votre phobie particulière.

Surmonter ses peurs, c'est un peu comme aller chez le dentiste pour une obturation : l'expérience est désagréable, mais ses bienfaits durent longtemps. En outre, notre estime de soi en est rehaussée et nous acquérons de la sorte une plus grande liberté d'action.

LA FOI : UNE LAMPE DE CASQUE

Si je savais par avance ce que chaque jour me réserve, ma vie en serait simplifiée d'autant. Comment puis-je composer avec les irritations, les crises inattendues et les événements stressants qui surgissent inévitablement dans notre quotidien ? Que puis-je faire pour conserver mon équilibre et ne pas perdre de vue ce qui est réellement important ?

Un moine, membre de l'ancien ordre des chartreux, dit un jour : « L'incertitude de l'avenir nous procure l'espace nécessaire à la pratique de notre liberté et à la pratique de notre foi. » Réfléchissez quelques instants à ce segment de phrase, « l'espace nécessaire à la pratique de notre liberté et à la pratique de notre foi ». En d'autres termes, si nous savions par avance ce que chaque jour doit nous apporter, ni le libre arbitre ni la foi ne nous seraient plus nécessaires. L'humanité même n'aurait plus sa raison d'être puisque son objectif fondamental est la pratique du libre arbitre et la pratique de la foi de telle sorte qu'elle puisse entrer en communion avec Dieu. L'incertitude de l'avenir, l'ignorance de ce qui nous attend n'ont rien de négatif: leur importance est primordiale.

Dans toute tradition spirituelle, l'on soutient que nous ne sommes pas les victimes innocentes de crises inattendues ou d'événements chaotiques. Nous sommes responsables tout autant que Dieu de la qualité de notre vie et de celle de l'univers. La loi du *karma* (mot sanscrit qui signifie «action») n'est pas seulement un concept oriental. Dans l'Ancien Testament, Dieu confère le libre arbitre à Adam et à Ève, afin qu'ils créent leur propre karma en obéissant ou en désobéissant à ses injonctions. La notion de karma a investi la tradition occidentale dès l'instant où Adam et Ève choisirent de goûter au fruit de la connaissance du Bien et du Mal. Depuis, elle peut se résumer comme suit: «Tu récolteras ce que tu as semé.»

Si nous connaissions l'avenir, que deviendrait notre volonté d'aspirer courageusement à une vie meilleure? Que deviendraient notre détermination et notre persévérance? Dans quel but relèverions-nous des défis? Vous protesterez que vous ne souhaitez pas connaître l'avenir dans son entier, mais simplement avoir une petite idée de ce qui vous attend demain matin. Mais chaque matin qui se lève est artisan de l'avenir. Il importe, pour nous engager à faire tout notre possible, que nous ne sachions pas de quoi il se compose.

Lorsque nous commençons à envisager les aspects positifs que recèle «l'incertitude de l'avenir», nous cessons d'appréhender les surprises et les irritations quotidiennes et nous apprenons à y faire face avec un sens de l'humour que l'on pourrait qualifier de cosmique, avec un esprit sportif très développé. Ainsi, quand les événements ne se déroulent pas comme prévu, nous n'en sommes ni surpris ni déstabilisés. Comme le faisait remarquer le célèbre caricaturiste du *New Yorker,* Gahan Wilson, « fondamentalement, la vie ne tourne pas rond. Elle est par conséquent une inépuisable source d'humour. » Voilà en quoi consiste ce sens de l'humour cosmique dont je parlais plus haut.

Un autre exemple de cet humour nous a été donné lors d'une table ronde tenue en Suisse au début des années 1990. Une femme de l'auditoire posa aux participants la question suivante : « Selon vous, de quoi le monde sera-t-il fait dans cinquante ans ? » Tous répondirent avec gravité en se fondant sur leur propre spécialité, sauf Sa Sainteté le Dalaï-Lama, qui s'exprima en dernier : « Madame, quand j'ignore même quelle variété de thé je boirai ce soir, comment voulez-vous que je sache ce qui se produira dans cinquante ans ? » Puis il se mit à rire, ainsi qu'il le fait tout au long de la journée.

La paix et la sérénité résident dans l'absence d'inutile anxiété et dans l'acceptation de ce qui doit nous préoccuper personnellement : faire tout notre possible, briller dans la mesure de nos possibilités au cœur de la petite case assignée à chacun sur terre. C'est là notre raison d'être. Lorsque nous optons pour cette acceptation, pour cette foi, les malheurs ne nous sont pas épargnés pour autant, mais ils ne s'accompagnent plus de peur ou d'amertume. La peur découle d'un sentiment de vulnérabilité et l'amertume de la certitude qu'un malheur n'aurait pas dû se produire. Toutes deux sont des mensonges pour un esprit croyant.

La peur dit : « Attention ! Il fait très noir là-bas ! » Mais dans la pratique quotidienne de la foi, vous pouvez réagir : « Bien sûr qu'il fait noir là-bas ! Là-bas ne me concerne pas ; ce qui m'importe, c'est ici, et ici, la lumière est suffisante pour que j'y voie. » Une personne croyante ressemble à un mineur muni d'une lampe de casque. Où qu'il aille, la lumière le précède. Il ne se dit pas « Il fait noir là-bas ! », car le faisceau de sa lampe lui procure un éclairage suffisant. Si toute la mine était illuminée, quel besoin aurait-il d'une lampe de casque ?

Notre propre lampe de casque – c'est-à-dire notre sagesse et notre intuition – nous vient de l'intérieur. Il nous importe donc de voir à ce qu'elle fonctionne et que ses piles soient chargées en permanence plutôt que de nous inquiéter de ce que dissimule l'obscurité. Voilà, en deux mots, la raison d'être de la pratique spirituelle et d'un style de vie salutaire : ceux-ci n'ont pas pour fonction de nous exempter des hauts et des bas de l'existence ; ils doivent plutôt nous aider à demeurer présents, éveillés et capables d'extraire tout l'or que recèle une paroi rocheuse à première vue sans intérêt.

PRATIQUE : LE MANTRA « TOUT CE QUI PEUT ARRIVER »

Êtes-vous disposé à vivre à fond, en dépit d'un avenir obscur ? Êtes-vous disposé à composer avec la réalité de l'existence ? Ces questions vous sembleront futiles ou même stupides, mais sachez que le fait de réfléchir à leurs ramifications m'a beaucoup aidé dans ma quête intérieure. Au début des années 1990, j'ai fait une retraite de plusieurs mois qui m'a permis de réfléchir à mon intention de devenir un être humain à part entière. Ma réflexion tournait autour du mantra suivant :

Tout ce qui peut arriver à un être humain peut aussi m'arriver : j'accepte cette réalité.

Tandis que je répétais mentalement ce mantra, d'innombrables scénarios traversaient mon esprit : cancer, cécité, amputation, le meurtre de ma femme ou de mon fils, et ainsi de suite. Et je m'inclinais devant l'éventualité de chacune de ces images qui pourtant m'inspiraient de la terreur. Cette acceptation n'était ni macabre ni perverse, mais bien une expression de sereine humilité.

Bien entendu, je ne me souhaite aucun de ces malheurs. Mais pour vivre pleinement, pour faire face à la vie en être entier, capable d'affronter la réalité les yeux ouverts, il vous faut accepter que tout ce qui peut arriver à un être humain peut aussi vous arriver. Puisque vous êtes un être humain, cet énoncé est littéral. Vous ne pouvez pas lui échapper.

Cette pratique m'a aidé à voir les innombrables facettes de mon rapport à la vie et, ce qui est sans doute le plus important, à prendre conscience du précaire équilibre entre responsabilité et abandon. Il existe quantité de choses que nous pouvons dominer, et quantité d'autres qui échappent à notre contrôle. La pratique spirituelle nous procure l'occasion de raffiner notre perception de ces différences et de vivre conformément à cette perception.

Par « conformément à cette perception », j'entends que nous devons tenir compte des aspects de la vie que toute société qualifie de « moraux » : prendre soin de son corps, de son intellect et de son esprit, s'efforcer d'être bon et généreux, ne pas faire de mal à autrui, et ainsi de suite. En vivant de cette façon, nous esquivons les calamités et les dangers qui sont habituellement la conséquence de la paresse, de l'irresponsabilité et de la témérité.

Mais vivre conformément à cette perception suppose également que nous acceptions l'envers des choses, c'est-à-dire que, chaque matin, nous ignorons dans quel état nous serons à la fin de la journée et même si nous serons encore de ce monde. Quelle que soit la droiture de notre mode de vie, rien ne nous assure que nous ne serons pas victimes d'une maladie, d'une tornade, d'un viol, d'un meurtre, d'un cambriolage, d'un incendie, d'un accident de voiture, d'une humiliation, de la faillite de notre entreprise, et ainsi de suite.

L'acceptation totale de cette réalité est non seulement l'essence même de l'humilité, mais encore ce qui nous relie le plus profondément à tout être vivant, qu'il soit humain ou animal. Ces risques partagés, ces malheurs que subit toujours quelqu'un, quelque part, à tout instant du jour ou de la nuit, ont une action égalisatrice. Ils nous unissent et éveillent notre compassion. Ni la fortune ni le rang social ne peuvent nous protéger contre la puissance du destin.

Ainsi, vivre dans la moralité signifie à la fois prendre la responsabilité de notre propre bien-être en nous gardant des toxicomanies, en nous efforçant de prévenir les maladies, les problèmes familiaux et professionnels, et accepter sans pleurnicher d'être vulnérables aux malheurs contre lesquels nous ne pouvons rien. « Pourquoi moi ? » sommes-nous tentés de dire. La réponse à ce « Pourquoi moi ? » est toujours la même : parce qu'aucun être humain n'est à l'abri de tels malheurs. Pourquoi en serait-il autrement de vous puisque vous êtes un être humain ?

Je ne dis pas que les tragédies humaines sont toujours dues au hasard. Si la foi a un sens, ce sens nous dit qu'il existe un ordre et une intelligence des choses, et que tout ce qui nous arrive trouve quelque part sa justification. Le mantra dont je parlais tout à l'heure, « Tout ce qui peut arriver à un être humain peut aussi m'arriver. J'accepte cette réalité », contribue à nous rappeler que tout événement, toute circonstance ou toute tragédie a une raison d'être qui nous dépasse.

La répétition de ce mantra peut nous aider à composer honnêtement avec les vicissitudes de l'existence tout en raffermissant peu à peu le courage et la maturité spirituelle qui nous permettront de les affronter. C'est un grand soulagement que de se lever chaque matin sans s'inquiéter de savoir ce qui nous attend. Une telle attitude nous inspire un plus grand amour des autres et de la vie.

La vérité universelle contenue dans ce mantra sous-tend toute l'expérience humaine. Notre acceptation de cette vérité est ce qui fait de notre passage sur terre une aventure spirituelle chargée de sens profond. Notre vie n'est pas moins héroïque que celles de Moïse, de Mahomet, d'Odyssée, d'Arjuna, de Sita, de Jeanne d'Arc ou de tout autre personnage historique ou légendaire. Nous avons en nous la force et les vertus nécessaires à une vie enrichissante et glorieuse. Mais il nous faut affermir notre désir d'affronter la vie dans son entier, sans exiger de celle-ci qu'elle se soumette à nos préférences.

Tout ce qui peut arriver à un être humain peut aussi m'arriver. J'accepte cette réalité.

COUPS DE CHANCE ET COUPS DU SORT

J'étais occupé à vivre pleins gaz quand je fus catastrophé par une occurrence bouleversante. Je sais que je me trouve à un carrefour et que ma réaction affectera toute mon existence. Comment dois-je faire face à ce traumatisme ?

Le Talmud (un ouvrage d'importance capitale pour l'interprétation de la Torah) dit que les raisons des événements tragiques ne nous sont pas révélées. En un certain sens, ces raisons ne nous concernent pas. Seule notre réaction à ces événements est de notre ressort, et il se peut que cette réaction soit elle-même l'événement le plus important de toute notre existence. Les talmudistes affirment aussi que nous devons remercier Dieu par avance pour les bienfaits dont il nous gratifie, car, la plupart du temps, nous ne savons pas que ces dons sont des bienfaits : ils ressemblent trop à des malédictions.

Lorsque j'étais âgé de dix-huit ans, je me suis endormi au volant d'une petite voiture sur une autoroute du nord de la Floride, et j'ai frappé de plein fouet un camion gros porteur. Ma voiture était en miettes. Quant à moi, j'ai subi une fracture du crâne et une rupture de la rate, j'ai eu un doigt arraché, une vertèbre écrasée, la mâchoire supérieure broyée, et des douzaines d'éclats de verre m'ont lacéré le visage. Pendant près de deux ans j'ai retiré des fragments de verre de mon visage et de mes bras à mesure qu'ils remontaient à la surface. Mon corps est plein de sutures et des tiges de métal ont remplacé certains des os de mon doigt.

Pour moi, le monde s'était arrêté de tourner. À cette époque, en 1965, j'ignorais tout des sagesses anciennes, mais je devinais que ma vie ne serait plus jamais la même. Je sentais confusément qu'il n'en tenait qu'à moi que ce changement soit bon ou mauvais. Aujourd'hui, avec le recul, je parviens mieux à décrire ce qui s'est passé : une tragédie de cet ordre nous rend humbles ou nous abat. La différence qui sépare l'humilité de l'abattement est l'une des révélations les plus importantes de ma vie.

Lorsqu'un accident comme celui-là nous rend humbles, nous faisons en sorte que le choc, le changement de vie, la souffrance et les années de réhabilitation nous ouvrent à plus de compassion et de compréhension, qu'ils nous rendent plus sereins, moins égoïstes, moins mesquins. Si l'accident nous abat, nous nous refermons sur nous-mêmes, nous nous apitoyons sur notre sort, nous devenons amers, mesquins, exigeants et irritables. Vous avez sans doute pu en faire l'expérience : l'abattement est souvent une réaction initiale aux traumatismes ou à la tragédie. Nous avons envie de nous isoler, de fuir, de refuser toute aide et toute consolation, de transformer en colère notre peur et notre souffrance.

Une grâce inexplicable a fait que, tandis que j'étais ainsi étendu sur un lit d'hôpital, loque intubée de toutes parts, je me suis laissé aller à l'humilité au lieu de me durcir et de me laisser abattre. Le souvenir de mon père, qui avait subi un accident vasculaire cérébral alors qu'il était encore jeune, me revenait sans cesse en mémoire. Je revoyais sur son visage la dignité avec laquelle il avait supporté le malheur qui lui arrivait, et la douceur de son regard.

Je me mis également à songer à d'autres personnes handicapées qui, jusque-là, n'avaient pas éveillé ma compassion. Je compris que mes blessures au visage feraient sans doute de moi un être repoussant que l'on s'efforcerait d'éviter. Certaines personnes, moins sensibles que d'autres, éloigneraient de moi leurs enfants ou me qualifieraient de monstre, bien que, sous mes blessures et mes cicatrices, je serais encore et toujours la même personne. J'éprouvai un remords immense et sincère de l'ignorance qui avait été mon lot jusque-là, de même que de mon égoïsme, de ma vanité et de la honte que j'éprouvais à avoir un père handicapé. Tristement, mais fermement, je fis alors le vœu d'accepter mon sort, quel qu'il soit, et de me montrer aussi digne que mon père dans le malheur.

J'ignorais ce que cela signifierait pour moi. Mais à mesure que je m'abandonnais à mon sort, un étrange sentiment de paix faisait son chemin en moi. Je cessai de m'inquiéter des contraintes futures liées à ma condition physique ou à ma laideur. Bien entendu, même sans ces inquiétudes, j'ai enduré pendant plusieurs années de grandes douleurs physiques, et cette souffrance devint le point focal de ma vie quotidienne.

C'était, croyais-je alors, la punition qui m'était infligée pour mon égoïsme.

Pourtant, je m'étais enfin mis à la recherche d'une vérité plus profonde. Étrangement, tout me semblait aller de soi. Après quelques semaines, quand je pus parler, je repris toutes les personnes qui faisaient référence à mon « accident », préférant à ce terme celui d'« effondrement ». Il m'apparaissait invraisemblable qu'un événement aussi transformateur puisse n'être qu'un accident. Quelque chose d'important avait eu lieu. En dépit de la souffrance physique, ce quelque chose avait un côté positif très beau puisqu'il m'avait engagé dans une vie meilleure.

Je ne prétends pas que nous devrions tous subir un tel traumatisme pour nous réveiller. Nous sommes tous placés devant les mêmes choix – accepter ou refuser, devenir humbles ou nous laisser abattre, relever des défis ou les fuir –, que ces choix soient dus à un accident de voiture, à une orientation universitaire, à un bébé mort-né ou à un changement de carrière. Les principes sont les mêmes, que l'enjeu soit grave ou non.

Ainsi que le disait Jésus lors du Sermon sur la montagne, « spacieux est le chemin qui mène à la perdition » : c'est celui de la loi du moindre effort, de la moindre responsabilité, de l'étroitesse de vue, bref, le chemin le plus fréquenté. Par ailleurs, « étroite est la porte et resserré le chemin qui mène à la Vie » : c'est le chemin du choix le plus difficile, du plus grand effort, celui qui nous incite à aller à l'encontre des appréhensions et des distractions du monde d'aujourd'hui. Nous ne pouvons pas toujours choisir ce qui nous arrive, mais notre vie est toujours le reflet de nos choix. Si grands que soient nos malheurs, nous pouvons leur opposer une attitude qui ennoblit l'espèce humaine au lieu de l'affaiblir, une attitude qui nous rend humbles au lieu de nous abattre.

PRATIQUE : UN MANTRA QUOTIDIEN

Certes, lorsque nous devons affronter une crise ou un traumatisme, nous souhaitons conserver notre présence d'esprit ; mais de quels moyens disposons-nous pour nous en assurer ? Comment pouvons-nous faire en sorte que nos réflexes immédiats, au lieu de se tourner vers la peur, la colère ou la négation, fassent appel à la spiritualité ? Une chose est sûre : Ce n'est pas lorsque nous sommes en état de crise que nous pouvons apprendre à réagir convenablement à celle-ci. C'est quand tout va bien que nous devons développer nos défenses spirituelles si nous voulons réagir de façon équilibrée aux traumatismes qui surgissent.

Les racines du mot sanscrit *mantra* signifient « protecteur de l'esprit ». On peut recourir au mantra de plusieurs façons. Par exemple, il est possible de réciter mentalement l'un des noms de Dieu plusieurs fois par jour, ce qui a pour effet d'apaiser l'esprit par la prière.

Avec le temps, la pratique du mantra contribue à un développement exceptionnel de la concentration. Le Mahatma Gandhi a eu recours au mantra hindouiste le plus courant, Ram (Dieu), pendant de nombreuses années. Lorsqu'il fut tué à bout portant par un assassin, ses dernières paroles furent : *« Jai Ram ! »* Non pas « Comment est-ce possible ? » ou « Non, non ! » – mais bien « Vive Dieu », tout simplement. Existe-t-il présence d'esprit plus inébranlable ?

Un mantra peut également nous rappeler les changements que nous souhaitons apporter à notre vie en nous aidant à perdre nos mauvaises habitudes et à remédier à notre courte vue. Cette pratique comporte deux volets : l'*appropriation* et la *récitation.*

- Au réveil, asseyez-vous et récitez l'un des mantras ci-dessous pendant au moins dix minutes (si possible plus longtemps), en vous imprégnant toujours davantage de ses sens profonds jusqu'à ce que vous entendiez ce qu'il vous dit personnellement. C'est la phase d'appropriation.
- Après vous être approprié ce mantra, efforcez-vous de vous le remémorer le plus souvent possible pendant la journée, en particulier lorsque vous faites face à des conflits et à des drames qui se déroulent autour de vous. Laissez votre mantra vous rapprocher de vos pensées profondes, de votre humour cosmique, du sentiment de profondeur que vous avez ressenti pendant la phase d'appropriation. Permettez à votre mantra de modifier votre point de vue au cœur de l'action. Si vous êtes persistant, il le fera.

Voici quelques exemples de mantras traditionnels et contemporains.

Les mantras traditionnels

Le mantra le plus traditionnel consiste à invoquer l'un des nombreux noms de Dieu, ou à réciter une phrase sacrée. Les sages nous disent que les sonorités mêmes de ces paroles, en particulier celles d'une langue très ancienne telle que l'arabe, l'hébreu ou le sanscrit, provoquent des vibrations bénéfiques pour le corps, l'esprit et l'âme.

Voyez si l'un des mantras ci-dessous vous interpelle; ou encore, choisissez-en un que vous réciterez pendant un mois ou deux pour constater ses effets sur vous. Vous pouvez réciter ces mantras, qu'ils soient traditionnels ou non, des douzaines ou des milliers de fois par jour: à l'épicerie, dans un bouchon de la circulation, lorsque vous avez peur, lorsque vous êtes stressé, et ainsi de suite.

- *Jai Ram* ou *Hare Krishna.* Tous deux signifient «Vive Dieu» en hindi. Les versions plus longues, également très répandues, sont *Sri Ram Jai Ram Jai Jai Ram* et *Hare Krishna Hare Krishna Hare Hare, Hare Ram Hare Ram, Ram Ram Hare Hare.*
- *Seigneur Jésus, Fils de Dieu, ayez pitié de moi, pauvre pécheur.* C'est la «prière à Jésus».
- *Om mani padme hum* est le mantra tibétain de la compassion. L'on dit que chacune de ces six syllabes purifie différents degrés de l'être et nous protège contre les influences négatives et la maladie.
- *Baruch ata Adonai Eloheinu melech ha'olom.* «Béni sois-Tu, Seigneur mon Dieu» en hébreu.
- *La ilaha ill Allâh.* Tirée du Coran, cette formule signifie «Il n'y a de Dieu qu'Allah».

Les mantras contemporains

- *Il fait bon vivre.* Cette formule n'est pas aussi simpliste qu'elle ne le semble. Il est bon de vivre, de respirer. Avant même que quelque chose nous apporte plaisir ou souffrance, harmonie ou conflit, réussite ou échec; avant même d'être jeune ou vieux, noir ou blanc, riche ou pauvre, homme ou femme, prisonnier ou libre, nous sommes en vie : il fait bon vivre. En soi. Pour soi. Ne perdez pas de vue cette réalité. Soyez reconnaissants. Si nous laissons cette joie primordiale échapper à notre conscience, nous serons sans cesse ballottés entre bonheur et tristesse, perte et gain, plaisir et douleur. Nous serons les victimes d'interminables changements. Pour bien composer avec le monde qui nous entoure, rien de mieux que de s'enraciner dans l'invariante, l'immuable et gratuite bonté de l'existence.

Pendant la phase d'appropriation, répétez *Il fait bon vivre* tout en approfondissant peu à peu votre sentiment d'appartenance à la vie. Soyez-lui reconnaissant. Commencez votre journée avec un sourire de sagesse au cœur : vous saurez que cette journée aura ses hauts et ses bas comme toute journée, mais que vous vous efforcerez de ne pas vous laisser ballotter par de telles incertitudes.

- *Un seul Dieu.* Sita et moi récitons souvent ce mantra, de même que de nombreux membres de notre communauté. Lorsque rien ne va, il convient de se rappeler qu'il n'y a pas deux Dieux – un Dieu qui voit que vous avez eu une crevaison et un autre Dieu qui sait que vous voilà en retard pour votre réunion. Un seul Dieu. Lorsque nous nous sentons tiraillés par des forces contraires, ce mantra nous aide à accepter nos difficultés et à composer avec elles.
- *Sans rancune.* Ce mantra est venu au secours d'un grand nombre d'individus. Lorsque vous le récitez pendant la phase d'appropriation, notez tout l'éventail des rancunes qui vous viennent à l'esprit – de la petite blessure d'orgueil subie hier au supermarché, aux vieilles rancunes qui remontent à votre enfance. Débarrassez-vous-en. Libérez jusqu'à vos ennemis.

Apaisez et dépersonnalisez toutes les émotions qui vous font souffrir depuis tant d'années. Envisagez vos conflits passés comme s'ils n'étaient qu'une partie de foot que vous auriez perdue en dépit de tous vos efforts. N'en veuillez pas à vos adversaires. La partie est finie. Passez à autre chose.

Plus vous vous éveillerez à la réalité des choses, plus il vous sera facile d'adopter le bon comportement sans en éprouver un sentiment de supériorité, sans colère et sans amertume. Chaque fois que vous vous sentez devenir cruel ou amer, récitez votre mantra : Sans rancune. Ce n'est pas toujours facile, mais c'est très efficace.

- *Indemne.* En phase d'appropriation, répétez ce mot, *Indemne,* tout en vous efforçant de prendre conscience du noyau de votre être qui n'a jamais changé en dépit de vos expériences vécues : il est le témoin immuable de chaque instant de votre vie, le seul moi, le moi immortel. Réfléchissez pendant quelques instants au fait que cette conscience inaltérée a toujours été la même, dans les bons comme dans les mauvais moments.

  Lorsque vous vous sentez captif, négatif ou effrayé, le mantra *Indemne* vous aidera à comprendre que seul votre personnage est captif ou effrayé, et non pas l'acteur. L'acteur, qui est votre conscience inaltérée, demeure indemne. Ce mantra convient particulièrement aux personnes qui souhaitent surmonter leur agressivité et leur tempérament bouillant. Votre moi véritable est invulnérable aux dangers. Ainsi que nous rappelle le Cours sur les miracles, « le réel est inattaquable, l'irréel n'existe pas ».

La pratique du mantra exige justement cela : de la pratique. Si vous oubliez d'y recourir aujourd'hui, sachez que tous les moyens sont bons pour vous aider à faire mieux demain : une bande élastique au poignet ; une montre-réveil ; n'importe quoi. Si vous vous efforcez réellement d'y parvenir, vous penserez beaucoup plus facilement à réciter votre mantra dans les moments les plus difficiles de la journée.

Depuis plusieurs années, je suis très rassuré de constater que mon mantra, Ram, surgit à mon esprit non seulement dans les petites tragédies quotidiennes, mais aussi dans mes rêves et mes cauchemars. Il me rappelle sur-le-champ de ne pas oublier de respirer, d'avoir confiance, de garder mon cœur et mon esprit ouverts.

Ne commettez pas l'erreur de croire que votre mantra a pour but de vous hisser sur un « plan supérieur » ou de vous permettre de tourner le dos aux circonstances. C'est tout à fait l'opposé : votre mantra vous aide à demeurer présent ; son but est de vous éviter de fuir ou de perdre votre temps à résister à la réalité, et aussi de vous inspirer à réagir en toute conscience dans un esprit d'équité et d'élégance du cœur. Un mantra est en outre un excellent substitut aux pensées en bataille et au brouhaha mental. C'est un compagnon de vie inestimable.

la prière

UN FILET DE SÉCURITÉ COSMIQUE

Une fois que seront clairs pour moi les bienfaits associés à la pratique spirituelle, que faire pour tenir le coup ? Comment puis-je éviter la routine et approfondir ma pratique ?

Tout comme le brossage quotidien est indispensable à une bonne hygiène dentaire, toute vie authentiquement juste exige une certaine dose d'autodiscipline et de diligence. Nous ne considérons pas que le brossage des dents soit une perte de temps ou un traumatisme. Certes, il nous arrive d'oublier, mais nous ne cherchons pas systématiquement à ne pas le faire. En somme, nous savons que c'est important, et nous le faisons.

Le premier pas vers une pratique spirituelle constante consiste à admettre avec conviction que la pratique spirituelle est aussi importante qu'une bonne hygiène dentaire, que la propreté physique et une consommation quotidienne d'eau suffisante. Nous devons éviter de nous buter, de trouver des voies d'évitement ou des portes de sortie, notamment dans certaines philosophies abstruses qui en nient toute la valeur. Nous ne pouvons pas voir une carie naissante, mais nous croyons le dentiste s'il nous dit qu'une bonne hygiène dentaire prévient la carie. Pour d'innombrables sages, l'hygiène spirituelle est encore plus importante. Le sage dit-il moins vrai que le dentiste ?

Un fidèle du grand saint du XIXe siècle Sri Ramakrishna se plaignit un jour de ne pas ressentir profondément la présence de Dieu. Sri Ramakrishna le prit par la main et le conduisit à l'étang des ablutions *(ghat)* de l'ashram. Quand ils eurent de l'eau à la hauteur de la taille, Sri Ramakrishna poussa la tête de l'homme sous l'eau et l'y maintint avec force pendant près d'une minute. L'homme se débattait comme un beau diable. Quand le saint relâcha son emprise, l'homme émergea en suffoquant. Sri Ramakrishna lui dit alors : « Quand tu voudras la présence de Dieu avec autant de force que tu as voulu respirer, tu Le verras. »

J'aimerais bien vouloir Dieu à ce point, pas vous ? Pour l'instant, je me contente de savoir à peu près que je suis dans la bonne voie. Les êtres les plus remarquables et inspirants qui aient jamais vécu étaient des croyants ; j'opte par conséquent pour la foi. Ces êtres accordaient une très grande importance à la pratique spirituelle ; je choisis donc d'accorder une très grande importance à la pratique spirituelle. C'est aussi simple que cela.

Une fois bien résolu, nous pouvons passer au deuxième volet du problème soulevé en début de chapitre : que faire pour aller toujours plus loin, pour vouloir Dieu de plus en plus jusqu'à Le vouloir autant que nous voulons respirer ? De toutes les pratiques spirituelles, la prière est la plus fondamentale. Elle assure la vitalité spirituelle, la fraîcheur de vue, l'approfondissement. Une vie de prière nous délivre, couche après couche, de notre inertie, de l'auto-illusion, du manque de sincérité. Elle nous rend honnêtes et humbles. La prière est notre filet de sécurité contre le libre arbitre : elle nous attendait au tournant à la sortie du Paradis terrestre. La prière était inutile à Adam et Ève avant qu'ils ne goûtent au fruit de l'arbre du Bien et du Mal, en d'autres termes, avant que leur conscience ne leur permette d'exercer leur libre arbitre. Jusque-là, toute vie était la volonté de Dieu. Vie et mort se déroulaient en parfaite harmonie. Mais dès que nous avons pris conscience de notre nudité – de notre séparation de la volonté de Dieu –, la prière est devenue l'un des moyens à notre disposition pour préserver, au moins un tout petit peu, notre contact avec le Divin. Notre plus grande mission, en tant qu'individus et membres de l'espèce humaine, est d'apprendre à recourir à notre libre arbitre avec le plus de sagesse possible de façon à retrouver cette unicité première avec Dieu. Paradoxalement, le recours suprême au libre arbitre consiste à renoncer à notre libre arbitre. *Seigneur, que Votre volonté soit faite sur la Terre* (dans ma vie terrestre, dans votre vie terrestre) *comme au Ciel.* » C'est clair.

Résumons : en premier lieu, il n'y a que la volonté de Dieu et l'homme est exempt de souffrance. Puis, quand la volonté de l'homme s'oppose à la volonté de Dieu, l'homme souffre abondamment ; enfin, après une interminable quête d'apaisement, la volonté de l'homme se confond à celle de Dieu : fin du moi, et fin de la souffrance. *Le Royaume de Dieu est proche*. Ce choix nous a toujours appartenu. Là réside le grand problème, mais là réside aussi la grande solution.

Il faut distinguer entre prière et méditation. La prière est une relation avec le Divin, une relation d'attente et d'écoute. La méditation est une dissolution dans le Divin qui va au-delà de la relation et de l'identité. La prière en tant que pratique spirituelle est précisément cela : une pratique. Quand nous avons acquis suffisamment de pratique et de maturité, nous prions sans effort tout au long de la journée. Chaque instant est sacré et par nature propice à la prière. Nous en sommes au point décrit comme suit par C.S. Lewis : « Il semble ne pas y avoir de centre, car *tout* est centre. »

Pour plusieurs, la prière est une sorte de talisman : nous y recourons quand l'ampleur de nos problèmes nous fait appeler au secours. Mais chaque instant de la vie n'est ni plus anodin ni plus important que tous les autres. Lorsque l'on recherche la vérité, l'on vit dans un état de prière permanent ; l'on ne se contente pas de prier pour obtenir ceci ou cela. Le sage s'en remet à Dieu pour respirer. Qui prions-nous ? Est-il indispensable que nous le sachions ? Nombreux sont ceux qui ne mettent jamais en doute leur rapport à Dieu, au Christ, au Saint-Esprit, à l'Esprit Suprême, à Allah, à Krishna, à Rama, à Bouddha ou à quelque autre esprit divin auquel ils adressent leurs prières. D'autres sont confondus. Après tout, il est vrai que nous ne sommes pas distincts de Dieu. Notre sentiment de séparation d'avec le Divin n'est qu'une illusion. Qui donc pouvons-nous prier sinon notre être le plus profond ?

Ne vous perdez pas en concepts et en paroles creuses. La prière n'est qu'une façon pour nous de sonder notre rapport aux forces de l'invisible, quel que soit le nom que nous leur donnions. Peut-être est-ce nous-mêmes que nous invoquons ainsi, ou encore l'intelligence occulte de la nature. Peut-être nos prières ne servent-elles qu'à nous permettre de mieux connaître nos espoirs et nos frayeurs. La réponse à cela importe peu. L'important est que la prière est extrêmement efficace. Sans doute n'agit-elle pas comme nous l'avions prévu, et sans doute ne la reconnaissons-nous pas dans les réponses qui nous sont données. Mais elle est efficace.

Lorsque nous parvenons à la maîtriser, la prière est l'acte le plus intime que nous puissions accomplir, car en plus d'invoquer Dieu, nous nous mettons à nu devant nous-mêmes. Nous découvrons la nature de nos espoirs et de nos frayeurs, la nature de notre innocence, et nous préparons notre subconscient aux transformations qui ne manqueront pas de se produire tout au long de notre cheminement spirituel.

Parfois, quand notre prière nous apparaît dans tout l'égoïsme de nos limites humaines, nous pouvons l'interrompre. Prions-nous pour que notre fille remporte le premier prix d'épellation quand des millions d'enfants tout aussi charmants qu'elle n'ont même pas de quoi manger ? Prions-nous pour guérir d'un cancer plutôt que pour demander la foi et le courage nécessaires pour affronter notre destin ? Se peut-il que notre désir sincère d'approfondissement se soit transformé en lamentation névrotique ? La prière quotidienne peut fort bien être pour nous une thérapie spirituelle de longue haleine.

J'aime la libre créativité associée à la prière. Sa seule exigence est la sincérité. Dieu ne nous demande pas d'être autre que ce que nous sommes, comme en témoigne fort bien la fable ci-dessous :

> Il était une fois un bouvier illettré qui, parce qu'il ne savait pas comment prier, s'adressait ainsi à Dieu : « Ô Maître de l'Univers, tu sais que si tu me confiais tes vaches à garder je le ferais pour rien, même si je ne garde les vaches de personne d'autre sans rétribution. Je

le ferais pour rien parce que je t'aime. » Un sage surprit un jour le bouvier dans sa prière et lui dit : « Imbécile ! Tu ne dois pas prier ainsi ! » Et il entreprit de lui enseigner les prières telles qu'on les trouve dans les livres. Après le départ du sage, le bouvier oublia bien vite tout ce qu'on lui avait enseigné, si bien qu'il ne pria plus du tout. Il appréhendait maintenant de s'adresser à Dieu en lui parlant de ses vaches, car le sage lui avait dit qu'il n'était pas bien de prier de la sorte. Il ne pouvait pas davantage prier Dieu comme le sage le lui avait enseigné, car les prières du sage se confondaient toutes dans sa tête. Cette nuit-là, le sage rêva qu'on le réprimandait et qu'on lui disait que, si le bouvier ne recommençait pas à prier Dieu spontanément comme il l'avait fait jusque-là, le sage serait gravement puni, car il avait privé Dieu de quelque chose de très précieux. Dès son réveil, le sage s'en fut en toute hâte trouver le bouvier pour le supplier d'oublier ce qu'il lui avait appris et de recommencer à prier Dieu ainsi qu'il le faisait avant leur rencontre.

The Way of the
Jewish Mystics

Prier pour accroître sa dévotion à Dieu est une forme de prière très répandue qui trouve à s'exaucer dans l'acte même de prier. Plus nous prions, plus nous consacrons de temps à notre relation avec Dieu. Vient un temps où nous commençons à comprendre : ce désir de rapprochement avec Dieu n'est pas le nôtre mais celui de Dieu ; il l'a lui-même semé dans nos cœurs. Oui, Dieu veut que nous voulions nous fusionner à lui de plus en plus dans une relation intime d'amant-aimé.

PRATIQUE : LA PRIÈRE

Les moments les plus propices à la prière sont pour moi la fin de chaque séance de méditation, quand mon esprit a atteint un certain degré d'immobilité. Je prie spontanément tout au long de la journée aussi, mais ces prières formelles m'aident à bien commencer et finir la journée. Il n'est pas nécessaire de prier longtemps, mais il faut le faire avec sincérité. Prenez le temps de bien saisir le sens profond de votre prière avant de passer à autre chose. J'inclus tous les membres de ma famille et de ma communauté dans mes prières matinales, de même que toutes les personnes qui m'ont demandé d'intercéder pour elles. Enfin, je demande à Dieu de bénir l'humanité tout entière. Ces prières me remémorent les buts que je me suis fixés.

Avec le temps, vos prières surgiront spontanément du fond de votre cœur. Les prières qui suivent ne sont que des suggestions, des guides qui vous placeront sur la bonne voie. Récitez-les, imitez-les, modifiez-les ou rejetez-les comme bon vous semble. Vous pourriez en réciter une pour commencer, puis suivre les élans de votre propre cœur. Être à l'écoute de mes propres prières m'aide souvent à percer les secrets les plus intimes de mon être.

Mon Dieu, aide-moi à m'ouvrir à ta puissance. Aide-moi à m'ouvrir à ma puissance. Aide-moi même à te prier. Je t'en prie, entre dans ma vie et remplis les promesses sacrées que tu nous fais depuis la nuit des temps.

Anonyme

Ô grand Manitou dont la voix me parvient sur le vent, vie de tout l'univers, entends-moi. Me voici devant toi comme l'un de tes nombreux enfants. Je suis petit et faible. J'ai besoin de ta force et de ta sagesse. Laisse-moi marcher dans la beauté du monde et voir sans fin le rouge et le violet du soleil couchant. Fais que mes mains respectent toute chose créée, que mes oreilles entendent ta voix. Rends-moi sage, afin que je connaisse ce que tu as enseigné à mon peuple, toutes ces leçons que tu as enfouies dans chaque feuille et dans chaque pierre. J'ai besoin de force pour ne pas me croire supérieur à mes frères et pour combattre mon pire ennemi – moi-même.

Fais que je sois toujours prêt à venir vers toi les mains propres et l'œil ouvert. Ainsi, quand ma vie s'en ira comme le soleil quand il se couche, mon esprit saura aller vers toi sans ressentir de honte.

Chef Yellow Lark

Seigneur, fais de moi l'instrument de Ta paix.
Là où règne la haine, fais-moi semer l'Amour;
Là où règne la blessure – le Pardon;
La où règne le doute – la Foi;
La où règne le désespoir – l'Espoir;
La où règne l'obscurité – la Lumière;
La où règne le malheur – la Joie.
Ô divin Maître, fais que je ne cherche pas tant
à être consolé qu'à consoler;
À être compris qu'à comprendre;
À être aimé qu'à aimer.
Car c'est en donnant que l'on reçoit;
En pardonnant que l'on est pardonné;
En mourant que l'on renaît à la Vie éternelle.

François d'Assise

Guide-moi de l'Irréel vers le Réel.
De l'Obscurité, guide-moi vers la Lumière,
et de la Mort vers l'Immortalité.

Brhadaranyaka Upanishad

Seigneur et Créateur de l'univers,
Maître de tous les mondes.
Suprême, compatissant et miséricordieux,
Merci pour ta Torah,
Merci de faire que je m'y instruise
et que j'en vienne à Te servir.
Merci de me révéler quelques-uns des
Mystères de ta Voie.
Je suis émerveillé que cela m'arrive.

Pardonne ma bêtise et ma méchanceté,
ce sont mes vieux péchés.
Je jure sincèrement de vivre dans la droiture
Afin de m'approcher de Toi.
Comble-moi de cette Crainte de Dieu
qui me rend plus apte à l'amour
Et ouvre mon cœur aux mystères de
Ta Voie Droite.
Je T'en prie, révèle-moi la Torah.

Prière juive

Seigneur, aide-moi à garder mes pensées pures, mes paroles véridiques, mes actes bons, et fais que, seul ou avec d'autres, je ne fasse qu'un avec Toi. Dieu, sois dans ma bouche et dans mes paroles. Dieu, sois dans mon cœur et dans mes pensées.

Sarum Primer, 1558

Ô Toi, perfection de l'Amour, de l'Harmonie et de la Beauté, Seigneur du Ciel et de la Terre, ouvre nos cœurs et fais que nous puissions entendre Ta voix, qui vient toujours du dedans. Révèle-nous Ta divine Lumière, cachée dans nos âmes, afin que nous puissions mieux connaître et comprendre la vie.

Ô Dieu miséricordieux et compatissant, donne-nous Ta bonté. Enseigne-nous Ta miséricorde aimante. Hisse-nous au-dessus des différences qui nous divisent. Envoie-nous la paix de Ton Esprit divin et rassemble-nous dans Ton Être parfait. Ainsi soit-il.

Hazrat Inayat Khan

Puissé-je être vrai aujourd'hui. Puissé-je être ouvert. Puissé-je être fort. Puissé-je être généreux. Puissé-je être reconnaissant. Puissé-je rire. Puisse ma vie de ce jour servir toute l'humanité.

Puissé-je vivre simplement ce jour, sans chaos ni excès. Puissé-je puiser dans mes forces et comprendre mes faiblesses. Puissé-je venir en aide à chaque être que je croise dans mon périple sacré, et servir le bien-être de tous, où qu'ils soient.

Puissé-je me montrer bon, aimable et de bonne volonté, sans limite et avec sincérité. Puissé-je percer à jour les illusions nées de mes pensées égoïstes. Puissé-je connaître la joie et la liberté d'aimer mon prochain plus que moi-même.

Invocations matinales – Kindness House

DÉBARRASSEZ-VOUS DES SLOGANS

J'enseigne l'estime de soi à mes enfants. Je leur dis combien je suis fier d'eux afin qu'ils développent une grande confiance en eux-mêmes. Pourquoi la fierté est-elle un péché du point de vue de la religion ?

Aucune tradition spirituelle ne nous a mis en garde contre la confiance en soi et le respect de soi qu'engendrent une vie morale et le perfectionnement de nos aptitudes. Mais la société nord-américaine est la première, depuis la chute de l'Empire romain, à voir dans la fierté une vertu plutôt qu'un vice dangereux. La fierté est à la mode, mais pas l'humilité. L'agressivité est dans le vent, mais pas la déférence. La concurrence est *in*, mais pas l'abnégation. Ces traits ne contribuent pas à former une nation préoccupée d'amitié et d'esprit de coopération. Du point de vue de la sagesse classique, nous marchons sur des œufs.

Nous disons à nos enfants : « Ne sois pas si modeste. Tu dois crier tes dons sur tous les toits, mon enfant ! Pour avancer dans la vie, il faut savoir se mettre en avant. Tiens-toi debout sur tes deux jambes. Ne reste pas dans l'ombre ! »

Nous avons beau faire en sorte que nos enfants s'intéressent au travail communautaire et aux œuvres de bienfaisance, nous devons néanmoins reconnaître que notre façon de les élever – influencée par les valeurs qui bombardent tant les adultes que les enfants et qui proviennent de la télévision, du cinéma et du système scolaire – est délibérément conçue pour produire des individus égocentriques, agressifs et arrogants. Il ressort de tout cela que nos enfants ne sont pas particulièrement heureux. En fait, leur génération est remplie de colère ; les enfants deviennent toujours plus violents et ce, de plus en plus jeunes. Nous devons de toute urgence remettre en question nos valeurs actuelles et accepter de les changer.

Nous ne sommes pas méchants et nos intentions sont bonnes, mais nous ne réfléchissons pas. Il suffit qu'un « spécialiste » déclare un jour que nos enfants ont besoin d'éloges pour s'épanouir, pour qu'un entrepreneur mette aussitôt sur le marché des millions d'autocollants qui affirment « Mon fils est premier de classe ! » Des éloges, ça ? Non. De la vulgaire vantardise. Une vantardise qui viole deux valeurs spirituelles fondamentales : l'humilité et la modestie. Une vantardise qui ne saura jamais remplacer le temps et la présence que nous pourrions consacrer à nos enfants.

Les enfants ont beaucoup plus besoin d'estime que d'éloges. L'estime requiert plus de temps, de dévouement et de travail que les éloges. C'est beaucoup plus qu'énoncer des slogans ou fixer un autocollant au pare-chocs de la voiture.

L'estime rassemble et réunit, les éloges séparent et exhaussent. Lorsque nous disons « Mon chéri, j'aime passer du temps en ta compagnie; tu comptes beaucoup pour moi», c'est une marque d'estime que nos enfants apprécient énormément sans pour autant se croire supérieurs à leurs petits camarades.

Lorsque nous les couvrons d'éloges, lorsque nous disons sans cesse «Je suis fier de toi» comme s'il s'agissait d'un mantra de parentage, ces mots sonnent creux à moyen terme. Nos enfants ne savent plus qu'en penser, car de tels compliments leur semblent peu en accord avec leur humeur changeante et la perception qu'ils ont d'eux-mêmes. Leur confiance en nous s'érode et cède la place au ressentiment, car ils ont l'impression d'avoir perdu leur seul vrai miroir, cette honnête rétroaction dont ils ont tant besoin pour devenir des adultes responsables.

Le Dr Nathaniel Branden, le père des théories modernes de l'estime de soi, ne dissociait pas cette notion du comportement et de la conscience. Dans son message original, il ne se contentait pas d'insister sur l'importance de l'estime de soi, bien que cette partie du message soit la seule qui semble avoir été absorbée par la culture populaire. Il disait aussi que, si l'estime de soi est la conséquence d'une vie vertueuse et responsable, le contraire est aussi vrai. Il disait que pour ne pas éprouver de culpabilité, nous devions cesser d'être égoïstes et de faire du mal aux autres. Les théories du Dr Branden s'enracinaient dans un concept de relation; il ne prônait nullement un auto-approbation inconditionnelle tournant à vide.

Plusieurs centaines de projets de recherche à long terme en psychologie ont démontré que les méthodes d'enseignement nord-américaines, fondées sur l'estime de soi, sont des échecs retentissants. On enseigne aux enfants à avoir une haute opinion d'eux-mêmes, quelle que soit leur attitude envers les autres. C'est le chaos total. Dans l'une de ces recherches, la note la plus haute en matière d'estime de soi est allée à de jeunes délinquants : ceux-ci s'entêtaient dans leurs opinions et trouvaient à se justifier quoi que pensent les autres de leur attitude ou peu importe que leurs actes nuisent à leur entourage. Ils avaient bien appris leur leçon : ils n'allaient permettre à personne de les « culpabiliser ». Ils avaient une très haute opinion d'eux-mêmes, et c'est là tout ce qui comptait à leurs yeux.

Ces recherches ont également montré qu'une haute estime de soi n'améliorait en rien les résultats scolaires de ces enfants et ne se traduisait pas par des performances admirables dans les études, les sports ou la musique. L'idée de départ, raisonnable en soi – « Mon chéri, tu peux toujours garder la tête haute même si tu n'excelles pas en tout » –, avait très mal tourné : « Mes enfants, vous devez toujours être fiers de vous, que vous vous efforciez ou non de réussir, que vous fassiez ou non de votre mieux, que vous agissiez avec égoïsme ou non. Rien de cela n'est important. Ce qui compte, c'est que vous soyez fiers de vous. » Une telle attitude n'est pas normale, et c'est pour cette raison qu'elle a échoué. Les êtres humains ne peuvent pas être fiers d'eux s'ils sont paresseux, gâtés, égocentriques, radins et apathiques. Dieu merci ! Nous ne sommes pas censés être fiers de nous-mêmes quand nous agissons ainsi : c'est le moyen qu'a développé la nature pour nous inciter à faire de notre mieux et à agir correctement. L'espèce humaine n'aurait jamais survécu à la sélection naturelle si l'engourdissement et l'apathie qui caractérisent l'attitude des enfants d'aujourd'hui avaient été monnaie courante. Un être vivant, de quelque espèce qu'il soit, doit surmonter d'incommensurables obstacles pour relever les défis que lui pose la nature. Le courage de relever des défis fait partie du code génétique de toute espèce vivante.

Nous sommes tous dotés d'un immense potentiel, mais ce potentiel ne s'exprimera jamais sans moteur, sans motivations. L'un de nos moteurs les plus puissants est celui-ci: «J'aurais pu faire mieux.» Si tous s'entendent pour dire «Oh non, ne dis pas ça, tu as très bien fait. Tu devrais être fier de toi», notre désir d'excellence s'érode aussitôt. Nous croyons aider nos enfants en leur parlant de la sorte, mais nous les desservons cruellement.

Pendant presque toute une génération, nous avons transmis à nos enfants le message suivant: aspirer à l'excellence est sans importance. Sans doute est-ce sans importance d'impressionner les autres ou de leur être supérieur; mais nous avons perdu de vue que cela a de l'importance pour nous-mêmes. Le fait de dissocier l'estime de soi du comportement et de la réussite a été une grave erreur. Notre société récoltera les conséquences de cette erreur pendant des années et des années.

Outre ces vastes conséquences sociopolitiques et psychologiques, n'oublions pas que le but premier du cheminement spirituel – qui est la tâche ultime de nos enfants tout autant que la nôtre – est de parvenir à dépasser le moi. Lorsque Dieu dit à Moïse «Nul homme ne voit mon visage et vit», il nous rappelle que, tant qu'existe la dualité, tant qu'existent le Je et le Tu, nous ne communions pas vraiment avec le Saint des saints. Autrement dit, nous ne pouvons pas «connaître» Dieu, mais nous pouvons nous fondre en lui. Un verre d'eau ne peut connaître l'océan, mais un verre d'eau versé dans l'océan se confond à l'océan.

Les yogis, les saints, les sages, les gourous – ces êtres humains qui connaissent en permanence un état de divinité ou de quasi-divinité – possèdent le plus souvent des personnalités très dynamiques; ils font preuve d'une grande individualité et d'un sens de l'humour décapant. Ils sont en possession naturelle de leur moi, mais sont dépourvus d'amour-propre, d'estime ou de mésestime de soi. Leur voix intérieure ne leur répète pas à satiété: «Est-ce que je m'en tire bien? M'aiment-ils? Oh, je veux ça! Je veux éviter ça! Qu'est-ce que je ressens? Qu'est-ce que je ressens? Qu'est-ce que je ressens?»

Pour bien comprendre l'extrême liberté et le bien-être associés à un moi dépourvu d'ego, observez le fonctionnement de vos sens et de vos organes. Les yeux et les oreilles s'adonnent à des tâches complexes à chaque instant. Ils sont extrêmement actifs, sensibles, axés sur l'immédiat avec un immense dynamisme. Pourtant, ils ne savent pas ce qu'ils font, aucune voix intérieure ne dit aux yeux *Voilà, la lumière baisse de 13 p. 100: c'est le moment de dilater vos pupilles et de resserrer vos bâtonnets; bien, très bien; ah... vous êtes de bons yeux. Je vous aime beauc... Idiots! pourquoi n'avez-vous pas vu cette branche? Nous avons trébuché! Voici le facteur. Ajustez la cornée, on ne bouge plus... Bien, maintenant fondu-enchaîné sur sa main... cette enveloppe nous est-elle destinée?*

Imaginez les innombrables processus auxquels se livrent notre cerveau et notre corps, tous ces processus synonymes de notre expérience vécue, tous ces processus qui ont lieu sans flatterie, sans hourras, sans bavardages inutiles. Si j'en juge par ma propre expérience de la communion, le cerveau et la personnalité n'ont pas plus besoin d'ego que les yeux, les oreilles, l'estomac ou le cœur.

L'ego n'est pas le moi. Il fait semblant de l'être. Même en l'absence de l'ego, un individu existe qui adore le chocolat, qui déteste les carottes cuites, qui parle haut et fort ou tout bas, un individu existe qui est aussi unique qu'un flocon de neige, lequel flocon est un fragment de cette puissance divine qui agit en chacun de nous. Nos sens et nos organes sont brillants sans le savoir. Il en va de même d'un état d'esprit dépourvu d'ego. Son génie naturel se répand dans toutes les directions. C'est la raison pour laquelle le saint hindouiste du XVIIIe siècle Tukaram s'est exclamé : « La mort de l'ego est une occasion de fête pareille à aucune autre ! »

Nous ne pouvons pas prétendre avoir surmonté notre ego. Mais il importe que nous nous fassions une idée, si vague soit-elle, de ce que signifie son absence, afin de ne pas renforcer indûment son rôle. L'ego est le cocon qui nous protège avant que nous ne devenions papillons. Nous pouvons faire en sorte que notre ego et celui de nos enfants soient raisonnablement sains, mais ne jamais perdre de vue combien nous serons heureux de parvenir un jour à nous en débarrasser. Là réside l'équilibre entre les petites et les grandes choses.

PRATIQUE : UNE PRIÈRE POUR DEMANDER L'HUMILITÉ

Dans un livre sur Mère Teresa de Calcutta et ses Missionnaires de la Charité, l'on trouve quelques-unes des prières qu'elles récitent dans le cours de leur pratique spirituelle. L'une d'elles, dite Litanies de l'humilité, est particulièrement efficace pour tenter de faire taire les messages égoïstes de la vie moderne. Soyez prévenus : cette prière est radicale et très difficile à réciter avec sincérité, car elle va à l'encontre de tout ce qui nous a été inculqué. J'ai beau l'aimer, elle me bouleverse encore chaque fois que je la lis et encore plus si je la formule avec sincérité.

Je vous incite fortement à consacrer beaucoup de temps à cette prière et à ne pas vous contenter de la lire une fois ou deux. Réfléchissez à chaque ligne, ainsi qu'à la confusion et au ressentiment qu'elle fera naître en vous. Faites-en votre prière du matin pendant au moins un mois, et n'oubliez pas que son but n'est pas de vous faire éprouver un sentiment d'échec masochiste, mais bien de vous aider à accéder à un immense, à un glorieux sentiment de liberté et de joie. Son objectif: vous aider à vous débarrasser de votre cocon et à voler très haut dans le ciel.

Délivre-moi, Jésus,

Du désir d'être aimé,
Du désir d'être loué,
Du désir d'être honoré,
Du désir d'être louangé,
Du désir d'être préféré,
Du désir d'être consulté,
Du désir d'être approuvé,
Du désir d'être populaire,
De la peur d'être humilié,
Der la peur d'être méprisé,
De la peur d'être repoussé,
De la peur d'être calomnié,
De la peur d'être oublié,
De la peur d'être trompé,
De la peur d'être ridiculisé,
De la peur d'être soupçonné.

Jésus, accorde-moi la grâce de souhaiter que les autres soient aimés plus que je ne le suis moi-même.

Que les autres soient estimés plus que je ne le suis moi-même.
Que, dans l'opinion publique, ils soient rehaussés et je sois abaissé,
Que d'autres soient choisis et moi rejeté,
Que d'autres soient loués et moi négligé,
Que tous soient, en tout, préférés à moi,
Que d'autres atteignent une plus grande sainteté que moi-même, pourvu que j'atteigne la sainteté que je mérite.

De nos jours, l'idée de renoncer au désir d'être aimé ou à la peur d'être humilié n'est guère facile à accepter. Nous disons : « Mais n'est-ce pas là tout à fait normal ? Tout le monde veut être aimé et personne ne veut être humilié. » Bien sûr. C'est normal. Pour quiconque veut continuer à vivre à l'abri, dans son cocon.

L'enseignement spirituel n'est pas une psychanalyse. C'est un outil de transformation profonde de ce que nous croyons être. Si nous renoncions à tous les désirs et à toutes les peurs énumérés dans cette prière, nous ne serions plus « moi ». Nous serions l'amour de Dieu lui-même, tel qu'il se manifeste à travers un corps et une personnalité donnés. Mère Teresa savait ce pour quoi elle priait. Certes, cette prière dépasse peut-être nos capacités actuelles, mais elle peut beaucoup nous aider à nous remémorer le but vers lequel nous nous dirigeons.

ASSEZ PARLÉ DE MOI

Je suis pour une pratique spirituelle silencieuse, mais je crois aussi essentiel d'apprendre à m'estimer moi-même et d'inciter mes enfants à être, eux aussi, bien dans leur peau. Une vie heureuse n'est-elle pas étroitement liée à un tel sentiment de fierté personnelle dans tous les domaines ?

Je suis tout à fait en faveur d'une vie vécue dans la joie, mais, selon moi, ce bonheur n'est pas dû aux efforts que nous déployons pour rehausser notre estime de nous-mêmes. Je suis peut-être vieux jeu, mais je ne peux repousser d'un revers les enseignements qui, depuis des millénaires, nous mettent en garde contre les dangers spirituels associés à l'estime de soi. Parler des «efforts que nous déployons pour rehausser notre estime de nous-mêmes» est, en soi, douteux: si nous vivons selon un système de valeurs adéquat, pourquoi devrions-nous déployer des efforts pour avoir de nous-mêmes une image positive ?

Ainsi que je le mentionnais au chapitre précédent, Nat Branden, le père des théories modernes sur l'estime de soi, n'a jamais eu l'intention d'isoler et d'individualiser l'estime de soi. À ses yeux, l'estime de soi était intimement liée à nos interactions avec notre entourage.

En d'autres termes, l'estime de soi ressemble au sourire : elle surgit spontanément dans une vie bien vécue. Nous ne passons pas tout notre temps devant une glace à nous entraîner à sourire. Nous ne nous levons pas chaque matin en songeant : « Bon... il faut que je sourie aujourd'hui ; il faut que je sourie... » On ne nous enseigne pas à sourire à l'école et nous ne participons pas à des séminaires sur le sujet. D'innombrables circonstances nous portent à sourire spontanément : une personne aimable, un ciel serein, un chat ou un chien adorable, un petit bébé, des enfants au jeu, notre vieille voiture qui, parce qu'elle démarre du premier coup, nous évite de recourir à des câbles d'appoint.

Sourire est naturel, sauf si nous nous laissons sombrer dans la dépression pour une raison quelconque. Et si cela était, le remède ne consisterait pas à nous efforcer de sourire, mais bien à découvrir les causes de notre état dépressif et à y remédier de façon que le sourire revienne dans notre vie.

L'estime de soi (en réalité, je préfère de loin le « respect de soi », mais pour les besoins de la discussion je m'en tiendrai à la première expression) et la joie obéissent au même mécanisme. Plus nous les pourchassons, plus elles nous fuient ; pourtant, ces cadeaux nous sont donnés dès que nous nous affranchissons de notre égocentrisme. Mère Teresa ne s'est pas engagée dans sa mission afin de rehausser son estime d'elle-même ou pour connaître un bonheur égoïste. Elle a écouté son cœur et fait ce qui lui semblait juste. Elle a voué sa vie à son prochain. Résultat? Elle fut une personne profondément heureuse et joyeuse, que le monde entier estimait spontanément. Quelle opinion avait-elle d'elle-même? Je doute que cette interrogation l'ait effleurée. Elle riait beaucoup et semblait extraire de sa vie la moindre goutte de bonheur. Dans les mots de Mère Teresa, «nous appartenons au monde entier; nous ne vivons pas pour nous-mêmes mais pour les autres».

La relation amoureuse qu'ont les Nord-Américains avec l'estime de soi est aux antipodes de cette philosophie. L'estime de soi est la philosophie du je-me-moi. L'obsession du monde moderne est de «veiller sur soi»; pourtant, plus nous agissons ainsi, plus nous en éprouvons un sentiment d'insécurité. Par conséquent, nous doublons la dose et nous nous penchons encore plus sur notre nombril. C'est là un schéma classique d'accoutumance qui échoue à produire des êtres humains heureux et radieux. Cette stratégie est vouée à l'échec, car elle repose sur une fausse prémisse – la notion voulant que nous soyons trop fragiles pour vivre sans béquilles et sans appuis.

Pour la plupart, nous entendons une petite voix nous répéter «Tu n'es bon à rien; tu ne changeras jamais; tu n'es qu'un imposteur», et ainsi de suite. À mesure que la psychologie contemporaine a pris conscience des dommages occasionnés par cette voix intérieure, une stratégie de combat a grimpé en popularité: il suffisait de remplacer cette voix intérieure négative par une voix positive plus affirmée qui nous répétait: «Je suis spécial; je mérite d'être heureux; je choisis de devenir prospère; je peux réaliser tous mes objectifs», et ainsi de suite.

Cette stratégie est nulle à deux points de vue:

- L'estime de soi n'est pas une solution à la mésestime de soi, elle n'en est que le revers. Ce sont les deux faces d'un ego survolté. On peut se noyer autant dans l'eau chaude que dans l'eau froide. L'égotisme est l'expression d'un certain *degré* de culte du moi ; il ne nous dit pas si ce culte est positif ou négatif.
- Lorsque le cerveau devient le champ de bataille de ces deux voix, soit la critique et la louangeuse, nous ne connaissons plus de repos. Ainsi que nous l'avons presque tous constaté – si nous sommes disposés à admettre ce fait –, il faut une dose phénoménale d'énergie pour sans cesse encourager un ego aussi peu sûr de lui. N'en avez-vous pas assez ?

Je préfère recourir à une stratégie différente : le calme intérieur. Lorsqu'on cultive le calme intérieur, il devient possible avec le temps d'observer, puis d'extirper à sa source cette voix négative fictive, si bien qu'aucune voix ne se fait plus entendre. Un calme intérieur nous habite ; la voix critique et la voix louangeuse ne s'arrachent plus le podium. N'est-ce pas beaucoup plus tentant ? Je vous en fais la promesse : un tel calme nous permet de mettre toute notre énergie au service de la vraie vie.

Quand nous commençons à nous préoccuper des autres plutôt que de nous-mêmes – les premiers chrétiens parlent d'abnégation et les bouddhistes de *bodhicitta* –, la joie que nous ressentons équivaut plus que tout à un grand soulagement. Et, en effet, c'est un soulagement que de se détacher des désirs, des frayeurs et de l'auto-analyse interminables de l'ego. C'est un soulagement que de nous ouvrir à notre véritable raison d'être – l'amour, la compassion, le courage, la bonté, la miséricorde, le dévouement – plutôt que d'être obsédé par une égratignure sur la portière de la voiture.

La joie est un état naturel lorsque notre vie s'articule autour de l'âme et de l'altruisme. Si nous observons les règles qui nous ont été transmises à travers les âges, le respect de soi et la confiance en soi nous seront donnés par surcroît. L'estime de soi est honteuse dès lors que nous commençons à voir qui nous sommes réellement et à percevoir l'étroitesse des liens qui nous attachent au reste de l'humanité.

PRATIQUE : APPRENDRE À VOIR

Il est facile de prétendre voir ceci ou cela, ou encore de dire : « Je vois où tu veux en venir. » Mais sommes-nous vraiment capables de voir ? Au paragraphe précédent, j'ai écrit « dès lors que nous commençons à voir qui nous sommes réellement et à percevoir l'étroitesse des liens qui nous attachent au reste de l'humanité ». J'ai employé le verbe « voir » dans son sens littéral, et non pas dans le sens de « comprendre ». J'ai voulu dire que nous pouvons apprendre à voir les autres autrement. Il suffit d'un peu de pratique.

La pratique ci-dessous requiert la participation d'une autre personne. Comptez environ vingt minutes. Les variantes de cette pratique ont toutes pour but de nous apprendre à nous percevoir et à percevoir les autres plus clairement, à voir au-delà des façades habituelles. Le règlement est le suivant : ne parlez pas, ne souriez pas, ne vous touchez pas, ne riez pas. Vos yeux seuls travaillent. Au début, vous ressentirez sans doute un certain malaise, mais, croyez-moi, si vous surmontez votre gêne initiale, cela en vaudra certainement la peine.

- Asseyez-vous le plus près possible l'un en face de l'autre, mais sans vous toucher. Regardez-vous directement dans les yeux aussi longtemps que possible. Vous cherchez votre reflet dans le regard de la personne en face de vous ; cette personne incarne toute la gamme des émotions, des désirs et des incertitudes humaines, exactement comme vous. Donnez-vous du temps : il faut environ cinq minutes pour que nous soyons en mesure d'abattre nos défenses naturelles et de faire taire nos voix intérieures. Pour mettre fin à la pratique, d'un signe de tête remerciez votre partenaire de vous avoir aidé à mieux vous comprendre.
- Variante : L'un de vous garde les yeux ouverts tandis que l'autre les ferme. Profitez de cette occasion pour étudier la personne en face de vous sans en être intimidé. Observez son visage, cherchez-y les signes qui vous révéleront sa personnalité plus que d'habitude : indices de tristesse, d'espoir, de frayeur, de deuil ; son amour pour une personne disparue ou éloignée. Nous avons tous connu de telles émotions ; sachez les découvrir dans les traits de son visage. Admettez que votre propre visage est tout aussi révélateur, et que c'est très bien ainsi.
- Continuez à rechercher ces traces de vie sur le visage de la personne en face de vous afin de prendre conscience des similitudes qui vous rapprochent. Si les détails peuvent différer, les expériences et les émotions sont certes similaires. Quand vous les observez chez l'autre personne, reflétez-les également en vous-même. N'omettez pas de songer à l'im-

mense, à l'invisible point d'interrogation suspendu sur la tête de chacun, ce symbole de nos questionnements sur le sens de cette vie où nous progressons à tâtons. Admettez que vous êtes tous les deux, comme le reste de l'humanité, en proie à des incertitudes.

- Laissez-vous attendrir et devenir plus compatissant à mesure que vous découvrez ces indices sur le visage de votre partenaire. Enveloppez-le d'un regard compatissant, comme le ferait un saint. Il n'est pas utile de vous « efforcer » d'accomplir quoi que ce soit. Contentez-vous de vous débarrasser de votre ego et de permettre à l'amour divin de se répandre dans votre regard.
- Maintenant, dites tout bas : « Ça va. » Votre partenaire lève les paupières et puise dans le regard de Dieu (vos yeux) toute votre compassion, votre empathie, votre pardon. Votre partenaire peut se débarrasser de ses souffrances, de sa culpabilité, de sa honte et de ses secrets par le regard, et les consumer dans le feu purificateur de votre compassion, sans que ni l'un ni l'autre n'ayez à prononcer une seule parole.
- Au bout de deux ou trois minutes, fermez les yeux tous les deux et concentrez-vous. Quand la personne en face de vous se sentira prête, recommencez, cette fois en inversant les rôles. Quand vous en aurez terminé, restez assis et regardez-vous ouvertement pendant quelques instants. Mettez fin à la séance par un signe de tête pour vous remercier l'un l'autre de vous être aidés à vous comprendre.

Cette pratique est riche d'enseignements psychologiques et émotionnels, mais ce n'est pas une raison pour en rester là. Vous pourriez même éprouver une sensation de fusion, la fin de votre « petit moi » si vous vous rendez disponible et si vous êtes disposé à pénétrer jusqu'au cœur de cet exercice spirituel. En disant « Aime ton prochain comme toi-même », Jésus faisait référence à une vérité mystique tout autant que sociale. Cet exercice pour apprendre à voir peut vous guider vers une importante révélation : votre prochain n'est autre que vous-même.

ON REVIENT TOUJOURS À LA BONTÉ

Certains de mes amis ont une vie spirituelle très active : ils font des retraites et voyagent souvent en Orient. Pourtant, ils ne semblent pas plus heureux que moi, qui ne fais rien de tel. Qu'est-ce qui leur échappe ? À quoi ressemble donc le « produit fini » d'une vie chargée de sens ?

À l'occasion d'un entretien qu'il accordait vers la fin de sa vie, Aldous Huxley répondit à la question suivante : « Dr Huxley, vous vous êtes penché plus que toute autre personne au monde sur les grandes religions et les grandes traditions spirituelles ; pouvez-vous nous dire en quelques mots ce que vous en avez retiré ? » Sa réponse : « Je crois avoir appris à faire preuve d'un peu plus de bonté. »

Sita et moi avons eu connaissance de cette réflexion il y a quelques années et, depuis, l'âge aidant, elle s'est ancrée de plus en plus profondément en nous. Quelles que soient notre quête et nos explorations, cette sagesse toute simple et immémoriale est l'essence même d'une vie terrestre réussie, quelque détour que nous prenions pour y parvenir. Nous pouvons la mettre en pratique chaque jour, où que nous soyons.

Il est certes possible de faire de notre quête spirituelle une course frénétique comme les autres qui nous propulse aux quatre coins de l'univers sans pourtant ouvrir notre cœur et nous libérer du culte du moi. Mais, comme le dit un vieux dicton soufi : « Si l'or véritable n'existait pas, il n'y aurait pas d'or feint. » Il existe certainement une quête et une pratique spirituelles qui puissent entraîner une profonde et authentique transformation. Et ce « moi » transformé n'a pas forcément une apparence et des comportements complexes ou ésotériques. Sans doute fait-il tout simplement preuve d'un peu plus de bonté.

Il n'y a pas de pratique spirituelle plus profonde que la bonté envers nos proches, notre voisin, la caissière de l'épicerie, le visiteur inattendu, la buandière ou l'éboueur, toutes ces personnes « invisibles » que nous croisons au cours de nos activités quotidiennes.

Certes, l'univers de la spiritualité est riche de mystères et certains êtres parviennent à un état d'extase ou d'éclairement qui défie toute description. Mais il nous devient clair avec le temps que ces expériences n'ont de sens que si elles sont issues de la bonté ordinaire et réintègrent celle-ci. Que nous méditions au sommet d'une montagne, que nous soyons conducteur de foreuse à colonne dans une aciérie, ou que nous fassions partie d'un groupe humanitaire en Éthiopie, un cœur empreint de bonté sincère est l'indice d'un cheminement spirituel. Lorsque les disciples demandèrent à Jésus comment l'on saurait reconnaître en eux de vrais chrétiens,

Jésus leur dit : « Aimez-vous les uns les autres comme je vous ai aimés et l'on saura que vous êtes mes disciples. »

En février 1994, Sita et moi avons eu la chance de rendre visite au Dalaï-Lama dans sa retraite indienne. Dharamsala, ce village du nord de l'Himalaya, est le lieu d'exil de milliers de réfugiés tibétains qui ont été contraints de fuir l'occupation chinoise de leur pays. L'aspect le plus inspirant de ce séjour d'une semaine à Dharamsala fut la constance religieuse de ses habitants. La population se compose principalement de moines et de nonnes bouddhistes, et le Dalaï-Lama est leur plus grand, leur unique, leur incontestable saint ; il vit au milieu d'eux, il prêche la bonté et la joie et rappelle à tous que ces vertus sont nos premiers devoirs dans l'existence. Imaginez ce que représenterait pour un chrétien de séjourner à Jérusalem si Jésus vivait là-haut sur la colline…

Une balade dans les rues de Dharamsala est un réel bonheur. Les gens s'inclinent vers tous ceux qu'ils rencontrent en disant *Tashi Deleg* (bienveillance). Ces formulations de souhaits sont si omniprésentes qu'il est plus prudent de garder toujours les mains jointes pour le *pranam* (salut respectueux). Ainsi, on est toujours prêt à y répondre.

Sita et moi avons été gratifiés d'un entretien d'une heure avec le Dalaï-Lama. Ce dernier nous avait invités à le rencontrer en Inde pour lui parler de notre travail en milieu carcéral. Au cours de cet entretien, je me suis efforcé de demeurer présent, disponible et réceptif à ce grand maître spirituel. J'essayais de le regarder avec objectivité : « Il a deux jambes, deux bras, une tête, un nez. Nous nous levons tous les deux le matin et nous allons au lit le soir. Où se trouve la différence entre son expérience de vie et la mienne ? »

J'ai fini par comprendre que sa spiritualité s'exerce «à temps plein». Vous, moi, nous nous rendons à l'église pour un service religieux, nous faisons une retraite fermée, et, avec un peu de soutien et d'encouragement, nous parvenons parfois à abattre nos défenses et à ressentir la présence de l'Esprit vivant entre les deux êtres de notre couple. Nous sommes parfois disponibles et confiants, nous savons combien nous est précieux le fait d'être un couple et de vivre ensemble notre spiritualité. Puis, le service religieux prend fin et, en route pour la maison, nous faisons une halte au poste d'essence, ou bien nous allons acheter des bagels. Et voici où se situe la différence dont je parlais tout à l'heure: vous, moi, acceptons en général d'être ce que Ram Dass qualifie de «faux impie» en présence du préposé au poste d'essence ou du caissier. Nous évitons de le regarder dans les yeux. Nous détournons la tête. Nous refusons toute intimité. Il semble y avoir un accord tacite entre nous pour éviter que chacun ressente l'importance de l'autre. Nous serions fort embarrassés de saluer en chaque individu que nous croisons un compagnon sacré.

Le Dalaï-Lama et d'autres saints tels Mère Teresa et le Mahatma Gandhi n'interrompent jamais leur vie spirituelle, fût-ce un instant. Ils se rendent au poste d'essence et tendent à un enfant de Dieu leur divine carte de crédit pour payer l'essence sacrée, et ils ne s'en cachent pas! Leur être entier dit: «N'est-ce pas merveilleux de nous rencontrer?» Se procurer de l'essence, prier à l'église, acheter un bagel, tout cela fait pour eux partie du miraculeux mystère. Parce qu'ils vivent dans l'amour, ils aiment le préposé du poste d'essence et le commis au comptoir des bagels. Comment en serait-il autrement?

Vous et moi n'en sommes pas là, mais cela n'est pas une raison suffisante pour tourner le dos à nos responsabilités spirituelles en prétextant que seuls quelques individus en odeur de sainteté peuvent se comporter de la sorte. Jésus nous a enjoints d'être parfaits « comme votre Père céleste est parfait ». Aspirer à la sainteté, à la perfection, voilà précisément ce que nous sommes censés faire. Je sais que cela peut sembler grisant, voire dangereux. Qui croyons-nous être pour aspirer à la perfection ? Mais réfléchissez à la question inverse : qui sommes-nous pour ne pas le faire ?

SOIS GRAND

Quelle clé défera le nœud de souffrance de ton esprit ?
Quel occulte secret exterminera cet être démentiel que nous avons tous pris pour époux
et qui veut gâcher l'exquis, le tendre paysage de notre cœur et de notre regard ?
Hâfiz a trouvé deux mots d'émeraude qui m'ont guéri, et j'y suis attaché comme aux tresses de ma bien-aimée :
Sois grand. *Mon cher, toujours sois grand.*
Quelle clé défera le nœud de souffrance de ton esprit ?
La pensée, la parole, le geste bienfaisant.

Hâfiz (poète soufi du XIVe siècle)

PRATIQUE : PRÉPAREZ-VOUS À UNE VIE DE BIENVEILLANCE

Dans certaines localités, on annonce parfois la tenue d'une « Journée de la bienveillance » ou même d'une « Semaine de la bienveillance » pendant lesquelles les citoyens s'efforcent d'accomplir de bonnes actions à l'égard de leurs proches ou à l'égard de parfaits inconnus. C'est là une excellente activité communautaire. Mais une vie de bienveillance telle qu'en témoigne celle des saints et des sages est une tout autre paire de manches. Il ne s'agit pas de se montrer bienveillant en toute sécurité quand tout notre entourage fait de même.

Une vie de bienveillance au beau milieu des plaisirs et des contrariétés quotidiennes exige de la persistance et de la pratique, de même que beaucoup de compréhension. Voici deux façons de vous y préparer :

1. Consacrez au moins une soirée par mois au visionnement de biographies de sages ou de saints. Il existe quantité de films et de documentaires très édifiants sur Mère Teresa, le Dalaï-Lama, le père Bede Griffiths, le Mahatma Gandhi, Ananda Mayi Ma, Ramana Maharshi, le Pèlerin de la Paix, « L'homme qui plantait des arbres », et combien d'autres personnages dont la vie était l'essence même de la bonté et de la compassion.
   - Les vidéos sont un moyen d'inspiration très important. Visionner un film de cette nature une fois par mois équivaut à prendre un comprimé mensuel de vitamines spirituelles pour nous rappeler qu'une vie de bienveillance est non seulement possible, mais encore irrésistible.
   - Réfrénez votre envie de manger du popcorn ou de plaisanter comme si ce visionnement n'était qu'une activité de loisir comme les autres. Faites de ces moments édifiants une pratique spirituelle dont le but est d'entrer de tout cœur dans la présence de Dieu.

- Si vous visionnez ce film en compagnie de parents ou d'amis, efforcez-vous de faire suivre ce visionnement d'une conversation sérieuse au cours de laquelle vous vous interrogerez sur la meilleure façon de mettre cet exemple en pratique dans votre propre vie, même modestement. Réfléchissez à la façon dont chacun de vous fait preuve de bienveillance ou d'indélicatesse. Engagez-vous à changer une de vos attitudes et à faire une bonne action altruiste, si petite soit-elle, après chaque visionnement.

2. Chaque matin, intégrez la promesse qui suit à votre pratique spirituelle quotidienne: Je ne tiendrai personne responsable de mes états d'âme négatifs. Je ne blâmerai pas les circonstances pour mes états d'âme négatifs.
   - Ce vœu est très populaire au sein de ma communauté en raison de son aptitude à nous empêcher de tenir quelqu'un ou quelque chose responsable de notre irritation, de notre dépression ou de notre colère. Le fait de parvenir à nous dégager de cette tendance à blâmer autrui est très libérateur et indispensable au développement d'une bienveillance authentique. Il est faux de croire qu'une mauvaise nuit de sommeil, un malaise physique ou l'impolitesse d'un commis de comptoir puisse nous déprimer ou nous mettre en colère. Chacun de nous a le pouvoir de repousser cette fausseté et de prendre l'entière responsabilité de ses états d'âme. L'histoire de la lapidation de saint Étienne est une parfaite illustration de cela. Tandis qu'une foule furieuse le lapidait parce qu'il était chrétien, saint Étienne leva les yeux au ciel et s'écria: «Père, ne leur reproche pas leur geste!» Sa bienveillance

ne dépendait pas de ce qui était extérieur à lui. La bienveillance ne s'exerce que de cette façon. Une sainte américaine, qui se faisait appeler le Pèlerin de la Paix, traversa les États-Unis à pied sans autre possession que les vêtements qu'elle portait et une brosse à dents. Elle incarnait la bienveillance à un point tel que, lorsqu'un jeune homme désaxé l'attaqua et lui assena des coups violents au visage et à la tête, elle ne leva même pas la main pour se défendre. Elle se contenta de le regarder avec une compassion telle qu'il s'affaissa à ses pieds et se mit à pleurer.

- Vous et moi sommes sans doute loin d'être capables de réagir sous la menace à la façon de saint Étienne ou du Pèlerin de la Paix. Mais nous pouvons commencer dès maintenant à ne plus tenir les autres responsables de nos humeurs et, petit à petit, à cheminer sur la voie de la sainteté. Ma bru m'a confié que quelques semaines avaient suffi pour que cette pratique apaise les discussions tendues qui, jusque-là, l'avaient opposée à mon fils. Quand il n'y a personne à blâmer, il n'y a pas de place pour la surenchère de ressentiment. Nous sommes davantage en mesure d'entendre le point de vue de l'autre et de trouver des solutions. Même si une seule personne adopte ce comportement bienveillant, cela suffit pour renverser la dynamique d'une discussion acerbe.
- Nos états d'âme négatifs s'apaisent aussi plus rapidement quand il nous est impossible d'en blâmer les autres. Nous comprenons mieux le fonctionnement de nos émotions et, par conséquent, nous développons une plus grande empathie qui nous incite à la bienveillance.

Cette première partie du livre traitait principalement de la transformation indispensable à une communion étroite avec les grandes forces spirituelles qui résident en chacun de nous. Nous avons abordé en détail un grand nombre d'idées et de pratiques, mais il convient de les simplifier ici : quelque chose de merveilleux attend de s'éveiller en nous. Cela exige du travail, cela peut nous placer dans toutes sortes de situations complexes, mais le but de la communion est simple, même s'il échappe à nos concepts et à nos idées reçues. L'anecdote suivante, l'une de mes préférées, est exemplaire :

> Abba Lot s'en fut trouver Abba Joseph et lui dit : « Abba, je jeûne un peu, je prie, je médite, je vis en paix et je m'efforce d'avoir des pensées pures. Que puis-je faire d'autre ? » Le vieil homme se leva et tendit les mains vers les cieux. Ses doigts s'enflammèrent comme autant de lampes et il répondit : « Pourquoi ne pas te transformer complètement en feu ? »
>
> *Histoire des Pères du désert*

Lorsque nous entreprenons de communier avec – ou d'éveiller – ce merveilleux esprit incompréhensible qui nous habite, il est tout naturel de vouloir partager notre joie et notre gratitude avec autrui par des actes de compassion et de bonté. C'est sur cette bienfaisance que se fonde la deuxième partie du présent ouvrage, où il sera question de l'esprit communautaire.

Deuxième partie

LE CHEMIN DU DEHORS : LA COMMUNAUTÉ

LA PRATIQUE DE LA BIENFAISANCE

Voilà ce qu'est le vrai bonheur de vivre : se rendre utile à un but que l'on considère élevé ; être une force de la nature plutôt qu'une petite motte de lamentations et de griefs, agitée et égoïste, qui n'a de cesse de se plaindre que l'univers ne fait rien pour la rendre heureuse.

Je suis d'avis que ma vie appartient à la communauté humaine et que j'ai le privilège de faire ce que je peux pour elle tant que je vivrai. Je veux mourir usé jusqu'à la corde, car plus je travaille, plus je suis vivant.

George Bernard Shaw

L'esprit communautaire est inhérent à notre nature profonde. Nous sommes nés dans une famille qui vit au sein d'une tribu, d'un village, d'une ville. En cas de sécheresse, d'ouragan ou d'inondation, nos voisins sont tout autant affectés que nous le sommes nous-mêmes, et cela nous rappelle que nous devons leur venir en aide et veiller à notre bien-être commun. Les petits bébés et les enfants ont beau développer un certain égoïsme, il importe néanmoins d'éprouver en grandissant un sentiment d'appartenance à la communauté humaine.

En réalité, l'approbation et la désapprobation des autres contribuent beaucoup à atténuer notre égoïsme naturel. Il est bien qu'il en soit ainsi dans la mesure où l'approbation d'autrui ne devient pas notre unique source de motivation. Nous sommes des individus, mais nous faisons aussi partie de la communauté humaine. Ces deux rôles ne sont pas antinomiques ; ils sont plutôt l'un pour l'autre de précieux freins et contrepoids.

La pratique de la bienfaisance est indissociable de notre appartenance à la communauté. Rendre service, dans son sens large, c'est tout simplement la manifestation de notre préoccupation innée pour le bien de tous. Si nous ne nous laissons pas dominer par l'envie et la peur, nous nous préoccupons spontanément du bien-être d'autrui : les membres de notre famille, de notre communauté, nos concitoyens, l'espèce humaine. Ce réflexe est naturel et débouche sur le bonheur et l'enrichissement. Mais si nous nous laissons dérouter par l'esprit de concurrence et d'individualisme propre à notre époque et que toute notre attention ne vise que nos propres besoins et nos propres objectifs, nous ne serons jamais heureux en dépit de toutes nos réussites matérielles.

De ce point de vue, la pratique de la bienfaisance et la poursuite du bonheur sont intimement liées. Les Tibétains affirment : « Toutes nos souffrances viennent de ce que nous nous aimons plus que nous aimons les autres. Tout notre bonheur vient de ce que nous aimons les autres plus que nous-mêmes. » En d'autres termes, bien que nous ayons des penchants innés à l'égoïsme et à l'altruisme, on nous conseille de donner la préséance à l'altruisme si nous savons ce qui est bon pour nous.

Jésus n'a-t-il pas dit, lui aussi : « Nul n'a plus grand amour que celui-ci : donner sa vie pour ses amis » ? Notez ces paroles : « plus grand amour ». Il est évident qu'une personne qui ressent un aussi grand amour vit une vie heureuse et enrichissante. Sachez aussi que le fait de donner sa vie pour ses amis ne se limite pas à recevoir les balles de revolver qui leur seraient destinées ; cela peut également signifier, ainsi que l'a affirmé George Bernard Shaw, que « ma vie appartient à la communauté humaine ».

Si, comme Shaw, nous sommes convaincus d'appartenir les uns aux autres, la pratique de la bienfaisance et le mariage, la pratique de la bienfaisance et la vie de famille, la pratique de la bienfaisance et la réussite personnelle, la pratique de la bienfaisance et nos devoirs de citoyens ne sont pas en conflit. Nous devons assurer notre propre bien-être si nous voulons servir autrui avec excellence. Nous devons nous divertir, prendre des vacances, paresser à l'occasion afin d'être au sommet de notre forme quand il s'agira de venir en aide à notre prochain. Les Israélites ne sacrifiaient pas sur l'autel des agneaux malades ou tarés, mais leurs meilleures brebis. Si nous aspirons à nous hisser sur l'autel de la vie afin de nous offrir au monde, nous avons l'obligation de prendre convenablement soin de nous-mêmes pour que ce don ait quelque valeur.

Nous devons aussi reconnaître que notre altruisme doit être sincèrement altruiste, et non pas une stratégie de bonheur personnel. Le rabbin Abraham Twerski, dans son ouvrage intitulé *Not Just Stories*, relate à cet effet une savoureuse histoire hassidique :

> Une femme vint trouver le Maggid de Kozhnitz afin qu'il la bénisse, car après plusieurs années de mariage,

elle était toujours sans enfant. Le Maggid répondit : « Mes parents aussi n'ont pas eu d'enfant pendant de nombreuses années. Puis, ma mère cousit un manteau pour le Ba'al Shem Tov. Après, je suis né. »

La femme s'exclama : « Je vais volontiers te coudre un manteau, un très beau manteau ! » Le Maggid secoua la tête : « Non, ma chère enfant. Cela ne servira à rien. Vois-tu, ma mère ne connaissait pas cette histoire. »

Tikkun

Tikkun est un mot hébreu que l'on traduit souvent par « réparation du monde ». Pour moi, le tikkun ne se limite pas aux actions bienfaisantes ; il prend racine dans la certitude profonde, presque instinctive, que nous sommes venus sur terre pour porter secours à l'humanité. La mère du Maggid avait sans doute constaté que le Ba'al Shem Tov ne possédait pas un manteau adéquat et, en dépit de ses propres problèmes, elle fut animée par l'esprit du tikkun et lui en cousit un. Elle participa à la vie en cousant un manteau pour un saint homme, et la vie lui rendit sa bonté en lui donnant un fils. Certains d'entre nous ont connu pareil phénomène à un moment ou l'autre de leur vie ; quand nous nous détournons de nos intérêts personnels, nous sommes étonnés de découvrir que nos intérêts ont été servis de toute façon. Les sages nous exhortent tout simplement à vivre ainsi de plus en plus : vouez votre vie au bien commun et voyez si la vie ne se charge pas de prendre soin de vous.

L'esprit du tikkun est l'essence de la compassion altruiste : il ne s'agit pas de mesurer le bien que l'on fait, mais bien de vivre, de dormir, de manger, de respirer, de travailler, de nous amuser dans un esprit spontané de bonté, à temps plein. Lorsque nous rentrons d'une journée de bénévolat à l'orphelinat, à la soupe populaire ou auprès de malades atteints du sida et que nous faisons halte à l'épicerie avant de revenir à la maison, il faut que nous voyions en la caissière un être humain, car cette reconnaissance est tout aussi importante que la juste cause à laquelle nous nous sommes voués tout le jour. C'est une barbarie que de croiser un aussi grand nombre d'êtres humains en une journée pour n'éprouver au bout du compte que très peu de chaleur humaine. (Voir la pratique « Civilisez votre univers » à la page 163.)

Tant que nous n'aimerons pas notre prochain du matin au soir, nos réussites sociopolitiques resteront évanescentes et fragiles. Il suffit d'observer l'histoire des États-Unis et du reste du monde depuis quarante ans pour s'en assurer. Les Américains ont déclaré la guerre à la pauvreté ; ils ont voté en faveur d'un projet de loi sur les droits et libertés qui a fait époque ; ils ont réalisé des progrès incroyables en matière de médecine et de technologie. Pourtant, nos prisons débordent ; les rues et les parcs de nos grandes villes regorgent d'hommes, de femmes et d'enfants sans domicile fixe ; les ensembles résidentiels protégés que patrouillent des gardes armés ne sont plus l'apanage d'une richissime élite, mais une forme populaire de fragmentation sociale.

Ce ne sont là que quelques-uns des éléments de notre vie moderne. En dépit des ordinateurs, des téléphones cellulaires et de tout le saint-frusquin, notre esprit communautaire est au plus bas. De ces ensembles résidentiels protégés au système carcéral le plus étendu et le plus encombré de toute l'histoire, quelle somme d'énergie ne déployons-nous pas pour garder les autres hors de notre vie ? Cette stratégie de sécurité personnelle est décidément borgne. Elle ne s'approche en rien de l'esprit du tikkun, de l'esprit communautaire, de la bienfaisance, et elle ne nous apportera jamais la paix et la prospérité.

Nous sombrons aussi parfois dans l'excès contraire : parmi ceux qui se dévouent pour le bien de la communauté, il en est qui érigent des parois qui les isolent de la bourgeoisie et de l'élite. Dans les années 1960, de nombreux individus en quête de spiritualité – dont Sita et moi – ont fait l'expérience d'une communion profonde par le biais de leurs recherches sincères. En dépit de cela, nous avons été nombreux à porter des œillères. Dans nos vastes profondeurs spirituelles, nous nous sommes identifiés aux minorités, aux démunis, aux autochtones, aux gitans, aux hors-la-loi et autres marginaux, mais nous n'avons pas su voir que le même esprit saint se reflétait dans ceux que nous appelions dérisoirement « les conformistes » – c'est-à-dire la majorité. Nous avions commencé à comprendre quelque chose, mais nous étions restés en deçà d'une prise de conscience évoluée qui aurait pu faire du monde entier notre famille. Notre univers était encore scindé en deux : « eux » et « nous », ce qui équivaut à ne posséder que la moitié d'un billet d'un million de dollars : il renferme la promesse d'une richesse considérable, mais il ne vaut rien en soi. Pour qu'il représente une fortune, il faut rassembler ses deux moitiés.

La quête d'une façon de vivre : l'orientation axée sur le processus ou l'orientation objet

J'ai calculé un jour qu'au cours des cinq premières années de notre mariage, Sita et moi avons vécu en vingt-quatre endroits différents. Non seulement en des lieux différents, mais en des milieux différents : à la ville, à la campagne, dans la nature sauvage, sur des voiliers, dans des fermes, dans des roulottes, seuls, en communauté. Aucun contexte ne rencontrait nos critères de perfection, aucun ne parvenait à nous harmoniser au reste de la création. Nous avons fini par comprendre que la vérité cherchée ne se trouverait pas dans tel contexte plutôt que dans tel autre, mais bien dans une façon de voir et de réagir aux circonstances et ce, en tout lieu. Autrement dit, nous cherchions un style de vie (objet) quand la réponse se trouvait dans la façon de vivre (processus).

On trouve l'exemple suivant tant dans la tradition hassidique que dans la tradition tibétaine : un voyageur entre dans un hôtel pour y passer la nuit et dépense des milliers de dollars pour redécorer la chambre à son goût. Nous gaspillons notre énergie spirituelle en une orientation objet insensée, et au moment de partir, nous nous reprochons d'avoir perdu de vue la fugacité de notre séjour. Notre périple est beaucoup plus long que celui qui se laisse définir par la couleur des rideaux ou la dimension de l'écran du téléviseur.

Par exemple, quand vous vous rendez au travail chaque matin, vous avez pour objet d'arriver au bureau, tandis que le processus englobe chaque instant que dure votre parcours. Si vous vous butez dans l'orientation objet, ce déplacement n'a plus aucun sens. Il n'est plus qu'une vaste perte de temps et même une occasion à peine tolérable de stress et de frustration : bouchons, conducteurs impolis, trains en retard, autobus puants. Si vos jeunes enfants vous accompagnent, vous constaterez qu'ils s'intéressent à chaque seconde au temps qu'il fait, aux visages et aux paysages que vous croisez, aux oiseaux, aux nuages, aux sensations physiques qu'ils ressentent, bref, à toutes sortes de phénomènes qui fascinent et amusent les enfants. Ainsi que le disait un maître : « L'ennui n'est rien d'autre qu'un manque d'attention. »

Le principe spirituel d'une orientation axée sur le processus, que l'on nomme parfois « attention », signifie que, tel un jeune enfant, vous vous absorbez à cent pour cent dans le trajet du départ, puis à cent pour cent dans votre travail, puis à cent pour cent dans le trajet du retour, puis à cent pour cent dans votre vie de famille. La vie devient un tout mobile plutôt qu'une suite d'intervalles entre ce qui est « important » et ce qui ne l'est pas, entre ce qui est « pertinent » et ce qui ne l'est pas. Chaque seconde de la vie est importante et pertinente pour un esprit qui ne se laisse pas dominer à tout instant par de vains objets et de vains concepts.

Lorsque le grand rabbin d'Europe de l'Est Moshe de Kobryn mourut en 1858, on posa la question suivante à son plus proche disciple : « Qu'est-ce qui, selon votre maître, avait le plus d'importance ? » Il répondit aussitôt : « Ce qui l'occupait juste à ce moment. » Voilà, d'une certaine façon, le pivot autour duquel gravitent toutes les pratiques spirituelles : honorer toute la création et veiller à son bien-être et ce, à chaque instant. C'est cela, l'orientation axée sur le processus. Un rappel de l'importance uniforme de chaque seconde ; un rappel de la nécessité d'être éveillé et respectueux à tout instant. Nous glissons une pièce d'un dollar à un mendiant, nous remercions la caissière à l'épicerie, nous répondons patiemment à la demande de renseignements d'un étranger qui veut se rendre au centre-ville. Nous commençons à entendre ces paroles de Jésus : « Si vous avez fait cela pour le dernier de mes frères, c'est pour moi que vous l'avez fait. » Imaginez les délices d'une vie où chaque instant et chaque personne sont sacrés !

Pas d'excuses

Dans toutes les religions du globe, l'importance de la communauté est claire. Encore une fois, les enseignements des sages renferment un code d'éthique universel :

> *Soyez bons les uns envers les autres.*
> *Aime ton prochain comme toi-même.*
> *Fais aux autres ce que tu voudrais qu'ils te fassent.*
> *Accueille les étrangers, car tu fus déjà un étranger toi-même.*
> *Viens en aide aux démunis ; rends le monde meilleur.*

Ce n'est pas une doctrine brumeuse. C'est clair comme de l'eau de roche. Jésus s'est en outre assuré que ses disciples comprendraient que s'ils donnaient à manger à *n'importe quel* mendiant, s'ils visitaient *n'importe quel* prisonnier, donnaient des vêtements à *n'importe quel* démuni, c'est à Lui qu'ils donnaient à manger ou des vêtements, à Lui qu'ils rendaient visite. J'aime aussi la façon brillante dont Lao-tseu a décrit le principe de la vie communautaire cinq cents ans avant le Christ :

> *En premier lieu vient la pratique de la vertu sans discrimination : aide ceux qui le méritent. Mais aide aussi, et tout autant, ceux qui ne le méritent pas.*

Si nous prêtons une oreille attentive à ces sagesses anciennes, nous n'avons aucune raison de maltraiter ou de négliger nos semblables. Il est aisé de penser à la communauté en termes de famille et d'amis et d'en exclure tous ceux qui nous sont étrangers, ou encore nos associés, nos concurrents ou même les ennemis que nous devons tolérer pour gagner notre vie, pour nous rendre au travail, pour réussir, et ainsi de suite. Il est facile de songer: «Je pratiquerai un esprit communautaire quand je rentrerai du travail, quand mes enfants seront grands, quand mon patron cessera de s'acharner sur moi, quand j'aurai remboursé mes dettes, quand, quand, quand...»

Mais la vie ne fonctionne pas ainsi. La communauté à laquelle nous appartenons est celle qui nous entoure à chaque instant de la journée, toutes les personnes que nous croisons au cours de notre existence. Voilà tout. Le patron qui nous rend fou, l'homme politique hâbleur à la télé, le commis de comptoir incompétent – bref, tous les individus que nous voyons, entendons ou rencontrons ont droit à notre respect fraternel, qu'ils nous le rendent ou non.

Manifestement, l'esprit communautaire et la pratique de la bienfaisance ne sont pas faits pour les lâches: c'est un mode de vie difficile qui risque de nous confondre, et l'on doit s'y consacrer à plein temps. Dieu sait où nous sommes, il connaît nos besoins, nos espoirs et nos rêves, notre dépression ou notre anxiété, les gens que nous devons affronter, nos faiblesses, nos peurs et nos doutes. D'une certaine façon, ces croix que nous portons sont nos lettres de créance; elles témoignent de notre appartenance à la communauté tout aussi imparfaite qui nous entoure. Nous sommes tous prisonniers d'un ascenseur, chacun cherche à se rassurer auprès des passagers capables de rester calmes et bons dans des circonstances difficiles. Si nous aidons fût-ce un seul individu à se sentir plus en sécurité et plus aimé aujourd'hui, nous lui aurons rendu service.

Bizarrement, cet esprit authentiquement communautaire débouche parfois sur une grande solitude. Il est pratiquement impossible que toutes les personnes qui nous entourent changent pour le mieux, d'un coup, et simultanément, ou que toutes les règles deviennent soudain parfaitement justes. La plupart du temps, nous entreprenons fin seuls ce long voyage héroïque, avec peu ou pas d'aide. Mais la vérité vient tôt ou tard à notre secours, car l'esprit communautaire débouche sur une façon de vivre plus authentique que la peur ou l'égoïsme.

Les thèmes et les pratiques que nous détaillons dans la seconde partie du livre peuvent représenter un défi pour certains lecteurs. Je crois sincèrement que la détérioration de notre esprit communautaire national nous oblige à opérer en nous des transformations audacieuses et parfois douloureuses. Un pourcentage alarmant de la population, dans toutes les couches d'âge, se gave d'antidépresseurs. Une compagnie pharmaceutique au moins a mis sur le marché pour les enfants des comprimés de Prozac aromatisés à la menthe. Dans l'ensemble, la santé de nos enfants n'est guère florissante. Nous devons donc accepter de changer radicalement notre façon de vivre.

Les sages nous conseillent toujours de nous adonner à un mode de vie moins matérialiste et plus enrichissant. Les thèmes et les pratiques que nous abordons ci-après ne sont qu'un point de départ pour votre réflexion et votre action. Vous êtes peut-être déjà engagé dans une forme ou une autre de service communautaire ou d'activisme sociopolitique. Vous recherchez peut-être déjà des façons d'enrichir votre vie familiale, d'équilibrer plus adéquatement le travail et les loisirs. Toute personne qui s'efforce d'élever sainement son enfant fait acte de bienfaisance. Aucun de nous ne commence à zéro. Je vous offre les chapitre qui suivent en guise de nourriture spirituelle et pour vous encourager à poursuivre votre périple vers une vie remplie de signification et d'authenticité.

DEVENIR CIVILISÉS

Le monde est si vaste et si complexe... Je ne vois pas clairement quel y est mon rôle et comment je puis devenir un citoyen responsable. Où commencer?

Qui, sinon toi? Quand, sinon maintenant?

Hillel

Un jour que Sir Winston Churchill montrait au Mahatma Gandhi les plus beaux fleurons de Londres, il lui posa la question suivante: «Eh bien, Mahatma, que pensez-vous de la civilisation occidentale?» Gandhi répliqua avec ironie: «Je pense que ce serait une bonne idée.»

Délimiter notre mandat, voir la vérité toute nue, voilà une bonne façon pour nous de trouver une signification à notre rôle dans l'histoire de l'humanité. *Le Robert* définit comme suit le verbe «civiliser»: «Faire passer une collectivité à un état social plus évolué.» En tant que société dite «civilisée», croyez-vous que nous connaissions un état social évolué? Certes, nous sommes dans une période de développement technologique très avancé; mais un état social aussi évolué que le nôtre est censé l'être suppose que les individus vivent en harmonie, qu'ils se préoccupent de préserver les richesses naturelles de la planète, qu'ils protègent les générations futures et qu'ils se comportent en tout pour le bien commun. Cela suppose également que nos enfants se sentent chaque année davantage en sécurité dans la rue ou dans un centre commercial, et non pas l'inverse, comme c'est le cas aujourd'hui.

Si, tel Gandhi, nous pensons que la civilisation occidentale «serait une bonne idée», il nous faudrait admettre que nous avons glissé dans le quatrième dessous avant de pouvoir remonter jusqu'au haut de l'échelle. C'est la réalité, et c'est aussi notre défi: nous devons simultanément civiliser nos vies et contribuer à civiliser un monde particulièrement violent. On se demandera sans doute: «Est-ce que nous réussirons?» Mais cette question est trompeuse. Nous y parvenons *maintenant*. Instantanément. La bonté du cœur, la santé de l'esprit, la pratique de la bienfaisance sont les fondements de toute civilisation. Quand nous renforçons ces vertus en nous-mêmes, elles s'expriment dans tous nos actes. Ainsi, notre propre vie quotidienne devient le fondement de l'avenir civilisé de toute l'espèce humaine.

Ne sous-estimez pas l'importance des occasions, même minimes, qui vous sont offertes tout au long de la journée d'avoir un comportement civilisé. L'avenir n'a pas de plus grand moment que l'instant présent. Le monde s'améliore avec chaque geste de générosité, et il se détériore avec chaque geste cruel. L'avenir n'est pas plus grand que l'instant qui vient: il procède du présent. Sinon du présent, d'où viendrait-il?

Il ne sert à rien de nous sentir écrasés par l'étendue ou la nature des problèmes auxquels le monde se heurte, mais un tel sentiment est tout à fait compréhensible. Autrefois, avant que n'existent les avions à réaction ou les nouvelles internationales en direct, avant le téléphone et l'Internet, la plupart des gens passaient leur vie entière au sein d'une communauté unique et ils recevaient fort peu d'information continue sur ce qui se passait ailleurs dans le monde.

Faire le bien était relativement simple à cette époque, et les résultats des efforts déployés étaient clairement visibles. Si vous nourrissiez une personne affamée, vous voyiez celle-ci prendre du poids un peu plus chaque jour ; si vous formiez un chômeur à un métier quelconque, il se trouvait du travail sous vos yeux et refaisait sa vie. Si vous accueilliez un mendiant chez vous, vous constatiez que, le lendemain, un mendiant de moins tendait la main dans la rue.

Aujourd'hui, les démunis que nous croisons ne sont jamais les mêmes. Le nombre des sans-abri, des chômeurs, des personnes sans métier, des individus abandonnés de tous, des toxicomanes, des malades mentaux et autres personnes défavorisées dont les problèmes dépassent largement l'aide que nous pouvons leur offrir ne cesse d'augmenter. Les bulletins de nouvelles font chaque jour état d'innombrables tragédies qui se déroulent partout dans le monde, d'horribles tragédies devant lesquelles nous demeurons impuissants. Il nous est facile d'en venir à la conclusion que nos actes, nos comportements civilisés et notre esprit altruiste n'ont aucune signification et ne servent à rien. «Que puis-je faire de valable ?» «Quelle différence ?» «Cela me donnerait bonne conscience, un point c'est tout.» «Ces problèmes sont insolubles.» «Je fais un don tous les ans à l'Unicef.»

Sans doute avez-vous contacté des organismes caritatifs pour vous enquérir de la possibilité d'y faire du bénévolat, et leur réponse (ou absence de réponse) vous aura-t-elle fait douter encore plus de l'utilité de votre concours. De nombreux organismes sans but lucratif ne rappellent pas ou ne répondent pas aux demandes de renseignements qu'on leur présente. Certains d'entre eux donnent clairement l'impression de ne s'intéresser qu'à notre portefeuille. Leur étroitesse de vue, cette concentration sur leur mission, ne leur permet pas d'apprécier notre contribution à sa juste valeur.

Mais il est erroné de croire qu'on n'a pas besoin de nous. Faux que nos actes compatissants ne sont qu'une perte de temps ou une façon de nous donner bonne conscience. Peu importe que nous soyons ou non témoins des fruits de notre labeur, un processus a lieu, une relation s'établit entre nous et les personnes que nous aidons, entre nous et la vie même, une relation qui témoigne de ce que la nature humaine peut offrir de meilleur, et des valeurs profondes de notre civilisation. C'est là un autre exemple de l'antinomie processus/objet. Lorsque nous faisons face à un problème d'un commun accord, nous faisons l'expérience de la compassion, de l'amitié, de la gratitude ; nous touchons l'âme et le cœur de chacun.

Lorsque nous offrons de la nourriture avec respect et affection à une personne qui a faim, la relation que nous établissons avec cette personne incarne le Royaume des Cieux dans l'ici et le maintenant. Ainsi que l'a souvent fait valoir Gandhi dans sa lutte pour libérer l'Inde du colonialisme britannique, l'important n'est pas de résoudre tous les problèmes du monde entier, mais de vouer notre vie à cet effort.

Peu importe que nous désirions ou non assumer une telle obligation : nous contribuons chaque jour à créer ou à détruire le monde civilisé. Depuis quelques centaines d'années, l'avènement de la mécanisation et de la technologie, qui sont au cœur de notre civilisation, nous fascine. Notre société a parcouru un incroyable chemin au point de vue technologique et connu dans ce domaine des réussites qui dépassent les rêves les plus fous de nos ancêtres. Comme le disait Jésus : « Car où est ton trésor, là sera aussi ton cœur. » Nous avons manifestement préféré à son côté humain le côté hautement technologique de la vie, si bien que nous avons créé une société qui peut utiliser un téléphone cellulaire pour parler à ses proches tout en étant à 10 000 mètres d'altitude, mais qui tremble de voir ses enfants massacrés par un camarade de classe. Telles sont nos priorités, non seulement nationales mais aussi personnelles.

L'ennui est que, si l'humanité ne se hâte pas d'évoluer au même titre que la technologie, un beau jour nous ne ferons plus l'objet que d'une note de renvoi dans les manuels d'histoire. On y parlera d'une civilisation qui a atteint les plus hauts sommets en matière de bidules, mais qui a perdu l'esprit en cours de route et qui a fini par s'autodétruire. Le beau côté de l'affaire est que nous avons le pouvoir de réévaluer nos priorités et de guider la civilisation dans la voie du bon sens. Mais il faut, pour y parvenir, s'y engager à titre personnel et persévérer.

PRATIQUE : CIVILISEZ VOTRE UNIVERS

Carnet de notes à la main, réfléchissez pendant une heure environ à la manière dont vous souhaitez civiliser trois aspects de votre univers : 1) votre façon de vivre ; 2) votre entourage immédiat et 3), un problème ou un besoin d'ordre mondial.

1. *Votre façon de vivre*

   Pour stimuler votre réflexion, voici quelques exemples que j'applique dans ma propre vie :

   - Il ne m'apparaît pas civilisé de commencer ou de terminer ma journée sans prier ou sans méditer, et sans me rappeler quelles sont mes priorités.
   - Il ne m'apparaît pas civilisé de quitter une boutique sans avoir remarqué le préposé et sans échanger avec lui un regard sincère.
   - Il ne m'apparaît pas civilisé d'être impoli avec les personnes qui font de la sollicitation téléphonique. (Je ne leur achète rien, mais je leur souhaite meilleure chance la prochaine fois ou j'essaie parfois de les persuader de se trouver un autre travail.)
   - Il ne m'apparaît pas civilisé de ne pas respecter l'environnement en jetant des détritus par terre ou en ne recyclant pas les sacs en plastique.
   - Il ne m'apparaît pas civilisé de tuer par jeu ou par sport quelque créature que ce soit (même les puces, pucerons ou moustiques). De même, il ne m'apparaît pas civilisé de me mettre en colère contre des objets inanimés tels qu'un ordinateur rébarbatif ou un pneu crevé.
   - Il ne m'apparaît pas civilisé de ne pas prendre soin de mon corps, de mon cerveau et de mon esprit. Cela signifie pour moi : yoga quotidien, promenade, lecture et méditation.
   - Il ne m'apparaît pas civilisé de regarder la télévision en prenant mes repas.

Ce ne sont là que quelques exemples. Penchez-vous sur votre propre façon de vivre et notez quelques « pratiques civilisées » auxquelles vous adhérerez pendant au moins un mois. N'hésitez pas à faire preuve d'imagination ou à faire quelque chose qui, au début, vous paraîtra bizarre. Par exemple, vous pourriez demander son nom à chacun des caissiers avec qui vous traiterez ce mois-là (ou vous astreindre à lire son épinglette d'identité) et lui dire que vous avez plaisir à le rencontrer. Mais assurez-vous d'être sincère. S'il vous regarde comme si vous étiez un hurluberlu, dites-lui que vous vous astreignez à cette pratique dans le but de devenir meilleur. Qui sait quel déversement d'amitié vous provoquerez ?

2. *Votre entourage*

- Vous pourriez limiter le temps et l'argent que vous consacrez à la télévision, aux jeux vidéo, au cinéma et remplacer ces activités par du bénévolat. Votre famille pourra se joindre à vous. La plupart des quartiers offrent des occasions de bénévolat : renseignez-vous auprès de votre bibliothèque de quartier, d'une agence de coordination de travaux bénévoles ou d'un comité interconfessionnel local.
- Décidez du temps que vous pourrez consacrer chaque semaine pendant au moins un mois à ce travail bénévole. Soyez réaliste.
- Pour la plupart, nous avons un horaire très chargé. Ne sabotez pas votre bénévolat en ajoutant un élément à cette liste déjà lourde sans d'abord en retirer un. N'oubliez pas que si vous essayez de tout faire, vous ne ferez rien de bon.

- Renseignez-vous sur ce qui se passe dans votre milieu et voyez ce qui capte votre intérêt.

En ma qualité de directeur d'un organisme sans but lucratif, je puis vous assurer que les bénévoles les plus appréciés sont ceux qui disent: «J'aimerais d'abord vous aider pendant un mois, à raison de X heures par semaine; ensuite, si tout va bien, je m'engagerai à long terme.» Cette attitude est à la fois honnête et prometteuse. Un bénévole qui dit: «J'aimerais vous venir en aide de temps à autre, mais je ne peux pas m'astreindre à un horaire fixe ou à un nombre spécifique d'heures» ne nous est pas d'un grand secours.

3. *Un problème ou un besoin d'ordre mondial*
   - Naturellement, une façon simple et directe de contribuer à la résolution de problèmes extérieurs à votre milieu habituel consiste à faire régulièrement un don en argent à un ou plusieurs organismes caritatifs. Ici aussi, pour faciliter la gestion de ces organismes, votre engagement et votre constance ont plus d'importance que le montant du don. Si l'organisme que je dirige recevait 10 $ chaque année de chaque personne qui figure sur notre liste d'envois, ces petites sommes totaliseraient 400 000 $, doublant ainsi notre budget d'activités.
   - Il y a d'autres façons de s'engager dans un bénévolat mondial. Vous pourriez participer, seul ou en famille, à du «bénévolat-vacances», qui vous permettrait de participer à des projets de bénévolat au pays ou à l'étranger.
   - Les Presses de l'Université de Chicago publient un répertoire de centaines d'organismes qui ont besoin d'aide à

court terme. Ce répertoire, compilé par Bill McMillon, est intitulé *Volunteer Vacations*. Une autre excellente source d'information est l'organisme Volunteers for Peace in Belmont, dans le Vermont, qui publie un répertoire de centaines de camps de vacances-travail à travers le monde.

- La plupart des grandes villes américaines – et de plus en plus de grandes villes du monde entier – ont une filiale de l'organisme Habitat for Humanity. Cet organisme merveilleux construit des maisons pour les personnes démunies et dépend presque exclusivement de bénévoles. Si vos enfants sont en âge de participer, vous pourriez intégrer votre famille à l'un de leurs projets dans votre région ou encore connaître des vacances inoubliables ailleurs dans le monde. Son expérience auprès de Habitat a tant inspiré l'un de mes amis qu'il espère participer, avec sa femme et ses trois enfants, à l'un des grands projets internationaux de cet organisme : pendant trois ans, il vivrait et travaillerait avec sa famille sur l'un des sites africains de Habitat. Quelle extraordinaire aventure pour ces enfants ! Imaginez tout ce qu'ils pourront apprendre, les valeurs personnelles qu'ils développeront, l'enrichissement de leur culture générale et de leur expérience de vie ! Ça, c'est de l'éducation !

LA VIE HUMAINE EST TRÈS PROFONDE

Je suis persuadé que nous vivons la pire époque de toute l'histoire de l'humanité. Il me semble urgent de veiller à empêcher l'écroulement de la civilisation et de créer un monde meilleur pour nos enfants. Est-ce mon imagination qui me joue des tours ? Que puis-je faire ?

Vous n'imaginez rien. Mais oubliez l'avenir pour l'instant – notre civilisation s'est déjà écroulée en partie. C'est maintenant monnaie courante pour nos hommes politiques d'être jugés menteurs, tricheurs et débauchés. Nous avons déjà accepté non pas un ou deux, mais des douzaines de meurtres d'enfants par leurs camarades de classe. Nous avons déjà réagi en promulguant des lois qui permettent de punir des enfants comme s'ils étaient adultes. Nous accueillons déjà comme une banalité les rapports sur l'état de la couche d'ozone et la qualité de l'air. Nous trouvons parfaitement normal d'être fouillés dans les aéroports, de crier des insultes à l'automobiliste qui nous coupe sur l'autoroute, d'enjamber, sous la marquise d'un théâtre, des malades mentaux sans domicile fixe. Si un voyant ou un prophète nous avait fait de telles révélations il y a cinquante ans, nous aurions dit: «Nous n'en viendrons jamais là!»

Le fait de s'inquiéter de l'écroulement futur de la civilisation plutôt que de s'attaquer dès maintenant à l'écroulement partiel qui a déjà eu lieu est une façon de tourner le dos à la réalité. Vous et moi disposons de toutes sortes de moyens pour redorer notre civilisation actuelle. Si l'avenir nous inquiète, c'est à ce qui se passe aujourd'hui que nous devons consacrer notre attention et notre énergie. Les secrets profonds et merveilleux de la vie, la présence mystérieuse du Divin, la joie de l'amour du prochain, la beauté de la nature, la satisfaction que nous procurent nos actes de bienfaisance – tout cela existe déjà, aujourd'hui, dans notre vie quotidienne. L'avenir ne mérite pas plus d'être sauvé que le présent. Il n'y a pas de terrain plus propice à la découverte d'une signification à l'existence. Pouvons-nous être heureux de ce qui vient? Non. Le plaisir de vivre ne se goûte que dans l'instant.

Commençons par nous poser quelques questions essentielles: croyez-vous à une façon de vivre axée sur notre besoin de consommer? Est-ce cela qui compte pour vous? Dans l'affirmative, très bien. Vouez-vous à ce style de vie, comme la plupart des gens. Mais si vous croyez que le sens de la vie réside en quelque chose de plus profond, quelle somme d'efforts consacrez-vous à cette réalité?

Les principes fondamentaux d'une vie décente et civilisée sont intemporels: levez-vous chaque matin, prenez soin de votre corps, de votre esprit et de votre âme; accomplissez des tâches bénéfiques et non pas nuisibles; respectez et aimez votre prochain ; ensuite, allez dormir. Il importe d'avoir des objectifs à la fois profonds et simples, et de transmettre ceux-ci à vos enfants. Ils ont besoin de voir plus grand que le petit écran du téléviseur, le centre commercial ou les revenus annuels de leurs athlètes et vedettes préférés.

Sans enfants sains, heureux et fonctionnels, la civilisation n'a aucun avenir possible. Si nous cherchons à comprendre pourquoi le ciel nous tombe sur la tête, nous devons nous demander pourquoi nos enfants trouvent la vie triste et dépourvue d'intérêt. J'ai déjà abordé ces questions dans un chapitre précédent en me concentrant surtout sur notre conception de l'éducation des enfants. Mais nous devons aussi développer une vue d'ensemble qui soit la plus étendue possible.

Selon moi, une phrase résume tout – non seulement nos problèmes et ceux de nos enfants, mais encore tous nos ennuis planétaires, de la pollution à la guerre :

La vie humaine est très profonde ;
la vie moderne ne l'est pas.

Nous avons réalisé de tels progrès technologiques depuis deux cents ans que nous nous sommes embourbés dans les détails, les systèmes, les trivialités, et nous avons perdu de vue les joies simples qui rendent la vie digne d'être vécue.

Interrompez quelques instants votre lecture pour vous recentrer, dans votre corps et dans votre fauteuil. Prenez conscience de votre respiration et souriez. Ne sautez pas au prochain paragraphe, je vous en prie. Oubliez le passé et l'avenir. Sachez apprécier le fait que vous êtes vivant et que vous savez lire. Sachez apprécier le fait qu'existe une sagesse spirituelle.

Dessinez un doux sourire de gratitude au creux de votre cœur et sur votre visage.

Nous transmettons rarement de telles choses à nos enfants. Ils n'apprennent pas de nous que la vie est belle. Nous le leur disons à l'occasion, mais comment en témoignons-nous dans nos activités quotidiennes ? Même les meilleurs parents, les adultes les plus aimants semblent s'user au travail jusqu'à la corde ; ils courent comme des dératés pour payer les factures, entretenir la maison, s'occuper des réparations, des détails, des petites crises.

Dans le film *When Harry Met Sally,* il y a une scène merveilleuse dont nous pouvons tous tirer des leçons. Meg Ryan et Billy Crystal sont attablés dans un restaurant. Afin de démontrer à quel point il est facile pour une femme de feindre l'orgasme, Meg Ryan imite admirablement l'extase orgasmique que lui procure un plat de frites. Elle joue la comédie parfaitement et attire l'attention du reste de la clientèle. Lorsque la serveuse s'approche de la dame plus âgée à la table voisine et lui demande : « Que désirez-vous ? », la dame répond, exaltée : « La même chose qu'elle ! »

Si vous vous faisiez accompagner toute la journée par un jeune enfant ou un adolescent, vous verrait-il savourer à chaque instant la personne que vous êtes et prendre plaisir à tout ce que vous faites ? Aurait-il envie de dire : « Je veux la même chose que toi ! » ou « Je suis impatient de devenir adulte » ? Serait-il témoin de votre paix d'esprit ? Aurait-il sous les yeux un exemple de joie profonde et de contentement, de sérénité, de joie de vivre ?

Combien d'adultes pas compliqués, sereins et réellement heureux nos enfants observent-ils chaque jour ? Combien d'entre nous sont profondément satisfaits de leur vie et heureux? Combien acceptent calmement de vieillir et n'appréhendent pas leur mort? Combien jouissent de leur paix d'esprit et de leur bonheur tout en se ménageant des loisirs qui leur permettent de partager avec leur famille des moments ni planifiés ni structurés, des moments parfaitement improductifs?

Il n'y a pas lieu de s'étonner si tant de jeunes sont suicidaires, homicides ou toxicomanes. Ils apprennent de nous que les adultes dominent fort peu leur emploi du temps. Les gens travaillent cinquante, soixante ou soixante-dix heures par semaine et n'ont que dix jours de vacances chaque année. Nombreux sont ceux qui se plaignent de ne pas aimer leur travail, ou de devoir s'user à la corde pour gagner leur vie. De toute évidence, du point de vue des jeunes, l'âge adulte n'est guère attirant.

Réfléchissez: «Mon chéri, je serais heureux d'être l'entraîneur de ton équipe cette année, mais je ne peux absolument pas. Je suis désolé. Je dois faire ceci et cela. Cela m'ennuie beaucoup, mais je n'ai pas le choix.» Combien de fois servons-nous de telles excuses à nos enfants? «Je ne peux pas. Je ne peux pas. Je ne peux pas. Je dois. Je dois. Je dois.» Non seulement ils voient un grand nombre d'adultes malheureux ou carrément furieux dans le domaine de l'éducation, des affaires ou du gouvernement, mais en plus ils doivent retirer de nos comportements l'impression qu'un adulte est impuissant à remédier aux causes de son malheur. Est-ce là une façon d'inciter les jeunes à prendre soin d'eux-mêmes? De plus en plus d'adolescents fument et nombreux sont ceux qui ne consomment que des aliments vides. Pourtant, ils savent mieux que toutes les générations qui les ont précédés que ces choix peuvent réduire leur qualité de vie et même occasionner leur décès prématuré. Mais ils s'en fichent, on dirait. Quand la vie semble triste et dépourvue de sens, pourquoi la prolonger?

Tant de gens ne s'interrogent jamais sur leurs valeurs fondamentales, se contentant de vivre au jour le jour en s'engageant dans une carrière lucrative ou pour laquelle ils sont doués. C'est trop facile. Quelles sont vos valeurs fondamentales? À quoi croyez-vous? Il est temps de repartir de zéro sur des bases solides.

PRATIQUE: VOS VALEURS PERSONNELLES

Si l'on vous demandait d'écrire un texte intitulé: «Mes valeurs fondamentales», en seriez-vous capable? Consacrez une soirée, une journée ou même un week-end en solitaire à cette pratique. Les détenus auprès desquels je travaille, par exemple, écrivent: «Je n'approuve pas le vol. Je veux être honnête. Je veux être digne de confiance.» Ils sont ensuite en mesure d'évaluer si leurs comportements respectent ces valeurs.

Quel que soit le style que vous adoptiez, restez simple et soyez bref. Ne vous justifiez pas à n'en plus finir et ne perdez pas votre temps à prévoir les réactions de votre entourage. C'est votre pratique spirituelle. Vous n'avez pas à vous justifier ni à créer un univers parfait, vous n'avez qu'à énumérer brièvement les vertus qui, selon vous, font de nous des êtres meilleurs.

Il est conseillé de laisser passer quelques heures ou même quelques jours entre la rédaction de votre texte et sa lecture. Quand vous relirez ce que vous avez écrit, soyez objectif. Posez-vous les questions suivantes:

- Est-ce que je respecte ces valeurs ?
- Est-ce que je les incarne ? Mes paroles et mes actes témoignent-ils clairement de mes valeurs ?
- Mes activités, par ordre de priorité, correspondent-elles à mes valeurs profondes ? Par exemple, si vous dites aimer profondément la nature, combien de temps lui consacrez-vous ? Combien de fois admirez-vous un coucher de soleil ? Quelle est la dernière fois où vous avez dormi à la belle étoile ? Vous n'êtes pas éternel. Si vous croyez qu'un repas en famille est une occasion de bonheur, réfléchissez au nombre de fois où les petits-déjeuners et les dîners sont pour votre famille des moments de calme, de détente, de joie et de réel partage. Si cela ne se produit jamais, pourquoi ? Vos valeurs ne devraient-elles pas être prioritaires, même si cela vous oblige à changer votre mode de vie du tout au tout ?
- Cerner ses valeurs est un excellent exercice. Les respecter est un grand défi. Suis-je réellement disposé à vivre en fonction de ce que je crois juste au lieu de toujours conclure que c'est impossible parce que la vie m'a acculé au pied du mur ? Pour que notre vie reflète nos valeurs profondes de bonté et de justice, nous devons nous poser de sérieuses questions. Si nous refusons de consacrer à celles-ci le temps qu'il faut, nos enfants et les enfants de nos enfants pourraient bien ne pas le faire non plus quand ils parviendront à l'âge adulte. Voilà pourquoi la civilisation est en si grand péril.

Nous pouvons empêcher le ciel de nous tomber sur la tête, mais cela nous demandera du temps. Cependant, rien de plus valable ne saurait nous occuper, quand bien même cela signifierait réduire notre train de vie de façon que l'un des parents renonce à travailler à l'extérieur afin de scolariser lui-même ses enfants. Le système scolaire est si chaotique que de plus en plus de parents optent pour l'école à la maison. La plupart des parents et des enfants s'en trouvent extrêmement satisfaits et enrichis. Si ardus que soient ces défis ou ces transformations, rares sont les individus qui regrettent d'avoir choisi de vivre en harmonie avec leurs valeurs les plus profondes.

L'ACTIVISME AVEC UN GRAND A

De nos jours, on entend de plus en plus cette exhortation: «Simplifiez votre vie.» Je ne saisis pas très bien le sens de cette expression. Si cela veut dire vivre une vie monacale, collectionner les bandes élastiques ou s'habiller de vêtements d'occasion... très peu pour moi. Comment puis-je simplifier ma vie de façon réaliste?

L'activisme transformateur le plus efficace de notre époque consiste sans doute à explorer un mode de vie fondé sur la simplicité et les petites joies. Il convient pour cela de renoncer à certaines de nos exigences matérialistes pour vivre avec moins d'argent. Cela seul contribuerait à réduire le gaspillage de nos ressources naturelles et à apporter un début de solution aux problèmes mondiaux. En outre, nous aurions davantage de temps à consacrer à notre famille et à notre entourage.

L'un des aspects les plus mystérieux de notre comportement est notre asservissement aux prisons dorées. Nous pensons avoir de la chance quand nous pouvons satisfaire tous nos désirs, mais, en un clin d'œil, voilà que ces désirs se transforment en besoins. Ce qui était superflu hier est aujourd'hui indispensable. Cela ne nous satisfait plus autant, et pourtant, nous appréhendons de le perdre.

Nous accumulons des tas de gadgets censés nous épargner du temps, mais nous travaillons soixante heures par semaine pour nous les offrir. Nous ont-ils épargné du travail? Non, certes, si nous ne pouvons plus nous en passer. Si triviaux que soient les compacteurs de déchets ménagers et les machines à glaçons, ils se sont insinués au cœur de notre émotivité. N'est-ce pas un phénomène étrange?

Pensons à l'automobile, par exemple. Les premières annonces de voiture visaient une clientèle de bien nantis. Mais il a suffi d'un court laps de temps pour que complexes résidentiels, centres commerciaux, écoles, usines et bureaux du gouvernement soient conçus et construits en fonction de l'automobile. Ceux qui ont choisi de ne pas circuler en voiture ou de ne pas en posséder une ont vite été pénalisés. Ils ont dû se conformer. Qui, de nos jours, peut s'abstenir de circuler en voiture?

Multipliez cet exemple par des milliers d'inventions «superflues» depuis l'époque de Henry Ford jusqu'à la nôtre, celle du courriel et des téléphones cellulaires. Des millions d'individus, jeunes et vieux – ces précieux véhicules de Dieu –, ne demandent qu'à être asservis jusqu'à la fin de leurs jours aux banques et aux grandes sociétés, afin de soutenir un train de vie complexe et encombrant qui n'a rien à voir avec la joie, la vérité ou la liberté. Les compagnies de cartes de crédit nous offrent des cadeaux empoisonnés que nous recevons par camions entiers en y laissant chaque jour un peu plus de notre paix d'esprit. Sommes-nous devenus fous ?

Nous avons certes le choix de refuser de nous laisser engraisser par la société de consommation comme des veaux destinés à l'abattage. Nous pouvons avoir un train de vie plus simple qui non seulement exige moins d'argent, mais encore nous laisse du temps pour ce qui compte. Nous pouvons cesser « d'aimer les biens matériels et d'utiliser les gens » pour, à la place, « aimer les gens et utiliser les biens matériels ».

Beaucoup de personnes me disent : « Je pourrais vivre plus simplement ou vouer ma vie à une cause, mais ce ne serait pas juste envers mes enfants. Qu'arriverait-il de leur assurance-santé ? De leurs études universitaires ? Je n'ai pas le droit de leur fermer des portes. » Une histoire hassidique relatée par le rabbin Abraham Twerski répond fort bien à ces arguments.

L'enfant parfait

« Où donc est cet enfant parfait ? » s'écria le rabbin de Pscizche. « Où se trouve cet enfant pour qui l'humanité tout entière est en train de perdre la tête ? »

Dans sa jeunesse, le rabbin confronta un jour un homme que ses responsabilités d'homme d'affaires avalaient. « Pourquoi es-tu si obsédé par l'argent ? Pourquoi ne consacres-tu pas de temps à l'étude de la Torah et à la prière ? » L'homme répondit : « Tu vois, rabbin, moi, je me contenterais de peu, mais je dois pourvoir aux besoins de ma famille, à ceux de mon *fils* surtout ; et je dois veiller sur son avenir. »

Des années passèrent. Le fils devint adulte. Lui aussi s'absorba complètement dans la poursuite de la richesse. « Pourquoi ne t'occupes-tu pas de ta croissance spirituelle ? » lui demanda le rabbin de Pscizche. L'homme répondit : « Je ne peux pas, rabbin. Moi, je me contenterais de moins, mais je dois songer à mon *fils* et à son avenir. »

Ce fils grandit aussi, et l'histoire se répéta. Elle se répète de génération en génération. Personne n'a le temps de vivre selon ses valeurs, car chacun doit assurer l'avenir de *son* enfant.

« Un jour, s'exclama le rabbin, sans doute à la fin des temps, nous trouverons cet enfant parfait pour qui tant de générations se sont usées à la corde en négligeant en cours de route leurs propres valeurs. Où donc est cet enfant parfait ? N'est-il qu'une fiction ? Un objectif inexistant ? Une illusion qui a su pousser l'espèce humaine tout entière dans une quête frénétique de la futilité ? »

Nos enfants éprouvent les mêmes besoins que nous : ils aspirent à une vie heureuse et significative. Il est facile de constater qu'une telle vie ne dépend pas de la richesse et de ses privilèges. Si nous voulons préparer nos enfants à une vie heureuse et significative, le plus sûr est de la leur donner maintenant, et non pas de sacrifier notre existence à leur avenir. La destinée de nos enfants est divinement liée à la nôtre. Si nous sommes appelés à travailler auprès des démunis, ou à composer de la musique, ou à construire des maisons, ces facteurs ont une grande influence sur nos enfants. Si nous aspirons à vivre plus simplement, nous pouvons partager avec eux ce que Gandhi appelait des « expériences de vérité ». Voilà ce qui les différenciera des autres enfants.

Peu importe notre mode de vie, c'est nous qui, dans une certaine mesure, traçons les limites de l'expérience de nos enfants. C'est ainsi. Nos intérêts et nos principes orienteront forcément notre progéniture. Nous devons donc nous assurer de transmettre à celle-ci des valeurs profondes et de lui servir d'exemple.

Nous travaillons tous d'arrache-pied. Nombreux sont ceux qui croient ne pas pouvoir réduire leur train de vie. Récemment, en me promenant dans un quartier de banlieue typique, une agglomération d'une vingtaine de maisons, je me suis dit qu'il devait y avoir là pas moins de vingt tondeuses, vingt scies à chaîne, vingt mini-tondeuses à filament, et un tas d'autres engins coûteux que chaque famille n'utilisait que quelques jours par année. J'ai compté quarante-cinq voitures qui devaient coûter une fortune en assurances, en réparations, en immatriculation, en essence, et ainsi de suite. Ces vingt familles possèdent ensemble plus de vingt téléviseurs et chaînes stéréo, et Dieu seul sait combien de jeux vidéo que les enfants ont déjà délaissés. Nous ne parlons pas ici de biens essentiels. Pourquoi nous épuisons-nous à travailler pour posséder des bidules que nous reléguons la plupart du temps au fond d'un placard ou sur une tablette ?

Quand j'étais petit, dans les années 1950, une seule famille de notre rue possédait un téléviseur. Nous nous réunissions chez ce voisin pour regarder une émission, ce qui, bien entendu, nous fournissait une occasion de fréquenter nos amis. Les choses se passent encore ainsi dans de nombreux pays. Mais dans notre société, la télévision a eu l'effet contraire. Même certaines familles parmi les plus pauvres possèdent plusieurs petits appareils de télévision. Quand les membres d'une même famille se voient à peine, comment peut-on s'attendre à ce qu'ils fraternisent avec leurs voisins ?

Voilà qui prouve une fois encore que plus n'est pas forcément mieux. Dans les sociétés où le partage de ressources limitées est la règle, l'esprit communautaire est beaucoup plus développé. Nous avons accueilli un modèle de progrès et une façon de vivre qui nous ont isolés et qui ont largement endommagé notre vie familiale et communautaire. Peut-on vraiment parler de progrès ? De nos jours, le fait d'aller à contre-courant en simplifiant notre vie est une forme d'activisme politique. Nous devons penser par nous-mêmes, en discuter avec nos amis et avoir le courage d'oser vivre autrement pour cesser d'être les victimes des pressions sociales. Le moment est venu pour nous d'explorer de nouvelles façons de vivre (anciennes et modernes) avec notre entourage dans des communautés volontairement mises en place, d'envisager la cohabitation, la propriété collective des véhicules et des outils, et d'étudier tout autre moyen à notre disposition pour réduire le gaspillage.

L'achat en vrac, le covoiturage, le troc, voire l'acquisition, avec des amis, d'un immeuble résidentiel ou d'un terrain commun – ce sont là autant de façons d'économiser de l'argent. Commencez par discuter ouvertement avec vos amis et vos voisins de ce qu'il vous en coûte pour maintenir votre train de vie. Vous découvrirez rapidement une multitude de façons d'économiser : par exemple, pourquoi toutes ces tondeuses quand vous ne les utilisez que de temps en temps ? Partagez votre banc de scie et votre perceuse avec votre voisin. Nous devons surmonter notre résistance au partage et notre besoin d'indépendance. Une telle attitude n'a aucun effet positif. Nous avons besoin d'avoir besoin les uns des autres. Nous devons apprendre à partager ce que nous possédons comme nous partagions nos jouets avec nos petits camarades de maternelle. Cette philosophie du partage est le fondement d'une vie communautaire moderne.

Si vous ne vous sentez pas prêt à réduire vos revenus de moitié ou à devenir copropriétaire, commencez par de petites choses. Effectuez dès cette semaine un changement pratique qui vous permettra d'économiser un peu et de posséder moins de biens matériels. Vous avez deux téléviseurs? N'en gardez qu'un (et regardez-le beaucoup moins souvent).

La plupart des idées abordées dans le présent ouvrage vous permettront de vivre plus simplement: partagez des repas en famille, faites des promenades avec vos enfants, lisez quotidiennement ensemble des histoires édifiantes, faites l'école buissonnière et amusez-vous à lancer des cailloux dans la mare.

Cela ne se fait pas sans effort. Aller à contre-courant demande du travail. Le Mahatma Gandhi a intitulé son autobiographie *Expériences de vérité*. Nous pouvons tous faire ces expériences de vérité, non seulement par nos lectures du soir ou en nous rendant à l'église le dimanche, mais en faisant de notre vie quotidienne une grandiose, une noble, une rayonnante occasion de vérité. Le lieu où nous vivons, notre métier ou notre profession, l'éducation de nos enfants, les causes que nous épousons, nos loisirs… tout cela est une seule et même chose. Ce sont des détails fusionnés en un Tout. Une existence délibérément conçue. Une rareté.

PRATIQUE : VIVRE SIMPLEMENT

Il n'est pas facile de théoriser sur un mode de vie simplifié. Mais des exemples concrets nous aident à mieux voir que ce processus ne comporte rien de plus qu'une suite de décisions destinées à nous permettre de vivre en harmonie avec nos principes. Voici quelques idées de départ :

1. *Payez vos dettes et ne vous endettez plus !* Remboursez vos dettes au plus tôt et, dorénavant, vivez selon vos moyens. Si vous êtes tenté par quelque chose que vous devrez acheter à crédit, sachez vous en passer (à l'exception d'une maison ou d'un terrain). N'achetez rien à crédit, pas même une voiture. Vous ferez à votre sujet des découvertes très agréables si vous suivez ce conseil. Vos enfants en profiteront grandement. Ne vous endettez surtout pas pour un mariage, une remise des diplômes, un smoking, une robe du soir, une limousine, etc. C'est là une fausse expression d'amour qui a pour seul effet de créer des situations de stress et de renforcer une vision gauchie de « la belle vie ». Célébrez les occasions spéciales à la bonne franquette par des repas à participation, des pique-niques ou d'autres types de réunions communautaires. Faites en sorte que ce soit la collaboration des amis et de la famille qui traduise leur affection. Vous voyez : c'est beaucoup plus qu'une simple question d'argent.
2. *Achetez-en un, donnez-en un.* Prenez l'habitude de donner un vieil article pour chaque nouvel article que vous vous procurez. Vous voulez un nouveau CD ? Donnez-en un vieux ou vendez-le. Une nouvelle chemise ? Des chaussures ? Même

chose. Vos enfants en tireront de vraies leçons et vous éviterez le fouillis. Pour réduire encore plus le fouillis domestique, donnez deux articles pour chaque nouvel article que vous achetez. Quel soulagement que de ne pas s'encombrer de possessions inutiles ! Cette habitude vous aidera aussi à y penser à deux fois avant de dépenser votre argent.

3. *Cessez de fumer et de consommer de l'alcool.* Plus de six millions d'Américains fument. À raison d'un paquet par jour, chacun dépense environ 100 $ par mois, soit 1 200 $ par année. Doublez ce montant si vous fumez deux paquets par jour ou s'il y a deux fumeurs dans la famille. Ajoutez à ce total un montant équivalent pour la bière, le vin ou l'alcool, et vous constaterez que des tas de gens, qui se disent à faible revenu ou carrément pauvres, consacrent le quart de leur revenu annuel à de vilaines habitudes qui mettent leur santé en péril, réduisent leur espérance de vie et procurent un mauvais exemple à leurs enfants. Quelle somme dépensez-vous chaque année en tabac et en boisson ? N'y a-t-il pas d'autres façons, plus agréables pour vous et votre famille, de dépenser cet argent ?
4. *Boycottez pour toujours la folie du magasinage des Fêtes.* Calculez quelle portion de vos revenus vous dépensez en cadeaux qui se brisent, qui rouillent ou dont on se désintéresse rapidement. Il y a plusieurs années, Sita, Josh et moi-même avons convenu de ne plus nous offrir de cadeaux d'anniversaire ou de Noël. Quel soulagement ! Croyez-le ou non, vos amis et les membres de votre famille survivront très bien au choc initial si vous les persuadez de faire de même. Nous préférons nous réunir et planifier une activité en famille et entre amis plutôt que d'acheter des tas de trucs inutiles. Nous fabriquons nos cadeaux nous-mêmes, ou nous préparons un repas spécial ou

un dessert plus élaboré. Nous allons en randonnée, faire de la natation, ou au cinéma. Quand nous nous offrons un cadeau, ce n'est jamais aux occasions dictées par la société, mais bien quand nous trouvons par hasard le cadeau idéal ou un article dont le besoin se fait sentir. Ces cadeaux spontanés sont beaucoup plus appréciés que ceux que les gens s'offrent, par tradition, aux anniversaires ou à Noël.

5. *Faites plus souvent la cuisine.* La nourriture de restaurant, les aliments vides et les repas préparés finissent par coûter très cher et, dans la plupart des cas, ils ne sont guère bons pour la santé. Penchez-vous sur vos habitudes en ce domaine et trouvez des façons originales de réduire de moitié vos frais de nourriture. Apportez un casse-croûte au bureau, ou préparez plusieurs repas durant le week-end, puis faites-les congeler. Vous n'aurez qu'à les réchauffer les soirs de semaine. Outre l'aspect financier, quelles réflexions vous inspirent vos habitudes alimentaires ? Sont-elles saines et régulières, ou malsaines, irrégulières et génératrices de stress ? Prenez la décision de régulariser et d'améliorer vos habitudes alimentaires.

Ces suggestions ne vous demanderont aucun sacrifice majeur. Elles représentent une forme d'activisme doux, mais qui peut nous aider à prendre notre vie en mains et à resserrer nos liens familiaux et communautaires. Ne laissez personne vous convaincre que vous êtes fou d'entériner certaines de ces idées. Vous n'avez rien d'autre à perdre que votre prison dorée.

UNE MAISON TROP PETITE EST PARFOIS UN BIENFAIT

Qu'en est-il des biens matériels auxquels je suis attaché ? Est-ce qu'il ne vaut pas la peine de travailler dur pour obtenir ce qu'on aime, le confort, le luxe, des aliments fins, des vêtements élégants, une belle maison ? Ces plaisirs n'embellissent-ils pas la vie ?

L'argent et notre rapport à l'argent sont un des plus grands mystères de la nature humaine. Si nous en avons trop peu, nous y pensons sans répit. Si nous en avons trop, nous y pensons sans cesse. Pourtant, « trop peu » et « trop » sont des termes très relatifs ; ce qui, aux yeux de l'un, est trop peu ou trop, ne ressemble en rien à ce qui, aux yeux d'un autre, est trop ou trop peu. Notre rapport à l'argent se transforme aussi avec l'âge. Quand j'étais petit, je voulais gagner beaucoup d'argent. Maintenant, je trouve très amusant de ne rien posséder, de ne recevoir que le gîte et le couvert et 50 $ par mois. Je suis un petit garçon heureux. J'aime mon train de vie. Si nous sommes sages, nous admettrons de concert que notre rapport à l'argent est un défi important ; il mérite réflexion si nous voulons avoir un train de vie qui reflète nos convictions profondes au lieu de nous opposer à nous-mêmes. Pour la plupart, nous sommes plus ou moins en lutte avec l'importance qu'occupe l'argent dans notre vie, même si nous nous refusons à l'admettre. C'est un problème épineux et profond.

Par exemple : à l'occasion d'un atelier que je dirigeais il y a quelques années en Californie, j'ai lancé aux participants quelques questions anodines en apparence. À une femme, j'ai demandé : « Où êtes-vous née ? » « À Miami », répondit-elle. À un homme, je demandai : « Quelle est votre taille ? » Il répondit : « 1 m 70. » D'autres questions sans importance suivirent, auxquelles les participants répondirent sans difficulté. Puis, m'adressant à un monsieur grisonnant et bien mis, je dis : « Quel était votre revenu brut, l'an dernier ? »

Il hésita, mal à l'aise, puis il bafouilla un début de réponse. Je me suis empressé de le tirer de ce mauvais pas. Je voulais tout simplement démontrer que si nous n'avions pas plus honte de nos revenus que de la couleur de nos yeux ou de notre domicile, la réponse à cette question serait venue sans plus d'effort que les autres. La plupart des gens n'aiment pas parler de ce qu'ils gagnent ou dépensent. Dans certains milieux, nous avons l'impression que c'est trop peu, dans d'autres, que c'est trop. En vérité, notre opinion concernant l'argent comporte plusieurs facettes. Avouons-le : l'argent est pour nous un problème épineux. Nous devons y réfléchir.

Je n'approuve pas cette notion « d'abondance et de prospérité » que l'on s'évertue à nous inculquer de nos jours. On semble croire possible d'aspirer à la fois à la fortune et à la sagesse; de satisfaire toutes nos envies et de se dévouer à Dieu; de posséder les richesses de Ted Turner et le cœur de Mère Teresa.

Cette notion me pose trois problèmes. Premièrement, j'ai lu l'Ancien Testament, le Nouveau Testament, le Coran, le Mahabharata, le Ramayana, le Dhammapada, les écritures de Baha'ullah et d'autres anciens textes sacrés. Aucun maître ne semble entériner cette notion d'« abondance ». Dans plusieurs textes sacrés, par exemple le Yoga Vasistha hindouiste, il est dit que, si nous naissons dans la fortune ou si celle-ci nous est donnée par hasard, il n'est pas indispensable de s'en départir; nous pouvons en assumer la responsabilité et dépenser cet argent dans un esprit de compassion ou de bienfaisance. Mais aucun de ces textes ne nous incite à rechercher une richesse que nous ne possédons pas. Au contraire, les exemples qui veulent nous prémunir contre les dangers d'une telle quête ne manquent pas:

> *Qui aime l'argent ne se rassasie pas d'argent, qui aime l'abondance n'a pas de revenu.*
>
> Ecclésiaste 5,9

Deuxièmement, cette exhortation à la richesse que multiplient les ouvrages, les ateliers, les séminaires, exsude la peur: des êtres en soi brillants, lumineux, transcendants se sentent pourtant petits et dépendants, ânonnent des affirmations sur la richesse et fixent des photos de voitures de luxe sur la porte du réfrigérateur pour « attirer » de tels objets dans leur vie. Puisque j'aime les êtres que nous sommes réellement, une telle attitude m'attriste beaucoup. On dirait des fils de roi qui se comportent comme de pauvres orphelins réduits à mendier et à adorer le veau d'or pour survivre. Quelle douloureuse vision !

Troisièmement, ce mouvement en faveur de la prospérité dénote un refus de la grande aventure de la vie, une aventure qui nous force à connaître successivement des périodes de vaches maigres et des périodes de vaches grasses. Oui, nous pouvons faire des efforts ! Cela fait partie du jeu. Iriez-vous voir un film sur la Guerre des Étoiles si on vous assurait que l'histoire ne comporte aucun danger, aucun obstacle, aucun suspense ? La vie est beaucoup plus excitante que le cinéma, et nous savons dès le départ que nous serons malades, que nous vieillirons, que nous mourrons et que nous serons au bout du compte dépossédés de tous nos biens terrestres. Fabuleux ! Maintenant que nous avons accepté ce fait, nous pouvons engager le combat en sportifs, avec enthousiasme. Ainsi que le disait Ram Dass : « Accrochez-vous bien, mais ne serrez pas trop. » Allez-y de tout cœur, mais ne résistez pas à la perte ou au changement.

Une des bizarreries de notre époque est que nous ne nous sentons pas riches tout en ayant un niveau de vie d'un luxe inouï. Qu'est-ce qui cloche ? Pourquoi avons-nous besoin d'autant d'argent uniquement pour payer les factures du mois ? Pour la plupart, nous travaillons beaucoup trop. Pourquoi ?

Sans doute le besoin frénétique de consommer nous incite-t-il dès la naissance à multiplier nos envies. Plus simplement, nous voulons tout, tout le temps, et nous n'avons pas encore compris qu'à force d'acheter, de comparer, de réparer, de conserver, de jeter et de remplacer ceci ou cela, nous renonçons à notre qualité de vie. Nous sommes les esclaves de notre train de vie. Il n'y a rien à faire : nous ne pouvons pas tout avoir. Il est impossible de posséder à la fois du temps *et* une grande quantité de biens matériels. Jésus dit que nous ne pouvons pas à la fois adorer Dieu et Mammon. La sagesse populaire affirme qu'on ne peut avoir le beurre et l'argent du beurre. Il faut savoir céder sur certains points. Mais il est possible de céder dans la joie. Pour bénéficier de plus de temps, nous devons limiter nos besoins financiers : c'est inévitable. Mais nous pouvons choisir d'aimer la vieille voiture que nous avons fini de payer ; le vieux sofa acheté à l'Armée du Salut ; une cuisine familiale simple.

Quand nous comprenons ce qui nous agresse, il devient possible de remédier à la situation par le biais de nos choix. La tranquillité d'esprit que nous recherchons ne réside pas ailleurs que dans notre victoire sur ces agressions, ces conflits, ces frustrations et ces négations. Nous sommes en paix lorsque notre vie forme un tout, imparfait, certes, mais délibéré. Aucune guerre intérieure ne vient saper notre énergie. Qu'il s'agisse de voitures, de vêtements ou de mobilier, nous pouvons renforcer notre dignité personnelle en refusant d'être les esclaves de la mode. Nous pouvons reformuler nos valeurs personnelles et aider nos enfants à développer une estime de soi supérieure à celle que leur dictent les vêtements qu'ils portent. Lorsque nous simplifions notre existence, nous en retirons des bienfaits inattendus : nous nous rapprochons les uns des autres parce que nous habitons une maison plus petite, ou parce que nous possédons un seul téléviseur au lieu de trois. Les enfants qui partagent la même chambre au lieu de s'enfermer chacun dans la leur en tirent peut-être de grandes leçons pour l'avenir. Je me souviens de m'être un jour rendu dans un grand magasin en compagnie d'une riche productrice de Hollywood : elle acheta deux chevalets, deux boîtes de peinture, deux règles, et d'autres articles, tous en double, pour ses deux jumelles de trois ans, car elle ne voulait pas qu'elles se disputent leurs jouets. Croyez-vous vraiment que cela soit une leçon valable ?

PRATIQUE : LECTURES SACRÉES

Comment pouvons-nous ne pas perdre de vue cette perspective de vie simple et de collaboration familiale et communautaire quand nous sommes assiégés par des messages qui nous exhortent à *acheter, obtenir, posséder plus, plus grand, plus gros* dès que nous quittons la maison le matin ? Comment faire pour que nos enfants maintiennent leur équilibre quand ils sont, eux aussi, bombardés par de tels messages, où qu'ils se trouvent ?

L'un des moyens les plus agréables de nettoyer notre esprit de ces agressions est la lecture matinale de textes sacrés : livres écrits il y a des centaines ou des milliers d'années ou livres actuels qui nous rappellent ces mêmes principes intemporels.

Le fait de tremper l'orteil dans un océan de sagesse ancienne pendant quelques minutes chaque matin peut élargir considérablement nos horizons à moyen terme. Cette habitude nous aide à voir et à vivre dans une dimension plus vaste que cette petite plage de vie et de culture que nous connaissons. Quand nous élargissons notre univers, il devient plus facile de circuler dans les endroits restreints.

1. *En groupe*
    - En famille ou en communauté, planifiez une période quotidienne de lecture. Le matin est le meilleur moment de la journée pour ce faire, avant que la famille ou que vos

compagnons ne s'absentent pour la journée. Sita et moi faisions d'abord notre séance de méditation silencieuse, puis nous réveillions Josh quand venait l'heure de la lecture. Dès l'âge de trois ou quatre ans et jusqu'à ce qu'il nous quitte à dix-huit ans pour voler de ses propres ailes, cette lecture quotidienne a toujours été sa première activité de la journée. Il se blottissait contre Sita pendant que je lisais. Parfois, il avait sommeil, parfois il s'absorbait totalement dans les mots qu'il entendait. Nous savions que, même s'il ne comprenait pas toujours, il en retirait certainement quelque chose, jour après jour. Et, en effet, dès l'adolescence, il avait une connaissance étonnante des différentes grandes religions du monde.

- Il n'est pas nécessaire de prolonger indûment cette lecture ou de l'alourdir. Certains récits pour enfants peuvent intéresser toute la famille, par exemple, les *Chroniques de Narnia,* de C.S. Lewis, dont l'éditeur Seedsowers Books a dit qu'il s'agissait de l'« un des dix plus importants ouvrages chrétiens des deux derniers siècles ». Certains récits pour adultes, notamment le Ramayana hindouiste, sont assez enlevants pour intéresser même des enfants. (Les lecteurs trouveront aux pages 327-335 les titres de quelques-uns des textes préférés de ma famille.)
- Dans notre communauté de Kindness House, chacun de nous lit tour à tour pendant une semaine au moins : ceci nous permet de choisir des textes plus longs dont nous étalons la lecture sur plusieurs jours. En général, il est plus agréable de lire une histoire qu'un texte sacré ou didactique. La plupart des récits édifiants de bonne facture plaisent à tout âge.

2. *Seul*
   - La pratique est la même, sauf que vous lisez seul et peut-être à la muette (bien qu'il soit parfois très efficace de lire à voix haute même dans la solitude ; je vous conseille d'essayer). Seul, vous pouvez lire aussi lentement ou aussi vite que vous le désirez, et prendre tout le temps qu'il vous faut pour assimiler votre lecture.
   - Il est possible, même en l'absence de vos amis ou de votre famille, de perpétuer à distance l'habitude de la lecture de groupe. Après le départ de Josh, il a poursuivi sa lecture du Ramayana, et nous de même. Nous en discutions au téléphone ou par lettre. La lecture commune d'un même ouvrage est une excellente façon de resserrer les liens qui nous unissent à nos êtres chers.
3. *Quelques trucs*
   - Puisque notre niveau d'attention a été ravagé par l'invention de la télévision, nous avons sans doute perdu l'habitude de lire très lentement et avec réflexion. N'oubliez pas que le but de cette pratique n'est pas la quantité mais la qualité. Les récits édifiants, surtout, appellent de multiples lectures tout au long de notre vie. À mesure que notre vie intérieure s'approfondit, chaque relecture contribue à nous stimuler.
   - Ne croyez pas que le texte que vous lisiez soit toujours porteur d'un message fracassant. Les lectures édifiantes, comme la vie, sont faites de subtilités. Il n'est guère utile d'expliquer aux enfants la « signification » de ces récits. Laissez-les entendre ce qu'ils entendent et ne perdez pas de vue qu'un texte spirituel peut comporter plusieurs niveaux de sens.

- Il est bon d'explorer des traditions spirituelles diverses plutôt que de se limiter à une seule. Les grandes interrogations de l'humanité et nos défis personnels sont les mêmes, quelle que soit la culture à laquelle nous appartenions.
- La plupart des textes sacrés de l'Antiquité comportent des formulations aujourd'hui jugées sexistes, racistes ou rétrogrades. Certes, il m'arrive de froncer les sourcils à la lecture de certains passages, mais je sais qu'en dépit de leurs préjugés apparents, ces textes renferment des vérités fondamentales d'une extrême importance. Nous pouvons apprendre beaucoup si nous acceptons de transcender les apparences. Les textes sacrés, si imparfaits soient-ils dans leur formulation, cachent d'inestimables trésors. Une partie de notre travail spirituel consiste à réfléchir aux passages qui nous déstabilisent, et non pas à rejeter ceux-ci d'un revers sous prétexte qu'ils sont vieux jeu ou d'une rectitude politique douteuse et qu'ils ne peuvent rien nous apporter. Cette quête intérieure fait depuis toujours partie du cheminement spirituel.

À QUOI PENSONS-NOUS DONC?

Une bonne part de ce que mes enfants regardent, écoutent ou lisent ne reçoit pas mon aval. Mais que suis-je censé faire? Leur imposer une censure? Me faut-il isoler mes enfants de la réalité pour bien vivre?

Fais sauter la télé,
Jette le journal,
Installe-toi à la campagne,
Construis ta maison.
Plante un petit potager,
Mange des tas de pêches,
Efforce-toi de trouver Jésus
Par toi-même.

John Prine, *Spanish Pipe Dream*

Au milieu des années 1970, je fus invité à prononcer une conférence dans le cadre de l'assemblée du solstice d'été d'une association de sikhs américains, les 3H0 (pour Happy, Healthy, Holy Organization – Association heureuse, saine et sainte). Plus d'un millier de jeunes hommes et de jeunes femmes extrêmement disciplinés, vêtus de tuniques blanches et, pour les hommes, coiffés de turbans, étaient assis par terre, au Nouveau-Mexique, sous une température de près de 50°C. J'avais en face de moi des personnes sérieusement engagées dans leur quête de spiritualité, cela ne faisait aucun doute. Leur maître, Yogi Bhajan, s'adressa à eux de sa voix de stentor: «Quels sont ceux qui, parmi vous, ont consommé de la viande au cours de la dernière année?» Pas un seul ne leva la main. Il continua: «Quels sont ceux qui, parmi vous, ont consommé de l'alcool ou des drogues?» De nouveau, personne ne leva la main. Tous affichaient une expression de satisfaction personnelle et de fierté.

Puis, il laissa tomber sa bombe: «Quels sont ceux qui, parmi vous, sont allés voir *L'exorciste*?» Ce film d'horreur classique, plutôt inoffensif à la lumière des critères d'aujourd'hui, était apparu sur les écrans quelques mois auparavant.

Plusieurs centaines de mains se levèrent lentement et timidement. Yogi Bhajan secoua la tête avec dégoût, puis dit enfin: «Vous êtes très prudents quand il s'agit de nourrir votre corps, mais vous ne l'êtes plus du tout quand il s'agit de nourrir votre esprit.»

Prudents quand il s'agit de nourrir notre corps, préoccupés de notre apparence et de nos sensations physiques. Réfléchissez au soin que nous apportons à notre taux de cholestérol, à notre pression sanguine ou au choix d'une bonne paire de chaussures pour la marche, la randonnée ou la course. Et l'esprit? La pollution de l'esprit n'existe-t-elle donc pas? Ne le bombardons-nous pas de matières toxiques? Ne le laissons-nous pas stagner? Lors de cette assemblée, il y a plusieurs années, Yogi Bhajan reprocha à ses disciples leur ignorance et leur arrogance à propos du soin et de l'entretien de ce cadeau extraordinaire qu'est le cerveau humain. Il leur rappela que l'esprit est un trésor inappréciable et que l'on n'a pas le droit d'en abuser ou d'en mésuser.

La définition de cet abus ou de ce mésusage diffère certainement pour chacun d'entre nous, mais le sens commun nous dit que le fait de regarder quatre heures de télévision commerciale par jour – la moyenne en Amérique du Nord – ne saurait profiter à l'esprit.

Le sens commun nous dit que ce n'est sans doute pas une bonne idée pour quiconque, surtout pas pour les enfants, de visionner des films qui mettent en scène des tueries, des mutilations, de la haine et de la brutalité, ni d'écouter une musique qui incite au suicide, au meurtre de membres des forces policières ou à la haine de la vie en général. Il ne s'agit pas de censure – à moins que le fait de s'abstenir de consommer de l'héroïne ou du crack soit pour vous une forme de censure. Nous «censurons» toujours certains éléments de notre expérience quand ceux-ci nous sont néfastes. Pourtant, ainsi que le soulignait Yogi Bhajan, au bout du compte, nous respectons fort peu notre esprit et celui de nos enfants. À quoi pensons-nous donc? Croyons-nous pouvoir exposer impunément notre esprit à n'importe quoi? Une seule image tenace peut nous hanter jusqu'à notre dernier souffle.

J'ai été juré lors de la sentence de mort prononcée contre un jeune meurtrier. Le procureur brandissait plusieurs affiches grand format, en couleurs, des agrandissements de photos du cadavre de la victime prises sur les lieux du meurtre. Je ne vous décrirai pas ces photos, ni la position de la victime, ni ses blessures, car je veux vous épargner ces images horribles. Mais je dirai ceci :

1. Bien que je possède une longue expérience de la justice criminelle, ces photos bouleversantes se sont à jamais gravées dans mon esprit.
2. Ces photos n'étaient guère plus dérangeantes que certains des effets spéciaux sanguinaires que vos enfants regardent lorsqu'ils vont au cinéma ou lorsqu'ils louent des vidéos violentes. Si vous êtes encore convaincu que ces images n'ont pas d'effets dévastateurs à long terme, alors vous ignorez que la violence criminelle est en hausse constante chez les jeunes.

Dans son ouvrage intitulé *On Killing,* qui nous rappelle sérieusement à la réalité, le lieutenant-colonel David Grossman, Ranger retraité de l'armée américaine et psychologue spécialisé dans les effets de la télévision et des jeux vidéo sur les enfants, signale que l'Aviation militaire des États-Unis a recours à des simulateurs de vol pour transformer de jeunes hommes et de jeunes femmes ordinaires en pilotes de guerre. L'armée, quant à elle, utilise des simulateurs de combat pour aider les jeunes soldats à surmonter leur réticence instinctive à tuer. Le Dr Grossman affirme qu'un grand nombre de jeux vidéo actuels pourraient être justement qualifiés de « simulateurs de psychopathies», car ils sont très efficaces à transformer les enfants et les adolescents en psychopathes criminels qui gloussent de plaisir et multiplient les plaisanteries tandis qu'ils tuent des innocents et des animaux errants.

Le Dr Grossman insiste sur le fait que les jeux vidéo d'aujourd'hui ne ressemblent en rien aux inoffensifs jeux guerriers qui, depuis toujours, amusent non seulement les enfants mais aussi les lionceaux, les chatons, les oursons et les renardeaux. Lorsqu'ils jouent à des jeux vidéo, les enfants développent des réflexes de tueurs sans aucune des répercussions, sans aucun des freins et contrepoids qui leur viendraient d'un adversaire réel. Les victimes d'une seule partie se composent parfois de milliers de méchants, de bons, de témoins innocents, tout cela au nom du «plaisir» du jeu. Pour ce militaire de carrière qu'est le Dr Grossman, «permettre aux enfants de jouer à des jeux vidéo violents équivaut à mettre un fusil d'assaut entre les mains de tous les petits Américains. Croyez-vous sincèrement que vos enfants viennent au monde avec les qualités morales, philosophiques et psychologiques qui leur permettraient de posséder leur propre fusil d'assaut?»

Il convient donc de censurer non seulement ce que nos enfants regardent et écoutent, mais ce que nous, adultes, regardons et écoutons. Il ne s'agit pas de sombrer dans le puritanisme ou le manque d'humour, mais bien de se montrer un peu plus respectueux du cerveau et de reconnaître en lui un précieux instrument dont nous devrions prendre soin davantage. Le problème ne réside pas seulement dans la violence des images reçues, mais aussi, en ce qui concerne la télévision, par exemple, dans leur rapidité et leur volume. Les chercheurs attribuent de plus en plus certaines difficultés d'apprentissage telles que le déficit de l'attention, l'hyperactivité et même la dyslexie à de réels changements neurologiques dus à la surabondance et à la rapidité des images télévisuelles reçues.

Même une émission pour enfants aussi applaudie que *Sesame Street* comporte souvent des séquences très rapides, nécessaires, selon les producteurs, pour capter l'attention des jeunes spectateurs d'aujourd'hui. Le seul bastion de calme et de respect qui semble perdurer de nos jours est l'émission *Mr Rogers' Neighborhood.* Je suis heureux de compter Fred Rogers parmi mes amis, et je sais que la lenteur délibérée de son style, sa volonté de prendre tout son temps pour changer de chaussures et de cardigan devant la caméra lui sont inspirées par son amour et son respect des jeunes. Monsieur Rogers est sans doute le seul adulte à la voix douce et tranquille que nos enfants ont l'occasion de voir à la télévision.

Si nous cherchons à limiter la consommation que nos enfants font de la télévision, du cinéma et de la musique tout en exposant notre propre cerveau d'adulte à tout et à n'importe quoi, il est certain qu'ils nous en voudront et qu'ils trouveront le moyen de se cacher pour écouter leur musique et leurs émissions préférées en dépit de nous. Mais si nous nous efforçons sincèrement de balayer notre propre seuil, nos enfants risquent beaucoup moins d'en éprouver du ressentiment ou d'agir en catimini, même s'ils bougonnent un peu.

La vraie question est donc la suivante : Croyons-nous oui ou non que notre cerveau mérite un certain degré de protection contre les images ou les textes graphiques qui ont beaucoup plus à voir avec l'appât du gain qu'avec la noblesse de sentiment ? En plus de cette violence et de cette frénésie qui nuisent aux fonctions cérébrales, la télévision nous offre une pléthore de valeurs superficielles, de grossièretés et de démonstrations d'égocentrisme, le tout ponctué d'annonces publicitaires qui exhortent le téléspectateur à s'approprier toutes ces futilités.

Nous ne possédions pas de téléviseur quand Josh était petit. Vers l'âge de cinq ans, nous le retrouvions hypnotisé devant le petit écran dans la maison de mon frère, où il regardait des feuilletons, des jeux, des publicités – n'importe quoi. Nous avons compris que nous ne pouvions plus contourner le problème. Nous avons convenu d'un compromis: nous aurions un téléviseur, mais à certaines conditions, la première étant que Josh n'aurait plus l'autorisation d'aller regarder la télévision chez mon frère. Les autres conditions sont décrites dans la pratique ci-après. Je puis vous assurer qu'elles ont été observées avec succès pendant treize ans.

Une autre des conditions que nous avons posées était la suivante: nous regarderions la télévision *ensemble,* jamais seuls. Pendant ces années, nous avons donc regardé la télé pendant deux heures chaque semaine en moyenne, soit deux comédies de situation et une dramatique. Sita et moi avons dû nous rendre à l'évidence: c'était très agréable. Nous sommes passés du *Mary Tyler Moore Show* à *L'homme de six millions,* puis à *Taxi* et à *Hill Street Blues*, *Cheers* et *L.A. Law.* Nous avons regardé des miniséries historiques telles que *Racines* et *Jésus de Nazareth.* Josh n'a jamais contesté nos conditions. En fait, il semblait content de ne pas perdre une bonne partie de son enfance à rester assis comme un zombie devant le petit écran. Ces émissions n'étaient pas parfaites, mais elles étaient amusantes et certaines n'étaient pas sans valeur. Josh aimait particulièrement les comédies de situation à caractère humain. *Cheers* a longtemps été notre émission favorite. Le hasard faisant bien les choses, le premier contrat d'acteur qu'a signé Josh lorsqu'il s'est installé à Los Angeles a été pour un petit rôle, celui de Gino, le fils de Carla, dans *Cheers.* Il a participé à quatre épisodes et il s'est beaucoup amusé. Je mentionne ce détail, car je veux qu'il soit bien clair que Sita et moi ne sommes pas contre la télévision en soi. Nous y avons pris du plaisir, mais nous avons aussi reconnu la nécessité de restreindre sévèrement le nombre d'heures que nous consacrions à cette activité en raison de son influence sur notre vie et celle de nos enfants.

PRATIQUE : LA TÉLÉVISION

1. Je n'allumerai pas la télé sans savoir par avance ce que je compte regarder.
2. Je ne regarderai pas d'émissions qui exploitent la fascination pour le sexe, la violence, le pouvoir et l'argent (exit le téléjournal !).
3. J'éteindrai l'appareil dès la fin de l'émission qui m'intéresse.
4. J'appuierai sur la touche de sourdine pendant les annonces publicitaires (et je ne regarderai pas l'annonce non plus, sauf pour m'assurer que l'émission reprend).
5. Je ne converserai pas au téléphone et je ne ferai rien pendant que je regarde la télévision.
6. Une fois la semaine, nous décréterons un « jour sans télé » pour toute la famille.

Ce simple exercice peut vous initier à une nouvelle forme d'intentionnalité que vous pourrez ensuite appliquer au cinéma, aux vidéos louées, aux livres et aux revues et même aux produits de consommation. Vous commencerez à vous affranchir de l'exploitation dont vous êtes la victime et vous vous ménagerez des plages de calme qui favoriseront l'éclosion de la joie.

Incitez vos enfants à prendre le même engagement. Que vous vous en rendiez compte ou non, les émissions de télévision et les annonces publicitaires chargent notre cerveau d'un nombre incalculable d'influences et d'associations, en particulier le cerveau des enfants et des bébés qui ne sont pas conscients de ce ravage. Comme les disciples de Yogi Bhajan, êtes-vous plus prudents lorsqu'il s'agit de nourrir le corps de vos enfants que lorsqu'il s'agit de nourrir leur esprit? Avez-vous pris le pouls des émissions qu'ils regardent?

Respectez cet engagement pendant un mois ou deux et vous constaterez sans doute que vous avez beaucoup plus de plaisir en famille, que vous choisissez vos émissions avec plus de discernement, et que celles-ci sont plus agréables à regarder sans annonces publicitaires. Soyez plus prudent quand il s'agit de nourrir votre esprit et votre cœur. Vous serez content des résultats.

FAIS CE QUE TU AIMES

Comment l'art, le travail et la pratique de la bienfaisance s'agencent-ils? Si j'aspire à devenir poète ou danseuse, qu'en est-il? Est-ce une preuve d'égoïsme? Puis-je poursuivre ma passion et quand même secourir l'humanité?

Dans l'un des écrits sacrés de l'hindouisme, Krishna dit: «Mieux vaut suivre ton propre *dharma* (ta voie, ton devoir), même si celui-ci te paraît sans mérite, que d'imiter le *dharma* de quelqu'un d'autre parce que tu le crois valable.» À première vue, surtout pour un Nord-Américain d'aujourd'hui ou tout autre Occidental, la leçon de Krishna pourrait sembler renforcer notre individualisme: «Fais tout ce que tu as envie de faire, obéis à ton rêve sans tenir compte d'autrui.» Mais la leçon de Krishna, que l'on pourrait résumer ainsi: «Fais ce que tu aimes», s'écarte beaucoup du sens que nous lui donnons d'habitude. Krishna ne perd pas de vue la notion de devoir sacré pour le bien commun, mais il précise que chacun de nous a un rôle distinct à y jouer. Chaque rôle est différent, mais la mission est identique pour tous : vivre pour le bien et non pas pour le mal ; vivre, dans la pauvreté ou la richesse, pour la gloire et l'élévation de la création.

Naturellement, tous les arts s'inscrivent admirablement dans cette intention, mais il en va de même de toute vocation sincère, qu'il s'agisse de vendre des chaussures ou de conduire un taxi. La bonne question n'est donc pas : « Quel rôle devrais-je jouer ? » mais bien : « Comment devrais-je jouer mon rôle ? » Le balayeur de rue, le premier ministre, le danseur ou le médecin peut ou non aspirer à la gloire et à l'élévation de la création et contribuer au bien de l'humanité. Quand nous sommes engagés dans cette voie, le rôle que nous jouons enrichit l'humanité. Quand nous nous en détournons, notre rôle, dans les mots de Shakespeare, est « tout de bruit et de fureur, et [il] ne veut rien dire ».

Nous naissons dotés de réflexes égocentriques et communautaires, et nous sommes libres de choisir ceux qui nous conviennent. Selon les anciennes traditions de la sagesse, il nous est indispensable de vouer notre vie au bien commun. Une vie qui se détournerait de cet objectif est comble d'anxiétés et de maux de tête, d'ambitions avortées et de regrets. Choisir en toute conscience de se vouer au bien, c'est-à-dire, dans la terminologie chrétienne, de « choisir le Christ », n'empêche nullement que nous obéissions à notre vocation et à nos passions, que nous développions nos talents, que nous pourchassions notre bonheur, que nous réalisions nos ambitions, et ainsi de suite. Nous choisissons avant tout la personne que nous voulons être, peu importe que cette personne conduise un char à bœuf ou une Ferrari, qu'elle habite dans une caverne ou un appartement sur le toit, qu'elle vive au Ier siècle ou au XXIe.

Cette première décision prise, nos talents ou notre vocation entrent en scène et deviennent le mode d'expression de notre engagement envers l'humanité. Une autre question se pose alors: «Comment pouvons-nous savoir où se situe notre *dharma,* notre voie?» Dans le Bhagavad-Gîtâ, Krishna dit à Arjuna qu'il est la vélocité des jambes du cheval, la lumière du soleil, le parfum des fleurs; il est aussi votre passion pour l'art ou la mienne pour la musique, le sens des affaires de celui-ci, la persistance de celui-là à venir en aide aux plus démunis, et les dons extraordinaires de tel autre pour la physique quantique. Il est à la fois le dramaturge, l'acteur, la pièce et le public.

À leur tour, toutes les autres religions nous rappellent que nous sommes tous des fragments intentionnels de la création divine et que notre but terrestre s'harmonise à nos talents, à notre dynamisme et aux circonstances de notre vie. Une amie à moi, très proche, est venue au monde dans des circonstances tragiques: elle n'était pas voulue, elle a été négligée et même torturée par sa mère. Elle est devenue sage-femme, afin d'assurer aux nouveau-nés une plus belle naissance que la sienne. Elle les a assistés dans leur venue au monde avec une affection profonde et un grand dévouement. Cette carrière enrichissante ne lui serait sans doute jamais venue à l'esprit sans sa propre tragédie.

Mon fils, Josh, s'est découvert une passion pour le théâtre vers l'âge de cinq ou six ans. Étouffer cette passion aurait signifié oublier que ces dons lui venaient de Dieu. Nous l'avons donc aidé à «faire ce qu'il aimait», ainsi que le dit Joseph Campbell, tout en lui inculquant une notion fondamentale, celle du tikkun («réparation du monde»). Sans tikkun, ses dons d'acteur l'auraient sans doute orienté vers l'égocentrisme, la toxicomanie et la promiscuité, ces vices si répandus dans le milieu artistique. Mais s'il avait renoncé à développer son art, le tikkun seul aurait sans doute fait germer en lui un sentiment de culpabilité envers ses talents d'acteur et son sens inné du jeu. Au lieu de cela, il est entré dans la profession d'acteur dès l'âge de neuf ans, versant une bonne part de ses cachets à des organismes caritatifs, et s'efforçant de participer le plus souvent possible à titre d'animateur bénévole à des activités communautaires. Dès l'obtention de son diplôme d'études secondaires, il s'est installé à Hollywood et, bien qu'il ait abandonné le métier d'acteur au bout d'un certain temps, c'est là qu'il a connu celle qui allait devenir son épouse, là qu'il a rencontré le maître en arts martiaux qui l'a incité à obtenir sa ceinture noire et à enseigner à son tour. C'est là, aussi, qu'il est devenu secouriste pour la Croix-Rouge et technicien-ambulancier. Cette formation lui a permis de faire partie de l'équipe de secours de notre comté à temps partiel et d'apporter calme et compassion aux personnes terrifiées ou souffrantes.

Notre vie peut être chargée de signification si nous faisons en sorte qu'elle le soit. La route se déploie devant nous lorsque nous acceptons de suivre la trace que Dieu inscrit dans nos talents et nos intérêts. Dieu n'est pas à l'extérieur de nos goûts et de nos passions. Krishna ne nous rappelle-t-il pas que: «Là où vous percevez de la grandeur, vous percevez la grandeur de Dieu.» Mais nous percevons rarement la grandeur dans sa phase de formation, et c'est pourquoi nous devons nous fier à nos talents et à nos penchants naturels. Lorsque Joseph Campbell a dit «Fais ce que tu aimes», il ne parlait pas de ce concept populaire tordu: «Fais ce que tu aimes, l'argent suivra.» Le réussite matérielle était fort éloignée de son propos. Il disait, au contraire, que nous devons obéir à nos passions, à nos penchants, à notre vocation, même si cela devait nous amener à vivre toute notre vie dans la misère et à subir le mépris de la société. Pour Campbell, il s'agissait d'un réel rappel à l'ordre, non pas d'une invitation à la facilité.

Mozart, Ray Charles ou Bob Dylan, par exemple, auraient voué toute leur vie à la musique qu'ils en soient devenus riches ou non. Ils vivaient pour la musique; elle était leur muse. La plupart des grands artistes de l'histoire étaient méconnus et pauvres de leur vivant quand ils n'étaient pas méprisés et persécutés. Lorsque Joseph Campbell dit «Fais ce que tu aimes», il répète en d'autres mots la leçon de Krishna: «Mieux vaut suivre ton propre *dharma* (ta voie, ton devoir), même si celui-ci te paraît sans mérite.» Faire ce que l'on aime, suivre son dharma demande du courage, notamment celui d'accepter d'être parfois rejeté par des êtres chers. Mais la vie est dans notre camp. La vérité est dans notre camp. Une vie significative est dans notre camp.

Pendant des années, Sita et moi avons été jugés stupides et irresponsables par la plupart des membres de nos familles respectives. Nous méditions quand la méditation était jugée ridicule ou même une activité de groupe-culte; nous prêchions la compassion à des tueurs, à des voleurs de banque ou à des violeurs; notre bébé nous accompagnait quand nous visitions les détenus; nous vivions dans des ashrams; nous n'avions pas d'assurance médicale; nous travaillions pour parfois moins que le salaire minimum; bref, nous n'étions pas tout à fait le fleuron de l'arbre généalogique familial.

Est-ce que cela nous embêtait? Bien sûr que si. Nous étions très malheureux d'être les objets d'un tel mépris, mais le mépris ne justifie pas que l'on se détourne de sa vocation, qu'il s'agisse de bénévolat, de danse, de peinture, de musique ou d'activisme. Notre vocation est la voix de Dieu. Nous avons de la chance quand notre chemin nous apparaît aussi clairement: tourner les talons équivaut à cracher à la face de Dieu.

En vérité, toute vocation ou penchant qui ne cause aucun mal à autrui peut servir l'humanité, ouvrir à une vie de tikkun, de réparation du monde. L'immense, l'exquise tapisserie de la vie surpasse tout ce que nous pourrions imaginer; elle contient des myriades de fils de toutes les couleurs et de toutes descriptions. Faire ce que l'on aime, c'est découvrir le fil que nous sommes appelés à devenir, puis devenir ce fil. Un rabbin hassidique du siècle dernier, Zusya de Hanipol, disait que, lorsqu'il se tiendra devant Dieu après sa mort, Dieu ne lui demandera pas: «Pourquoi n'as-tu pas été Moïse?» Mais Dieu pourrait très bien lui demander: «Pourquoi n'as-tu pas été Zusya?»

PRATIQUE: ARRÊTEZ-VOUS

En lisant ce chapitre, bon nombre de lecteurs diront: «Posséder un talent comme Mozart ou Dylan, c'est bien beau... mais aucune passion, aucun talent naturel ne m'anime qui pourrait me conduire au bonheur. Comment puis-je trouver ma voie si rien de particulier ne m'attire?» Vous pouvez, bien sûr, participer à des tas d'ateliers qui visent à développer votre créativité, mais j'ai plutôt l'impression que la réponse à votre question est ailleurs : cessez de tout faire, voyez ce qui naîtra de cet espace ouvert et vide. Nous arrêtons à peine pour manger, encore moins pour communier intensément avec ce qui nous remue intérieurement.

Je ne suis pas en mesure de vous dicter votre conduite, mais je puis vous dire que, si vous réservez du temps à une pratique spirituelle, votre propre vie deviendra votre guide. La pratique spirituelle renforce l'intuition comme certaines herbes renforcent le système immunitaire. Voici quelques suggestions pour vous aider à vous arrêter. Ajoutez-y les vôtres.

- Dans notre communauté, le silence est de règle à compter de 21 heures.
- Pendant la journée, nous pratiquons l'attention : nous taisons toute pensée ou toute parole qui n'ait pas un lien direct avec la tâche que nous sommes en train d'accomplir.
- En cas de conflit, nous nous réunissons, non pas pour porter des accusations, mais pour volontairement mettre fin à tout sentiment de méchanceté et de méfiance, afin de voir au-delà de l'autoprotection et des préjugés.
- La méditation du matin et du soir est la forme d'arrêt la plus difficile : d'abord, nous nous asseyons de façon que le corps ne bouge plus et ne s'agite plus. Puis, nous cessons de regarder autour de nous. Enfin, nous nous efforçons le plus possible de cesser de nous percevoir nous-mêmes à travers l'incessant bavardage mental auquel nous avons été habitués.

En fait, la plupart des grands commandements, préceptes et enseignements spirituels de l'histoire n'ont jamais été que des recommandations, des indices de ce que nous devons arrêter de faire. Presque tous les dix commandements de Moïse commencent par « Tu ne... »; les préceptes bouddhistes, les yamas et les niyamas hindouistes commencent par « Ne pas » – ne pas tuer, ne pas voler, ne pas mentir. Nos contemporains se plaignent souvent de ce que ces enseignements sont trop négatifs, mais ces formules négatives nous disent que nous n'avons rien de précis à accomplir pour faire l'expérience de la présence divine, de la sainteté naturelle de la vie. Il nous suffit d'arrêter de penser et d'agir avec méchanceté, avec égoïsme ou avec injustice.

Toutes les grandes leçons spirituelles nous rappellent que la paix, la sagesse et la joie résident déjà en nous, que nous n'avons pas à les gagner, à les développer ou à les atteindre. Comme un enfant debout dans un parc qui garde les yeux fermés n'a pas à imaginer les arbres, les fleurs, les daims, les oiseaux, le ciel : comme lui, il nous suffit d'ouvrir les yeux pour voir ce qui est là, qui nous sommes déjà, et de cesser, pour voir, de prétendre que nous ne sommes pas assez grands et pas assez saints.

En d'autres termes, toute pratique spirituelle consiste à être : à identifier et à nous arrêter; à identifier et à nous arrêter; à identifier et à nous arrêter. À identifier tout l'éventail des limites et des illusions qui nous asservissent, et à trouver le courage d'y mettre fin. Peu à peu, un diamant répand sa brillance en nous, nos yeux se dessillent, l'aurore point, nous devenons ce que nous sommes déjà. *Ta Twam Asi* (Tu es cela).

ERREUR SUR LA PERSONNE

Quel lien y a-t-il entre ma profession et ma vie ? Qu'arrive-t-il si ma carrière est très importante pour moi mais qu'elle me semble sans rapport aucun avec une quelconque « signification » ? Dois-je trouver une autre orientation ? Comment puis-je équilibrer ma vie professionnelle et ma vie non professionnelle ?

Tous n'ont pas une vocation particulière ou une passion, mais tous doivent néanmoins gagner leur vie : autant faire en sorte que ce gagne-pain soit agréable. De nombreux ouvrages et ateliers proposent des solutions pour faire de notre travail quotidien une occasion de plaisir et d'enrichissement personnel. On y trouve tout un éventail de suggestions pour développer notre capacité d'attention, pour améliorer nos relations de travail, pour communiquer efficacement avec nos employeurs et nos superviseurs, pour mieux équilibrer notre vie professionnelle et notre vie personnelle, pour tirer le maximum de notre profession. Il arrive que l'on puisse mettre certaines de ces suggestions en pratique avec succès, car en dépit des frustrations et des limites que nous impose notre vie professionnelle, celle-ci nous convient.

Toutefois, certains individus demeurent insatisfaits et constatent au fil du temps qu'ils n'ont pas apporté de solution réelle à ce problème épineux. Ils ont refusé de voir la réalité en face, conscients de s'être usés à la tâche pendant des années sans autre motif que l'argent ou par manque de courage devant la nécessité de réorienter leur vie professionnelle. La certitude d'avoir gaspillé sa vie est terrible et contribue très souvent à intensifier la crise de la quarantaine. Pour éviter d'avoir à affronter tôt ou tard un tel constat, il importe de se remettre en question périodiquement et d'en accepter les conséquences, quelles qu'elles soient. Nombreux sont ceux qui en viennent à la conclusion que leur travail leur plaît. Il peut être très revalorisant de faire cette constatation de temps à autre. D'autres éprouvent un sentiment d'insatisfaction chronique ; il leur devient alors indispensable de trouver le courage de remédier à la situation dans laquelle ils se trouvent, car leur bonheur en dépend.

J'ai un ami psychiatre qui abhorre la psychiatrie. Il n'éprouve aucun respect pour sa profession et il ne croit pas qu'un psychiatre puisse être de quelque secours à une personne en difficulté. Il croit sincèrement qu'une telle personne peut bénéficier d'autres formes d'aide, et pour beaucoup moins cher. Mais il ne veut pas renoncer à sa Mercedes de 40 000 $, ni aux autres symboles de sa prospérité. Il hait son existence. Poursuivre dans cette profession est une forme de prostitution et une dépendance, m'a-t-il avoué. Mais il refuse d'abandonner ce qui lui est familier, même si cela le rend malheureux, et de plonger dans l'inconnu.

Il est navrant de ne pas croire en ce que l'on fait ! En ce qui concerne notre profession, il convient de nous poser deux questions :

1. Est-ce que j'aime mon travail ?
2. Est-ce que la société bénéficie de mon travail ?

S'il nous est impossible de répondre par l'affirmative à ces deux questions, nous avons fait fausse route. Une seule réponse affirmative sur deux pourrait aussi nous occasionner des regrets. Imaginez la situation de ceux qui, comme mon ami, répondent par la négative à ces deux questions !

Dans ce classique de la littérature qu'est *Le prophète,* Khalil Gibran écrit : « Le travail est l'Amour rendu visible. » Il est indispensable que nous puissions arriver à la même conclusion en ce qui concerne notre emploi ou notre carrière. Une affirmation telle que « Ma carrière est très importante pour moi » s'éloigne beaucoup de la constatation de Gibran, car il peut arriver que nous reliions notre bien-être à notre carrière par des associations psychologiques douteuses que nous aurions tout intérêt à ne pas perpétuer.

Si j'insiste sur la différence entre « emploi » et « carrière », c'est parce que l'un et l'autre ne sont pas forcément compatibles. Lorsque nos principaux objectifs n'ont rien à voir avec notre gagne-pain, nous pouvons opter pour une vie plus frugale, trouver un emploi modeste qui suffise à nos besoins, et choisir d'aimer et de faire correctement le travail qui nous est confié. Au cours des dix ou quinze premières années de notre travail en milieu carcéral, Sita et moi devions suppléer à nos maigres revenus par des emplois à temps partiel. Je fabriquais des jouets en bois que je vendais dans des foires d'artisanat, je m'occupais des jardins des autres, j'écrivais quelques articles et comptes rendus ; Sita travaillait dans un casse-croûte, fabriquait des vitraux sur commande, et travaillait dans un atelier de vitrail. Aucune de ces activités qui nous aidaient à vivre n'était une carrière pour nous, mais nous y prenions un certain plaisir et elles contribuaient à embellir le monde dans lequel nous vivions, si bien que nous aurions assurément répondu par l'affirmative aux deux questions de tout à l'heure. Nos activités lucratives nous permettaient en outre de poursuivre le travail qui comptait le plus pour nous.

De nos jours, la société a un étrange préjugé à l'égard de ce concept que nous appelons une « carrière ». La carrière est devenue le noyau de tout le reste. Souvent notre carrière l'emporte sur notre santé, sur notre conjoint ou sur nos enfants. Nous la préférons à l'étude, à la prière, à la promenade, aux randonnées, à la méditation, à notre entourage. Nous nous préoccupons de la carrière de nos enfants comme s'il s'agissait de l'aspect le plus important de leur vie. S'ils veulent s'accorder une année sabbatique entre l'école et l'université, nous paniquons, car ils pourraient de la sorte accuser un retard. Un retard ? Un retard par rapport à quoi ?

Une carrière n'est pas si importante qu'elle doive être au centre de la vie de chacun. La carrière n'est pas ce qui nous identifie. C'est une activité à laquelle nous nous consacrons pendant trente ou quarante ans, c'est tout. Si nous voyons en elle le moyeu de notre existence, c'est que nous méprisons l'enfance et le vieil âge. N'est-ce pas précisément ce que nous avons accompli ? Toute la vie de nos enfants gravite autour d'un degré d'instruction qui pourra leur ouvrir une carrière enviable, et nous parquons nos vieux parents dans des maisons d'accueil ou des complexes résidentiels pour personnes âgées.

Selon une étude britannique, les hommes qui prennent leur retraite courent deux fois plus de risques de décéder dans les cinq ans suivant la fin de leur vie active que ceux qui continuent de travailler. N'est-ce pas là une erreur de vue insensée, triste et inutile ? La carrière professionnelle n'est pas l'alpha et l'oméga de la vie humaine. Il y a des gens heureux et bons dans tous les domaines, et des gens malheureux et égoïstes partout. La carrière ne garantit rien en plus de n'offrir qu'un portrait fragmentaire de la personne que nous sommes en réalité.

Cette obsession est un phénomène récent. Il y a soixante ou soixante-dix ans à peine, si vous aviez demandé à mon grand-père : « Alors, Ben, qu'est-ce que vous faites dans la vie ? », il vous aurait regardé de travers en disant : « Je fais des tas de choses. » Il n'aurait pas compris le sens de votre question. Si vous aviez persisté et demandé : « Que faites-vous pour gagner votre vie ? », il aurait sans doute répliqué : « Qu'est-ce que cela peut vous faire ? » Cela n'avait aucune importance à ses yeux. Ce qui comptait pour lui, c'était sa participation à la vie de son entourage et de sa synagogue, l'intégrité, l'honneur et la réputation de sa famille.

Mon grand-père, un pilier de sa communauté, était peintre en bâtiment. Mon grand-oncle faisait la cueillette de guenilles pour les revendre. On peut dire que leur vie était une réussite. À leurs yeux, un gagne-pain ne méritait pas beaucoup de considération. Il n'y avait ni cols bleus ni cols blancs. Si un homme exerçait un métier honnête, qui cela pouvait-il intéresser ? Ces deux-là travaillaient le moins possible. Si vous les aviez encouragés à doubler la dimension de leur entreprise et à engager des employés, ils auraient jugé cela démentiel. Pourquoi se mettre les fers aux pieds? Ils voulaient nourrir leur famille, payer le loyer, aider les plus démunis de leur quartier, s'amuser un peu. Quel besoin avaient-ils de plus? Alors, ils peinturaient des maisons et vendaient des guenilles. Ils aimaient leur travail et ils le faisaient bien.

Si difficile qu'il soit de comprendre une telle attitude dans notre monde matérialiste actuel, il faut admettre que par le passé fort peu de gens étaient attirés par la fortune ou même par une certaine sécurité financière. La force de caractère, la sagesse et la joie de vivre, voilà à quoi l'on estimait une personne, et non pas à sa carrière professionnelle. Le contentement était alors une vertu, et ce n'était pas une tare que de manquer d'ambition matérialiste. Remémorez-vous ces maximes: «L'homme ne vit pas que de pain» et «Les plus belles choses de la vie ne coûtent rien». Notre humanité est la plus belle carrière que nous puissions tous entreprendre – une carrière de bonté. Toutes nos autres activités ne sont que des éléments dans cette structure de générosité partagée.

Notre vie matérielle et notre vie spirituelle peuvent être compatibles. Il suffit de faire preuve d'assez d'honnêteté pour parvenir à un équilibre qui corresponde à notre nature profonde. Rien ne nous oblige à devenir d'autres Bill Gates ou d'autres Mère Teresa. Contentons-nous d'être responsables et de faire un travail productif qui puisse refléter nos ambitions, notre compassion et notre joie de vivre.

Aucune carrière professionnelle ne saurait se traduire par un succès complet et instantané. Cette réussite est notre responsabilité personnelle, et un travail de longue haleine. La vie nous réserve nombre de surprises, mais c'est précisément cela qui la rend stimulante. L'essentiel est de cultiver des goûts et des exigences modestes afin de suivre notre voie, où qu'elle nous mène, et non pas de piétiner sur place, enchaînés à notre climatiseur. Que nous exercions la même profession toute notre vie ou que nous passions d'un emploi à l'autre, nous devons effectuer des choix conscients et délibérés si nous voulons retirer du plaisir de cette longue aventure.

PRATIQUE : TRAVAIL, VIE PERSONNELLE ET QUÊTE DE LA VISION

Consacrez une soirée ou un dimanche à réfléchir sincèrement à votre emploi ou à votre profession. Ayez un stylo et du papier à portée de la main pour prendre des notes ou préparer des listes. Commencez par faire trente minutes de méditation que vous conclurez par une prière ou une invocation similaire à celle-ci :

> Puisse Dieu me guider et me permettre de voir clair dans ma vie professionnelle. Je suis disposé à voir la vérité même si celle-ci me déplaît. Je demande le courage nécessaire à la poursuite de la vérité qui me sera révélée.

Quelle qu'en soit la formulation, une invocation vous aidera à unir vos forces à celles de vos guides spirituels et à affirmer votre volonté de regarder la vérité en face. Les rituels amérindiens, y compris la quête de la vision, comportent presque tous de telles invocations. Chaque fois que vous vous éloignez du chaos de votre vie quotidienne pour mieux comprendre le chemin qu'il vous reste à parcourir, vous vous engagez dans une quête de la vision. Respectez ce fait, et demandez du secours.

Comme dans la pratique conçue pour vous aider à identifier vos valeurs personnelles (page 174), répondez d'abord aux deux questions ci-dessous. Prenez votre temps.

1. Est-ce que j'aime mon travail?
2. Est-ce que la société bénéficie de mon travail?

- **Si vous répondez à ces deux questions par l'affirmative, poursuivez:**

  Énumérez les aspects positifs et négatifs de votre travail en vous ménageant de l'espace sous chacun. Réfléchissez, puis écrivez comment vous pourriez mieux apprécier et concrétiser ces aspects positifs, et comment vous pourriez en modifier ou en accepter les aspects négatifs. Vous avez déjà reconnu aimer votre travail; il convient donc d'en circonscrire les éléments qui vous agacent et de trouver des façons soit de les éviter complètement, soit de les accepter et d'en prendre la responsabilité avec amour. L'indécision est néfaste: elle peut provoquer des ulcères, des maladies cardiaques et du stress.

  Faites aussi un inventaire de votre emploi du temps. Dressez une liste de ce qui compte pour vous au travail, dans votre vie familiale, vos loisirs ou vos autres intérêts, et demandez-vous sincèrement si vous réservez du temps à chacune de ces activités. Dans le cas contraire, efforcez-vous de les inclure dans votre calendrier ou admettez que vous préférez vous passer d'elles. J'ai moi-même dressé une telle liste : ma randonnée matinale, l'haltérophilie, la guitare et le piano, la lecture, la méditation, le yoga, le travail de bureau, et ainsi de suite. J'ai tout de suite compris qu'il me faudrait des journées de trente heures pour parvenir à tout faire. Je m'étais leurré pendant des années : je me culpabilisais de mal gérer mon temps, alors qu'en réalité mes attentes étaient tout simplement irréalistes.

Cette liste concrète m'a permis d'admettre que je ne pouvais jouer du piano qu'une ou deux fois la semaine, et que je devrais sans doute alterner entre la randonnée et les poids et haltères. Certaines de ces activités avaient-elles cessé de m'enthousiasmer ? Je pourrais sans doute les mettre au rancart. Cet exercice m'a permis de confirmer mes choix et de mettre fin à ma frustration, née de la certitude que je négligeais certains aspects de ma vie. Je me suis ainsi libéré d'une importante source de stress.

La dernière phase de votre quête de la vision consiste à réaffirmer votre dynamisme, votre gratitude et votre détermination à accomplir vos tâches à la perfection et dans la joie. Réfléchissez à votre comportement au travail et remettez-le en question. Êtes-vous enclin aux commérages ? Manipulez-vous vos collègues de travail ? Êtes-vous flagorneur avec vos supérieurs ? Acceptez la vérité quitte à grimacer. Efforcez-vous de prendre conscience de ce qui vous déplaît dans votre comportement et prenez la décision d'en changer.

N'omettez pas de faire l'inventaire de vos qualités professionnelles. Êtes-vous qualifié ? Aimable ? Donnez-vous généreusement de votre temps ? Acceptez-vous de partager le crédit de votre réussite avec quelqu'un d'autre ? Êtes-vous porté à donner un coup de main à vos collègues si nécessaire ?

N'hésitez pas à vous féliciter pour vos vertus et promettez-vous de continuer, que vous soyez apprécié ou non à votre juste valeur. Sachez que vous agissez ainsi afin que votre comportement reflète votre personnalité réelle, et non pas pour que l'on vous approuve ou que l'on vous rende la pareille.

Ce ménage occasionnel dans vos sentiments et dans vos actes contribuera grandement à réduire votre niveau de stress. Une bonne part de ce que nous attribuons au stress se compose en réalité de tensions non résolues et vient de ce que nous nageons entre deux eaux, refusant de réfléchir aux aspects négatifs de notre vie. Une quête de la vision comme celle-ci vous permettra de vous ressourcer, de vous dynamiser et même d'accomplir vos tâches avec une légèreté accrue.

- **Si vous répondez par la négative :**

  Si, en vérité, votre travail ne vous convient pas ou qu'il ne correspond pas, selon vous, à ce que les bouddhistes qualifient de « juste gagne-pain » (dont l'humanité peut bénéficier, fût-ce de façon minime), votre problème est un problème existentiel, non pas professionnel. Persévérer dans un travail auquel on ne croit pas est empoisonnant, peu importe qu'on en retire un revenu imposant ou qu'on y soit contraint par les circonstances. Pendant cette quête de la vision, efforcez-vous d'identifier les conflits intérieurs qui vous inspirent si peu de respect pour votre occupation.

  D'une part, énumérez les raisons qui vous empêchent de démissionner de votre emploi et, d'autre part, les solutions de rechange possibles. Réfléchissez sérieusement à ce que vous venez d'écrire et aux moyens dont vous disposez pour redonner un sens à votre vie.

Vous appréhendez peut-être de prendre certains risques ou de sacrifier quelques luxes à une nouvelle orientation, mais songez à tout ce que vous sacrifiez déjà en consacrant la plus grande partie de votre vie à un travail qui ne vous satisfait pas. Êtes-vous persuadé qu'existe quelque part un travail qui réponde à vos attentes ? Sinon, pourquoi ? La vie n'est pas chaotique ; elle est structurée et sensée. La plus petite puce a un système digestif et un cœur. Vous semble-t-il raisonnable que vous, créature hautement plus sophistiquée, soyez destiné à perdre votre temps jusqu'à votre dernier jour sur terre ?

Dans la dernière phase de votre quête de la vision, vous devrez rassembler votre courage pour changer de vie et commencer à planifier la façon d'y parvenir. Vous pourriez tout d'abord proposer aux membres de votre famille de vendre votre voilier, de renoncer à votre condo au bord de la mer, ou de mettre à l'écart tout autre boulet qui vous empêche de réorienter votre vie professionnelle. En terminant cette quête de la vision par une prière, engagez-vous à faire le nécessaire pour changer d'emploi ou de carrière. Quels que soient les sacrifices auxquels vous devrez consentir, vous ne regretterez pas de faire ce qui vous semble juste ou, du moins, de mettre un terme à ce qui semble mal vous convenir. Cette décision est cruciale pour votre développement spirituel.

UN POUR TOUS, TOUS POUR UN

Que puis-je faire pour que s'équilibrent ma satisfaction personnelle et mes responsabilités et obligations envers la société? Le principe même d'une société démocratique n'est-il pas de nous permettre de poursuivre nos objectifs, quels qu'ils soient, et de cultiver notre individualité?

En novembre 1969, Sita et moi formions l'équipage d'un trimaran qui naviguait dans la mer des Caraïbes quand il fut assailli par la violence de l'ouragan Martha. Après trois jours et trois nuits passés à lutter contre les éléments, à bout de forces, exténués et abattus, nous nous sommes mis à l'abri d'une petite île au nord-ouest de Cuba. Le lendemain, après qu'une patrouille militaire nous eut aperçus, nous avons été faits prisonniers par l'armée cubaine. Au cours d'un interrogatoire de plusieurs heures, l'un des échanges les plus intéressants que j'ai eus avec les officiers et auquel j'ai souvent réfléchi depuis ressemblait à ce qui suit:

- Où vous dirigiez-vous ?
- Vers la Jamaïque.
- Pour quelle raison ?
- Pour rien. Ce voilier est celui du capitaine ; ma femme et moi sommes les membres de son équipage.
- Pourquoi faites-vous cela ?
- Parce que nous en avons envie.
- En quoi cela sert-il votre société ?
- En rien.
- Dans ce cas, pourquoi votre gouvernement vous a-t-il permis de naviguer ?
- Parce que nous sommes libres d'agir comme bon nous semble.
- Qu'en pense votre famille ?
- Ce que nous faisons ne regarde pas notre famille.
- Mais pourquoi voulez-vous naviguer ?
- Eh bien, disons que nous essayons de nous trouver.
- De vous trouver ? Que voulez-vous dire ?

La sincérité et la naïveté de cet officier cubain m'avaient beaucoup ému à l'époque, et j'étais en même temps très heureux d'être américain et libre de faire ce dont j'avais envie. Eux ne pouvaient pas imaginer qu'un individu entreprenne un voyage intérieur qui se situe au-delà de l'ordre social. Et moi, j'étais impuissant à imaginer une dévotion aussi absolue que la leur au bien commun. Il me semblait voir clairement la situation, tandis qu'eux y étaient aveugles. Cet interrogatoire a eu lieu il y a quelque trente ans. Je sais maintenant que ma position n'avait pas plus de valeur que celle de ces officiers. Chacun de nous était aveugle à la beauté cachée de la vie de l'autre. Eux étaient le produit d'un endoctrinement qui les voulait entièrement dévoués à l'État, et j'étais, moi aussi, le produit d'un endoctrinement qui me voulait entièrement dévoué à ma satisfaction personnelle. Ce que Bouddha appelait «la Voie du milieu» se situait à mi-chemin.

Toute bonne idée risque d'être mal interprétée et détournée de son sens au point de cesser d'être une bonne idée pour devenir une bien mauvaise idée. C'est là le fondement du fanatisme. Cela s'est souvent produit lors de révolutions comme celle de Cuba, et c'est aussi ce qui s'est produit à propos de notre notion occidentale de liberté, en particulier en ce qui concerne le cruel mirage de nos libertés individuelles. Être libre ne signifie pas que je puisse imposer à mon estomac de pomper mon sang et à mon cœur de digérer ma nourriture. Les lois physiques ne sont pas négociables. Il en va de même des lois spirituelles : être libre ne signifie nullement que je puisse impunément être égoïste, vaniteux ou cruel.

Ces lois sont immuables, mais il existe aussi des besoins qui, eux, varient sans cesse. Les quatre derniers mois de la vie de mon père n'étaient pas soumis à ma volonté. Personne n'était libre d'accepter ou de refuser la Crise de 1929. À cinquante-trois ans, mon corps a des exigences différentes de celles qu'il avait quand j'étais âgé de trente ans.

La liberté n'existe que dans les limites des lois naturelles et des besoins changeants de notre existence. La plupart des gens les plus malheureux et les plus troublés de l'Histoire ont été des rois, des reines, des empereurs, des dictateurs, des vedettes du rock ou du cinéma, des magnats des affaires, des individus si riches, si populaires ou si puissants qu'ils ont cru être au-dessus des lois de la nature et de l'homme. Ils se sentaient libres d'agir au gré de leur fantaisie à toute heure du jour ou de la nuit. L'Histoire démontre avec éloquence qu'un être humain ne bénéficie jamais d'un tel degré de liberté individuelle. La liberté est inappréciable, certes. Mais un excès de liberté nuit. Pourtant, ce sont ces choix irresponsables que nous avons élevés au rang de la vraie liberté et que nous avons appris à révérer et à entériner sans nous poser de questions.

Les êtres humains vivent en relation les uns avec les autres. La véritable liberté ne saurait exclure la responsabilité envers autrui. Être libre signifie réagir aux exigences de l'instant à l'intérieur des règles d'une vie honnête. Supposons que je me promène au bord d'un lac où une enfant est en train de se noyer. J'aurai beau vouloir la sauver, je ne suis pas libre de le faire si je ne sais pas nager. Peu importe que j'aie un million de dollars en poche ou que je sois président des États-Unis, si je ne sais pas nager, cette petite fille se noiera. La plus sincère des motivations ne représente qu'une partie de notre liberté. Pour être libre, il faut des aptitudes et des capacités, de la disponibilité, de la bonne volonté et du bon sens.

Si nous sommes inaptes, égocentriques, toxicomanes ou radins, nous ne sommes pas libres. Agir comme bon nous semble sans tenir compte de nos responsabilités envers le genre humain ou le bien commun, ce n'est pas être libre. Nous devons commencer à réfléchir sérieusement à cette fausse liberté dont on cherche tant à nous convaincre. Nous devons comprendre que ces comportements dans lesquels nous voyons des vérités universelles ne sont que les principes erronés de notre culte de l'individualisme.

Individualisme et individualité

Certains d'entre nous ont voyagé dans le tiers-monde, là où la liberté de choix dont nous jouissons n'existe pas. Les jeunes enfants doivent très tôt aider leur famille et participer à la vie communautaire. Ils ont des responsabilités et des devoirs que nous qualifierions d'entraves à leurs libertés individuelles. N'est-il pas étrange que ces individus, leur famille et leur entourage soient souvent plus heureux que beaucoup de Nord-Américains ? Ils ne se sentent pas opprimés. Nous songeons : « Ils sont captifs. Ils doivent suivre les traces de leurs parents. Je ne voudrais pas être enchaîné comme ils le sont. J'aime exercer mon libre choix. »

Mais de quel choix s'agit-il ? Celui de croire que nous pouvons être tout et tout faire ? Le choix d'être si occupés que nous ne goûtons plus aucun moment de paix et aucune satisfaction ? Le choix de nous dissocier si brutalement des besoins de notre famille et de notre entourage que nous n'éprouvons plus aucun sentiment d'appartenance ? Il est temps de regarder les choses en face et de nous poser la question suivante : « Qu'en est-il de notre société et de ses principes de réussite et de libertés individuelles ? Sommes-nous heureux ? »

L'individualité est un phénomène réel spontané. Comme les flocons de neige, chaque être est différent. Inutile de teindre nos cheveux en vert ou de porter un anneau dans le nez pour affirmer notre individualité. Celle-ci nous est donnée à la naissance. L'individualisme, comme tous les autres « ismes », est un concept intellectuel. Il n'est ni réel ni spontané. Il a toujours besoin d'un coup de pouce.

Nous devons réévaluer les principes qui nous guident. On méprise aujourd'hui la notion de « satisfaction » comme si celle-ci était synonyme de «manque d'ambition». D'autres mots qui ont une signification positive à l'origine s'entourent maintenant d'une aura de peur ou de mépris: devoir, sacrifice, déférence, révérence, obéissance, modestie. Ces mots reviennent souvent dans toutes les religions et toutes les traditions de la sagesse, pourtant nous les considérons comme rétrogrades.

Soyons moins arrogants et revenons aux vérités anciennes. Le fait de nous dévouer à notre famille ou à notre entourage peut être l'expression joyeuse de notre foi dans l'existence. Nous fusionnons enfin notre emploi du temps et notre vie: ce que nous voulons être, ce que nous voulons faire, les objectifs que nous souhaitons atteindre. Nous savons que notre existence individuelle est une magnifique tapisserie dont notre libre arbitre ne représente qu'un des fils et non pas le motif tout entier. Même si nous renonçons à une partie de nos libertés individuelles, la vie continuera d'être belle et d'avoir un sens. Il est merveilleux de pouvoir renoncer à ce que nous croyions tenir en disant: «Seigneur, faites que je sois un instrument de votre paix.»

Nous songeons: «J'avais cru étudier en vue de ce diplôme, mais mon travail auprès des enfants semble si important que je vais continuer dans cette voie. Ils ont besoin de moi.»

Avec le temps, si nous obéissons à notre vie au lieu de la diriger, grand est notre soulagement. Nous disons: «Quelle joie c'est de ne plus prendre une part aussi active dans ma vie, de me contenter de vivre simplement, de développer ma spiritualité et de rendre service aux autres. Quel soulagement c'est de ne plus être obligé de façonner ma propre vie!» Certes, nous pouvons reprendre nos études ou nous engager dans une profession. Qui sait, nous le décrocherons peut-être ce fameux diplôme, mais seulement parce que nous sommes persuadés que c'est ce que nous pouvons faire de mieux. Nous le faisons parce que le monde a besoin de médecins, de plombiers, d'enseignants et de chauffeurs de camions. Nous aimons l'humanité et nous commençons à voir clairement quel rôle nous y jouons.

C'est alors que les pièces du casse-tête se mettent en place : nos êtres chers, notre entourage, le monde entier. Sans doute notre rôle y est-il différent de ce que nous avions cru, mais nous travaillons de concert avec tous et nous assumons toutes nos responsabilités envers notre famille, notre communauté, notre pays, le monde, et notre cheminement spirituel.

Les devoirs et les responsabilités ne sont pas que des fardeaux ; ce sont des éléments importants de toute vie bonne. Les humains tendent à s'affaisser quand ils n'ont ni devoirs ni responsabilités. Si exigeants soient-ils, nos devoirs nous aident à sentir que nous ne vivons pas à l'écart de l'humanité mais que nous lui sommes fusionnés.

PRATIQUE : LE SOUFFLE DE VIE

Alors Yahvé Dieu modela l'homme avec la glaise du sol, il insuffla dans ses narines une haleine de vie et l'homme devint un être vivant.

Genèse 2,7

L'un des moyens les plus immédiats que nous ayons à notre disposition pour reconnaître notre humanité commune consiste à prendre conscience de notre respiration. Dans toutes les grandes traditions, de l'hébreu ruach à l'hindi prana, le souffle est intimement relié à l'esprit. D'un point de vue scientifique, c'est le souffle qui distingue le cadavre de l'être vivant. D'un point de vue spirituel, le souffle est le véhicule de l'esprit de Dieu. D'un point de vue social, nous respirons tous le même air. Depuis les tout premiers temps connus de l'histoire de l'humanité, les personnes en quête de spiritualité apprennent à contrôler leur respiration dans le but d'immobiliser le corps, de le guérir, ou de le hisser à un niveau supérieur de conscience qui lui permettra de communier avec le Divin. La plupart de ces techniques sont encore utilisées de nos jours. Certaines font appel à la visualisation ; d'autres sont très exigeantes et jugées dangereuses si on les pratique avec désinvolture ou sans juste motivation. Dans l'ensemble, ces techniques sont à la portée de tous et ne comportent aucun danger. J'en détaille quelques-unes ci-dessous.

Le Bouddha enseignait la méthode qui suit. Elle a subi quelques modifications au fil des siècles, notamment par le regretté maître soufi américain Murshid Samuel L. Lewis (mieux connu sous le nom de Sufi Sam). Suit une version légèrement remaniée de son adaptation :

- Portez avant tout attention au mouvement de votre respiration : inspiration-expiration. Puis, inspirez profondément en portant attention à cette inspiration. Ensuite, expirez profondément en portant attention à cette expiration. Refaites ceci à quelques reprises.
- Inspirez légèrement et portez attention à cette inspiration légère. Expirez doucement et portez attention à cette douce expiration. Inspirez brièvement, expirez brièvement. Inspirez lentement, expirez lentement.

- Après avoir répété ces exercices à quelques reprises, allongez et adoucissez graduellement votre respiration, puis allongez-la et affinez-la peu à peu. Continuez à respirer attentivement en mouvements longs et délicats. Inhalez toute la joie que vous pouvez inhaler et exhalez toute la joie que vous pouvez exhaler. Inspirez la joie, expirez la joie. Poursuivez cet exercice pendant quelques minutes.
- Ensuite, inhalez tout l'amour que vous pouvez inhaler et exhalez tout l'amour que vous pouvez exhaler. Respirez enfin toujours plus délicatement, plus longtemps, plus à fond. Inhalez toute la paix que vous pouvez inhaler et exhalez toute la paix que vous pouvez exhaler. Inhalez la paix; exhalez la paix. Ce faisant, laissez la paix emplir toute la pièce où vous vous trouvez. Comblez de paix votre demeure et votre quartier. Respirez la paix pour la ville entière, pour le monde dans lequel vous vivez.

… L'AUTRE A UN GOÛT DE SEL SUR LES LÈVRES

Je désire profondément un mariage sain et heureux, mais je suis dans le doute, car il m'est très difficile de bien m'entendre avec mon conjoint. Comment pourrais-je rendre service à mon entourage quand j'ai du mal à composer avec une relation de personne à personne?

Puissions-nous ne faire qu'un au point où, lorsque l'un pleure, l'autre a un goût de sel sur les lèvres.

Rosabelle Belleve

Le but de notre vie ne devrait pas être de connaître un mariage heureux, mais bien de donner plus d'amour et de vérité à l'univers. Nous nous marions pour nous seconder l'un l'autre dans cette tâche.

Léon Tolstoï

Les citations ci-dessus s'articulent autour des deux points les plus importants dans les discussions sur le mariage. Belleve montre le degré d'intensité auquel peut s'élever la fusion entre deux personnes : « Lorsque l'un pleure, l'autre a un goût de sel sur les lèvres. » Imaginez. Tolstoï nous rappelle pour sa part que l'égocentrisme conjugal n'est pas plus noble que l'égocentrisme individuel. Que nous soyons seuls ou en couple, il nous exhorte à tenir compte du fait que nous devons avoir pour objectif « de donner plus d'amour et de vérité à l'univers » et non pas de nous contenter d'être heureux avec un conjoint.

Ces deux points de vue peuvent paraître conflictuels. Mais Tolstoï entérinerait aisément l'affirmation de Belleve, du moment que mari et femme ne s'en tiennent pas à cela. Une telle intimité peut servir de tremplin vers l'Unité. En d'autres termes, nous pourrions en venir à dire : « Quand pleure un autre être, nous avons tous les deux un goût de sel sur les lèvres. » Voilà en quoi consiste l'amour des sages et des saints. Et voilà ce qui est possible pour un couple qui se veut utile à l'humanité.

Rien – ou fort peu – n'est aussi précieux que trente, quarante ou cinquante ans de vie commune heureuse. Pour le couple, c'est une bénédiction ; pour l'humanité, c'est un bienfait ; et cela mérite qu'on y consacre des efforts considérables. Quel dommage que tant de gens ne connaissent jamais une telle intimité en raison de leur étroitesse de vues. Cette intimité n'est pas hors de portée, mais la plupart des gens ont oublié ce qui permet à un mariage de durer. Oubliez les limites de territoire et les identités distinctes. Le mariage est une alchimie et non pas une question de psychologie. C'est un cheminement spirituel, non pas une association d'affaires. Le mariage est un outil de métamorphoses.

Un ami me demanda un jour : « Toi, Sita et Josh êtes si intimement liés. Quel est votre secret ? »

Je répondis : « Nous sommes plus attachés à notre cheminement spirituel que nous ne sommes attachés les uns aux autres. » En le disant, je me rendis compte de l'effet dévastateur que de tels propos pouvaient avoir sur des oreilles contemporaines. Ne s'attendait-on pas à ce que je dise : « L'amour que nous ressentons les uns envers les autres est plus fort que tout le reste » ? Mais la vérité est que l'amour humain sera toujours bancal si nous ne plaçons pas l'amour de Dieu au-dessus de lui.

Aimer Dieu, la vérité, le dharma, la voie, et les aimer pardessus tout, voilà ce qui confère un juste contexte à l'amour que nous ressentons les uns envers les autres. Sans ce contexte, l'amour humain peut se transformer en possessivité, et la possessivité conduit tout droit à l'enfer. *Mon chéri, je t'aime plus que tout. Je ferais n'importe quoi pour toi. Rien ni personne d'autre ne m'intéresse. Tu es ma seule préoccupation.* Soyez sur vos gardes. Assurez-vous de ne jamais décevoir cette personne, sans quoi...

L'amour possessif est voué à l'échec s'il n'évolue pas au fil du temps et grâce à nos efforts. C'est de la pure émotion, dépourvue d'intelligence. L'émotion est une grande vertu lorsque l'oriente et la domine la sagesse, mais sans sagesse, elle est plus dangereuse qu'une voiture de sport qui file pleins gaz sur la grand-route tandis que le conducteur s'est endormi au volant : l'accident ne saurait tarder.

J'aime ton sourire et le bout de tes doigts, et tes lèvres quand elles bougent. J'aime que tu me regardes ainsi. Tout, en toi, me rend malheureux.

Bob Dylan, *Buckets of Rain*

Le cœur de lion

L'amour comme forme d'altruisme universel est extrêmement enrichissant. L'amour que vous ressentez envers votre conjoint ou vos enfants traduit le meilleur de vous-même et vous porte à exprimer ce meilleur de vous-même pour le bien de tous et de toute chose. Vous êtes plus généreux envers le mendiant parce que vous êtes amoureux. Vous pardonnez plus volontiers à la personne agaçante ou impolie ou irritée parce que vous êtes amoureux. Vous êtes plus attentif à la nature qui vous entoure ; la peinture, la musique et la poésie vous touchent davantage parce que vous êtes amoureux. Vous permettez à l'amour de vous éveiller à la vie au lieu d'être obsédé par une seule personne.

L'amour égocentrique est réducteur et possessif ; l'amour spirituel est expansif et généreux. Puisque l'amour et le mariage peuvent être l'un ou l'autre, il est indispensable que nous songions à ces choses lorsque nous « tombons amoureux », et surtout, que nous y songions avant de nous marier. Si l'un des deux conjoints aspire à l'amour minuscule et l'autre à l'AMOUR majuscule, ils vont rapidement se heurter à de graves problèmes. Cela ne signifie pas qu'ils ne pourront pas surmonter ces défis, mais si l'on songe au taux de divorce qui afflige notre société (50 p. 100), il importe de prendre conscience de ces divergences de point de vue avant de faire le saut et d'être suffisamment éveillé pour poser les bonnes questions.

L'amour ou l'AMOUR

Bien entendu, de nos jours la tendance est à l'amour minuscule. L'amour et le mariage en tant que cheminement spirituel requièrent une lucidité peu commune (le couple doit pouvoir percer à jour un ramassis de mythes populaires et de sentimentalité) et le courage de nager sans répit à contre-courant.

Nous avons beau adorer le corps, l'apparence, la jeunesse ou la vigueur de notre conjoint, ces attirances s'estompent avec le temps. Les couples n'ont pas tort de vouloir garder vivante la flamme de leur passion. Du reste, le judaïsme est clair : le plaisir sexuel est l'un des devoirs des époux et un cadeau de Dieu. Il favorise le bonheur et l'équilibre, ce qui, en retour, fait de nous de meilleurs membres de notre société. Là où nous faisons fausse route, c'est lorsque la relation physique devient l'alpha et l'oméga de notre relation de couple ou, du moins, son aspect le plus important.

Songez à l'acteur Christopher Reeves, le Superman des années 1980. Un jour il est grand, musclé, en pleine santé, et beau ; le lendemain, il se casse le cou en faisant une chute de cheval. Il ne marchera plus. Sa belle épouse cesse d'être sa partenaire sensuelle et romantique pour devenir sa principale pourvoyeuse de soins. Leur mariage devient pour elle une occasion de bienfaisance, mais à un point que jamais elle n'aurait su imaginer. En outre, cet amour et ce soutien aident son mari à promouvoir la recherche dans le domaine des traumatismes médullaires. La compassion et l'engagement qui lient cet homme et cette femme s'étendent à un grand nombre d'autres individus. C'est là le secret d'un mariage réussi.

Je ne prétends pas que ce qui leur est arrivé est merveilleux ou qu'ils sont heureux comme des pinsons. Personne n'aspire à une telle tragédie, et celle-ci les a certainement terrifiés. Peut-être les terrifie-t-elle encore. Mais les vœux qu'ils ont prononcés prévoyaient cette éventualité, n'est-ce pas ? *Aux jours de bonheur comme aux jours difficiles, tout au long de notre vie.* Ces vœux ne sont ni vagues ni ambigus. La vie d'un couple n'est ni prévisible ni exempte de dangers. Le conjoint est la personne auprès de laquelle il se pourrait que l'on connaisse les événements les plus tragiques ou les plus terrifiants de l'existence. Songez à cela *avant* de vous marier.

Quelle est la nature de ce processus ? Comment le mariage nous rend-il disponible et nous prépare-t-il à supporter le poids de l'amour divin ? Ce processus comporte deux volets : l'un s'articule autour de notre amour du conjoint et l'autre autour de notre amour pour nos enfants.

Que signifie être aimé de Dieu ?

Lorsque nous tombons amoureux, l'être aimé ne voit pas nos défauts. Ses amis sont plus objectifs : « Qu'est-ce que tu lui trouves ? » Mais l'être aimé nous regarde et dit : « Vous ne voyez donc pas ? Il (elle) est si beau (belle), si authentique, si profond(e), si extraordinaire ! »

C'est vrai, mais ce n'est pas tout. Si nous en venons à nous marier et à vivre ensemble pendant plusieurs années, nous prendrons aussi conscience de nos aspects les plus noirs : les côtés égoïstes, peureux, radins et faibles, les côtés dysfonctionnels, voire pervers. Si nous sommes vraiment disponibles, nous verrons au-delà de nos vertus respectives.

Si le conjoint continue de nous aimer après que nous soyons tombé du piédestal où il nous avait hissé et après que nous nous soyons abaissé par des actes répréhensibles, la lumière se fait : Dieu lui-même ne voit-Il pas tout ? Quand un être humain parvient à nous aimer en dépit de nos tares, Dieu nous aime sûrement tout autant. L'acceptation de cet amour total pourrait bien être le plus bel éveil de toute notre existence.

Que signifie aimer comme Dieu aime ?

Nous pouvons puiser dans l'amour que notre conjoint nous voue pour ressentir ce que signifie être aimé de Dieu. Mais il est pratiquement impossible de ressentir soi-même un amour qui approche celui de Dieu tant que nous ne mettons pas un enfant au monde. Certes, nous ressentons envers notre conjoint un amour inconditionnel et indulgent, mais cela ne s'est pas fait tout seul. Le conjoint nous aura laissé tomber, voire trahi. Il sait comment nous blesser. Ce n'est pas facile d'aimer un conjoint dans les jours difficiles.

Mais aimer un enfant nous est aussi facile qu'il est facile à Dieu de nous aimer. Quand nous regardons ce petit être dans son berceau, nous voyons un ange qui a besoin de nous, qui met en nous toute sa confiance et qui dépend entièrement de nous. Nous voyons le regard clair d'une âme qui ne perçoit en nous aucune faute à pardonner, aucune faiblesse, aucune aptitude plus grande que notre aptitude à aimer. Nos âmes se touchent sans intermédiaire, sans passé pour leur faire obstacle. Nous sauterions sans hésiter sous les roues d'un train pour sauver la vie de cet enfant.

L'amour envers un enfant est ce qui se rapproche le plus de l'amour que Dieu ressent pour nous. Lorsque cet enfant grandit et devient un peu égoïste ou mesquin, nous ne voyons pas son égoïsme ou sa mesquinerie. Il est encore pour nous ce merveilleux enfant de toujours, mais il traverse une période difficile en dépit de ses bonnes intentions. Si un jour cet enfant devait être condamné à mort pour meurtre, nous dirions : « Il n'est pas méchant. En dépit des apparences, c'est une bonne personne. » Et nous aurions raison. C'est ainsi que Dieu nous aime.

> *Le plus vil des vils m'est plus cher que ton fils unique t'est cher.*
>
> Ba'al Shem Tov

Je ne veux que du bien pour mon fils. Je souffre quand il souffre ; je me réjouis de le voir heureux. Il n'est jamais trop tard pour lui de me demander pardon s'il est sincère. Quand je le regarde, je vois jusqu'au fond de son cœur. Je sais qu'il est bon en dépit de tout. Cette disposition est naturelle : elle n'est ni forcée ni rationnelle. Dieu nous aime ainsi. Voilà où peuvent nous conduire le mariage et la famille si nous en faisons les instruments de notre spiritualité.

Lâcher prise

Si le mariage peut nous aider à aimer comme Dieu nous aime, nous devons aussi nous rappeler que «Dieu a aimé les hommes au point de leur sacrifier la vie de son fils unique». Être mariés exige aussi que nous tolérions la douleur immense de la mort du conjoint. Nous pouvons subir une telle douleur sans surprise, sans colère ou sans amertume devant le cycle naturel de la vie et de la mort. Une telle dévotion est importante dans une société comme la nôtre qui encourage le culte de la jeunesse et ferme les yeux sur la souffrance et le deuil.

> *L'amour, pour être authentique, doit être exigeant, douloureux; il doit annihiler le moi.*
>
> Mère Teresa

Sita et moi, par exemple: des gens nous ont dit qu'ils envient notre mariage et que maintenant, après tant d'années, tout doit être facile. Certes, les conflits s'estompent, mais quand Sita me regarde, elle voit un grand-père aux cheveux gris plutôt que le jeune étalon qu'elle a épousé. Mon ouïe n'est plus ce qu'elle était. Ma vue faiblit. Mon énergie physique me quitte peu à peu. Mon fils se fait du souci pour ma santé.

Nous commençons à comprendre que cela est loin d'être une plaisanterie. Après avoir affronté ensemble d'innombrables orages, nous devons nous résoudre à perdre l'autre un jour. Lorsque mourra l'un de nous, peu importe quand cela adviendra, ce sera trop tôt. Si vous croyez que le veuvage est acceptable à quatre-vingts ans, demandez-vous ce qu'en pense un couple de septuagénaires heureux.

J'avais dix-neuf ans quand Sita et moi nous sommes mariés. Nous avons été ensemble pratiquement toute notre vie. Nous avons toujours travaillé ensemble, nous avons vécu aux côtés l'un de l'autre vingt-quatre heures sur vingt-quatre, nous avons élevé ensemble notre fils, parcouru le monde ensemble, partagé nos goûts pour la musique, l'humour, le cinéma, les Écritures, et nous nous sommes prodigué des soins quand l'un de nous était malade. Vivre l'un sans l'autre nous paraît inconcevable. Nos prénoms, Bo et Sita, sont si fortement liés que certaines personnes n'en font qu'un : Boésita Lozoff. Pouvez-vous seulement imaginer la peine de celui de nous deux qui survivra à l'autre ?

Si cette pensée vous émeut, cela signifie que notre mariage continue de cheminer sur la voie de la dévotion au monde même lorsque nous songeons au deuil que l'un de nous devra traverser. Le fondement d'une vie de dévouement est la persistance de notre rapport aux autres, dans la douleur comme dans la joie. Nos peines et nos joies nous unissent aux peines et aux joies du prochain. Le refuge dans l'anonymat et l'intimité trahirait cet objectif. Notre vie entière prend appui sur notre affection envers l'humanité.

Voilà donc à quoi ressemble un mariage axé sur l'altruisme. Deux individus forment un couple. Ils viennent tout autant en aide au reste du monde par la façon dont ils gèrent leur vie de couple que par leur activisme social. Ils portent un anneau pour que l'on voie d'un seul coup d'œil qu'ils ne sont plus des individus distincts. Cet anneau est aussi éloquent que la bure des moines : elle symbolise leur dévotion entière au cheminement spirituel.

Voilà la richesse du mariage. Ne vous contentez pas de moins. Vous pourrez goûter le sel des larmes de votre bien-aimé. Et vous goûterez de plus en plus le sel des larmes de l'humanité. C'est là que naît la véritable compassion, un désir authentique de secourir le monde. Les saints de toutes les religions nous disent que ces vertus sont les clés qui nous ouvriront le Royaume des Cieux.

PRATIQUE : LES VŒUX DE MARIAGE QUOTIDIENS

Sita et moi reformulons nos vœux chaque matin. Les yeux dans les yeux et la main dans la main, nous disons :

> Puissé-je t'aimer vraiment ce jour, comme si c'était le dernier.

Après quelques secondes, nous rapprochons nos fronts jusqu'à les toucher, puis nous relâchons nos mains et nous nous inclinons l'un vers l'autre en guise de salut. Ensuite, nous vaquons à nos activités quotidiennes. Cette pratique est d'une grande efficacité.

Croyez-le ou non, même si cela semble répétitif au point de devenir ennuyeux, cette promesse quotidienne ravive les vœux que nous avons formulés le jour de notre mariage. Ces quelques secondes affermissent l'authenticité de notre relation et de notre vie. Est-ce notre dernière journée ensemble ? Personne ne le sait. Mais pour environ deux cent mille couples dans le monde, cette journée sera la dernière de leur vie commune. Mieux vaut prévenir que guérir. Bien entendu, les membres de tout couple, marié ou non, peuvent échanger quotidiennement ces vœux pour renforcer leur amour.

LE BASTION DE LA COLÈRE

Il m'est souvent plus facile d'être aimable envers de parfaits inconnus que d'être tolérant envers les personnes de mon entourage immédiat. Comment puis-je améliorer mes relations avec mes proches ? Comment puis-je mettre fin à mes sautes d'humeur ?

« La familiarité engendre le mépris. » Ce vieux dicton n'est pas une calamité, mais une mise en garde contre un phénomène auquel cèdent si facilement les êtres humains. Les êtres qui nous sont le plus chers sont parfois ceux que nous maltraitons le plus.

Mes nombreuses années de pratique spirituelle m'ont permis de constater que je perdais moins souvent patience et que moins de gens m'irritaient. Normal, n'est-ce pas ? Mais quand il m'arrivait quand même d'avoir des sautes d'humeur, ma colère était aussi intense, voire plus intense que jamais. En outre, les personnes les plus susceptibles de m'irriter étaient précisément celles que j'aimais le plus : Sita et Josh. J'ai même enguirlandé ma mère un jour, une demi-heure à peine avant de faire un sermon sur la paix intérieure ! Quelle honte !

N'est-ce pas étrange ? Si la méditation, la prière et une vie de justice grugeaient peu à peu la rage que j'abritais, pourquoi l'intensité de mes colères ne s'apaisait-elle pas au même rythme que leur fréquence diminuait ? Et pourquoi les membres de ma petite famille étaient-ils les derniers plutôt que les premiers à bénéficier de ma pratique spirituelle ?

Ce n'est sans doute pas si étrange, après tout. Mon développement spirituel a très certainement érodé une bonne part de ma colère. Mais qui mieux que les membres de notre famille immédiate peut déclencher nos doutes les plus profonds et notre insécurité, exhumer les germes encore frais des blocages que nous n'avons pas résolus ? En ce qui a trait à l'intensité de la colère, puisqu'il est clair que tout acquiert de la force sur ce chemin d'éveil spirituel, nous devons nous efforcer de démanteler la source même de notre fureur.

La colère a beaucoup d'emprise sur nous. Mais si nous comprenons son fonctionnement et d'où lui vient sa force, nous pouvons nous en affranchir. La psychologie moderne ne reconnaît que deux volets à la colère : sa répression ou son extériorisation. Puisque réprimer sa colère est malsain, on en conclut que son extériorisation est indispensable à notre bien-être. Mais pour les maîtres spirituels, la répression et l'extériorisation de la colère sont similaires. Dans les deux cas, nous nous identifions à cette colère. Elle nous appartient. Les leçons de sagesse nous mettent en garde contre cette illusion défaitiste. La colère comporte un troisième volet : le recul. Ce recul nous permet d'observer les manifestations de la colère en attendant d'en comprendre le fonctionnement, d'analyser la manière dont elle s'empare de notre libre arbitre et de la mettre hors d'état de nuire. Il suffit d'arracher un des fils du chapeau du distributeur pour que cale le moteur. Le défi consiste à identifier le chapeau du distributeur de la colère. Ce processus est différent de la psychanalyse qui étudie le fonctionnement de tous les éléments du moteur.

Une pratique spirituelle engagée nous permet parfois de voir clairement où se situe le chapeau du distributeur de nos problèmes chroniques de comportement. C'est ce qui m'est arrivé au beau milieu d'une retraite de deux mois axée sur le silence et le jeûne partiel. J'ai été emporté par un véritable raz-de-marée de colère qui m'a d'autant plus bouleversé jusqu'à la moelle que je ne pouvais ni crier, ni hurler, ni frapper le mur de mes poings. Je devais rester assis et silencieux. Imaginez que vous soyez furieux comme jamais vous ne l'avez été et que vous ne puissiez extérioriser cette colère. Vous êtes forcé d'entrer avec elle en vous-même. Lorsque vous restez assis toute la journée sans que rien ne vienne vous distraire, vous ne pouvez ni réprimer ni repousser quoi que ce soit : impossible d'allumer la télé, de vous empiffrer, d'appeler un ami, d'aller faire une promenade. Vous êtes seul face à votre colère ; c'est l'instant de vérité. En réalité, j'ai perdu les pédales un court instant et enfreint mon silence, ce qui a eu pour effet de tripler la colère que je ressentais. Je me suis affaissé en pleurant à gros sanglots : je me détestais, je détestais la vie, je détestais la confusion qui s'était emparée de moi, car je ne savais plus comment agir. Tant de colère. Tant de haine de moi-même. Tant d'ego !

Tandis que l'adrénaline parcourait mes veines, que la honte et le désespoir envahissaient mon cœur et la confusion mon esprit, je me suis mis à prier: «Faites que je découvre la vérité, faites que je sache d'où me vient cette rage, même si je hais ce que je vois. Faites-moi découvrir la vérité dans ma colère.»

Au bout d'un moment, j'ai eu cette vision: j'étais petit, ma mère me réconfortait après avoir perdu patience. Je tremblais et je pleurais. Elle disait: «Allons, allons, tu sais que je t'aime! C'est pour cela que je me fâche contre toi, parce que je t'aime tant!» Aussitôt, comme sur une marquise de théâtre, j'ai vu ce que j'avais appris: «LA COLÈRE EST UNE PREUVE D'AMOUR.»

Une autre image s'est superposée à la première. Tous les membres de ma famille – six individus au caractère de chien – s'évertuaient à se justifier d'être «passionnés» et se moquaient des gens calmes qui pouvaient se parler sans crier. Encore une fois, un tableau m'apparut aussi clairement qu'une enseigne au néon:

COLÈRE = PASSION
PASSIONNÉ = ATTIRANT, EXCITANT
CALME = ENNUYEUX, TERNE

Je commençais à comprendre combien d'idées fausses, d'excuses et d'habitudes sous-tendent nos problèmes psychologiques. Notre façon de vivre dépend de notre perception du monde, et cette perception du monde dépend pour une bonne part de la façon dont nous avons été élevés. Sans blâmer personne, nous avons un grand ménage à faire.

Je me suis penché sur moi-même, sur mes vieilles blessures, sur ma propension à justifier mes fureurs, et j'ai dit: «Je ne crois plus à cette philosophie qu'on a inculquée à mon père quand il était petit, qu'on a inculquée à ma mère quand elle était petite et qu'on m'a inculquée quand j'étais petit. Je ne crois plus que la colère soit une preuve d'amour. Je ne crois plus que la colère soit une passion. Je ne crois plus que la colère me rende plus intéressant. Je crois que la colère est une forme de violence, que la colère fait toujours du tort. Je vous en prie, Seigneur, aidez-moi à m'affranchir de la colère et à travailler à la paix du monde. »

Je suis resté silencieux un moment, ouvert aux intuitions et aux enseignements qui m'étaient donnés. Par exemple, la colère n'est pas une émotion authentique, mais une distraction. La colère est un écran de fumée qui nous retient de faire face à une vérité dérangeante. La colère sert souvent à masquer notre embarras. Il est plus facile de se mettre en colère que d'avouer que notre moi est menacé ou humilié. La colère détourne l'attention sur quelqu'un d'autre, sur un ennemi commode tel que le gouvernement, les pollueurs, la police, les criminels – n'importe qui, mais pas nous.

Tout comme l'orgasme, la colère nous absorbe complètement et il devient impossible de percer à jour l'illusion où elle nous entraîne. Nous refusons de voir la vérité en face, si absorbés que nous sommes dans la conquête de l'objet de notre fureur. Je connais des tas de gens qui ont perdu de nombreuses années de leur vie dans la colère. Je connais des gens très bien qu'un instant de colère incontrôlée a fait condamner à mort. La colère est tragiquement captivante.

Mais j'ai raison !

Si nous puisons notre dynamisme dans la colère contre l'injustice, nous risquons de faire des gestes nuisibles que nous

> *pourrions regretter... La compassion est la seule source d'énergie qui soit à la fois utile et exempte de dangers. L'énergie de la compassion naît de la lucidité; elle n'est pas aveugle.*
>
> Thich Nhat Hanh

La colère dont il est le plus difficile de se débarrasser est celle qui s'accompagne d'arrogance – celle qui s'extériorise quand l'autre a absolument tort et que nous avons absolument raison. Ou celle que provoque un être cher lorsque celui-ci se fait du mal et que nous devons à tout prix le remettre dans le droit chemin. Vous voyez ce que je veux dire? Krishna, dans le Bhagavad-Gîtâ, qui enjoint à Arjuna de se redresser; Jésus qui fustige les marchands du Temple. «Ce n'est pas moi qui suis en colère, croyons-nous, c'est la colère de Dieu qui s'exprime à travers moi devant une telle injustice!» L'ennui est que si Jésus et Arjuna avaient de justes motifs de se fâcher, ces motifs étaient à des années-lumière de notre arrogance.

La colère du saint est dépourvue d'ego, d'appréhensions personnelles, de désirs, de névroses. Elle n'est pas une forme d'autoprotection, comme l'est notre colère, mais bien un ouragan, une tornade. Sa force n'est pas dirigée «contre» nous; c'est une force de la nature qui nous rend humbles et nous rappelle le rang que nous occupons dans la création de Dieu.

La juste colère nous abaisse, la colère arrogante enfle l'ego. La colère du juste veut vaincre le péché, mais la colère arrogante méprise tout autant le pécheur. Un gouffre les sépare. Je crois sincèrement que nous avons un long chemin à parcourir avant que notre colère puisse devenir constructive. Tant que le «moi» existera, tant que nous nous demanderons si la colère est appropriée, il serait préférable de voir en elle une redoutable forme d'expression.

Voulez-vous vraiment vous en affranchir ?

Depuis le jour où me fut révélée la nature de la colère, j'ai eu maintes fois l'occasion de prendre conscience de son effet dévastateur. J'aimerais pouvoir dire que je ne me suis plus jamais mis en colère et que je ne le ferai plus jamais, mais les choses ne se passent pas ainsi. En effet, la colère est aussi une habitude, et il faut du temps et des efforts pour se débarrasser d'une habitude. Les fils du chapeau du distributeur se reconnectent, mais puisque ce sont toujours les mêmes fils et toujours le même chapeau, il devient relativement facile de les déconnecter à nouveau.

Ce principe vaut également pour les nouvellement convertis ou ceux qui font l'expérience de l'éveil du *kundalini*, ou de leur fusion à Dieu : le moi se hâte d'affirmer « Je ne serai plus jamais égoïste », « Je ne me mettrai plus jamais en colère », « Je n'aurai plus jamais envie d'une cigarette ». Puis, quand les fils sont connectés à nouveau quelques semaines plus tard, les voilà terriblement abattus : ils croient que leur expérience extraordinaire n'était qu'un leurre. Certes, leur expérience était authentique, mais c'est précisément quand elle prend fin que la pratique spirituelle entre en jeu, car celle-ci vient stabiliser et solidifier leur transformation.

Quand je me fâchais au cours de cette période, je m'efforçais de savoir si ma colère me paraissait sincère ou justifiable. Une partie de moi priait pour que j'en sois débarrassé, l'autre partie s'accrochait à un minuscule fragment de colère auquel je pourrais recourir en cas d'urgence ou pour me procurer un sentiment de sécurité. Une petite partie de moi disait : « Gardes-en un peu, ça te sera utile dans ce monde cruel. Tu dois te protéger ! » Je réfléchissais et je me répétais : « Je sais que je n'ai pas besoin de la colère. Je sais que la colère ne me protège pas. » Et zap. Les fils étaient déconnectés à nouveau.

N'est-ce pas étonnant que nous soyons si hésitants, voire terrifiés, à l'idée d'accueillir une vie plus douce et plus paisible, tout en semblant la chercher sans répit ? Nous sommes nos meilleurs amis en même temps que nos pires ennemis. La vraie raison qui devrait nous inciter à nous affranchir de la colère est que celle-ci n'est pas digne de nous. La colère, la haine, la vengeance, l'avidité, l'arrogance, la dépendance, la peur, le désir – rien de tout cela n'est digne de nous. Nous sommes divins. Nous sommes aimés et nous sommes Amour. Chacun de nous incarne le sacré. Quand nos actes se modèlent sur cette vérité, nous goûtons la paix et la liberté que nos efforts nous font mériter.

PRATIQUE : LA GESTION DE LA COLÈRE

Il n'est guère facile de faire preuve d'autodiscipline lorsqu'on se met en colère, mais ce n'est pas impossible. Vous devez détourner votre attention de l'objet de votre colère et vous intéresser plutôt au fonctionnement de la fureur. Oubliez qui a fait quoi à qui. Vous pourrez toujours y revenir plus tard, dans le calme, quand vous serez capable de ne pas empirer la situation. Pour l'instant, concentrez-vous sur l'expérience même de la colère. Examinez-la en observateur au lieu d'en être le héros ou la victime.

- Quand vous sentez la fureur s'emparer de vous, restez calme, essayez de respirer plus lentement et plus profondément (pas trop, sans quoi vous ferez de l'hyperventilation). Si vous parvenez ainsi à vous dominer dès le début, vous parviendrez peut-être à gérer votre fureur tout en restant au milieu d'un conflit, et elle n'aura pas le dessus. Mais si nécessaire, n'hésitez pas à vous excuser auprès de votre « adversaire » pour faire ce travail sur vous-même dans la solitude. Vous pourrez toujours résoudre votre conflit plus tard.
- Ressentez la tension qui s'empare de votre estomac, de votre nuque, de vos épaules ; constatez l'amertume, l'adrénaline, l'indignation, la certitude d'avoir raison, le sentiment d'injustice qui se bousculent dans votre tête.
- Prenez conscience du fait que la colère vous dissocie non seulement de son objet même, mais de votre corps et du reste de l'univers. En d'autres termes, analysez les sensations que vous procurent tous les aspects de la fureur.
- Tandis que ces sensations affleurent à votre pensée consciente, dites-vous : « La colère est une sensation terrible ! Nous l'éprouvons tous un jour ou l'autre. Puisse-t-elle me permettre de m'identifier à la colère de chaque individu. Puisse-t-elle me rendre humble et m'aider à ressentir ce que je partage avec tous les êtres humains. »
- Enfin, si vous connaissez une personne qui se laisse très souvent dominer par la colère, accordez-vous quelques instants pour formuler une prière à son intention : « Que cette expérience m'aide à devenir plus compatissant envers Untel (Unetelle). Qu'elle l'aide à se débarrasser de sa colère. » Retenez l'image de cette personne et tentez de l'apaiser en la voyant

se détendre et s'adoucir. Puis déversez sur elle toute votre compréhension et votre paix.

- Pour finir, dites une prière de bonne volonté : « Puisse la colère que j'ai ressentie aider à soulager un autre être de la fureur qui le ronge. Que cette expérience diminue la colère qui agite l'univers et relâche son emprise sur les êtres. »

Si nous voulons être en mesure de comprendre la souffrance que provoque la colère chez d'innombrables individus, nous devons lui résister assez longtemps pour ressentir et comprendre clairement son fonctionnement. Ainsi, la fureur ne nous dominera plus comme auparavant, car les faussetés qu'elle comporte et les leurres qui nous ont poussés à ces comportements hystériques nous deviendront évidents. Cette pratique vous rapprochera beaucoup de la vraie liberté.

les principes fondamentaux de l'éducation des enfants

PETIT OU GRAND, UN *MENSCH* EST UN *MENSCH*

L'éducation de mes enfants est l'aspect le plus important de ma vie en ce moment. Mais quand je regarde autour de moi, je vois partout des enfants de tous âges, issus de parents tout à fait décents, qui ont peur, qui se sentent inaptes ou déprimés, ou révoltés. J'en viens à me demander où nous faisons fausse route. Pourquoi nos enfants parviennent-ils si difficilement à être heureux?

Selon nous, quelles devraient être les priorités de la vie d'un enfant? Le savons-nous? Nous sommes-nous penchés sur des façons de les éduquer qui diffèrent des nôtres? Dans les anciennes sociétés hindoues, par exemple, les enfants même les plus privilégiés – enfants de rois ou d'empereurs – devaient vivre pendant plusieurs années en forêt, dans des ashrams, auprès de maîtres rudes qu'ils servaient et où ils apprenaient ce que c'est qu'être altruiste et de ne jouir d'aucun luxe. On leur enseignait les valeurs traditionnelles, la survie en forêt, la patience, et ils développaient une grande endurance.

D'autres sociétés insistaient également sur ces trois aspects :

- Les valeurs fondamentales
- Les aptitudes
- L'autodiscipline

Les enfants doivent apprendre les *valeurs* de leur société afin de devenir des citoyens valables. Ils doivent développer un certain nombre d'*aptitudes* pour devenir productifs et autosuffisants. Ils doivent développer une bonne *autodiscipline* qui les aidera à affronter les vicissitudes de l'existence. Ces traits de caractère procurent à l'enfant un sentiment d'appartenance à l'humanité, une idée du rôle qu'il y assume et de sa responsabilité envers le bien commun. Le respect de soi et la confiance qu'ils retirent de ces valeurs sont indispensables à leur bonheur.

Combien de ces trois éléments enseignons-nous à nos enfants ? De nos jours, les valeurs, les aptitudes et l'autodiscipline sont bien mal en point. L'enfance est axée sur le plaisir égoïste et sur l'irresponsabilité ou sur l'excellence scolaire ou athlétique, garante d'un bel avenir. Quoi qu'il en soit, nos enfants sont extraordinairement isolés et imperméables aux valeurs, aux aptitudes et à l'autodiscipline associées au bien commun. Je crois fermement que c'est là une des causes de la révolte et de la confusion des jeunes en Amérique du Nord.

À tout âge, nous avons besoin de nous sentir utiles et d'exceller dans un domaine ou un autre. Nous ne pouvons pas nous intéresser à ce qui se passe dans le monde sans y être incités. Nous ne pouvons pas laisser pousser nos enfants n'importe comment puis s'attendre à ce que, parvenus à l'âge adulte, ils prennent spontanément leurs responsabilités. Pour prendre leurs responsabilités, il faut avant tout qu'ils s'intéressent à la vie et au reste du monde. Mais nous les élevons sans leur apprendre à s'inquiéter d'autre chose que de leur gratification immédiate ou de leurs projets d'avenir.

De nombreux enfants n'ont qu'une vague idée de la profession qu'exercent leurs parents. Eux-mêmes ne participent pas directement à la gestion domestique. Rares sont les familles qui prennent encore des repas en commun. On ne s'attend pas à ce que frères et sœurs s'entraident ou se soutiennent. Certains parents pourtant libéraux et instruits se vantent parfois de ne pas transmettre leurs valeurs religieuses ou morales à leurs enfants, préférant « les laisser choisir par eux-mêmes » quand ils seront « en âge de le faire ». Quelle que soit notre confession, ce type de parentage est plus qu'absurde : c'est un suicide culturel.

Nos enfants sont aujourd'hui plus robustes que jamais, physiquement et intellectuellement. Ce bagage devrait nous aider à en faire des êtres rayonnants de bonheur et de générosité. Nous les aimons assez pour cela. Mais nous avons perdu le sens du parentage traditionnel. Notre société actuelle et notre système d'éducation traversent l'une des phases les plus chaotiques de l'histoire. Nous devons mettre tout en œuvre pour aider nos enfants à surmonter ces turbulences.

Les enfants ne se déplacent pas au hasard au cours de l'enfance et de l'adolescence. Lorsque nous y mettons le temps, que nous élargissons nos horizons et que nous réévaluons les priorités de l'enfance, nous les aidons à devenir des adultes responsables. S'il nous importe peu qu'ils développent un sens des responsabilités et des aptitudes, et qu'ils se sentent utiles, ou si nous les privons des rites de passage auxquels ils ont droit, les enfants tendent à se rassembler entre eux pour satisfaire ces besoins fondamentaux de la nature humaine. Ils forment des cliques où on leur impose des rituels initiatiques et au sein desquelles ils définissent leur identité et leur importance. Ils font serment d'allégeance et développent les aptitudes nécessaires à leur participation au groupe, même si ce groupe est une bande de délinquants et même si ces aptitudes consistent à savoir voler une carte de crédit, crocheter une serrure, maîtriser un langage des signes ou un vocabulaire secret qu'aucun adulte ne comprend.

Helena Norberg-Hodge a vécu plusieurs années dans le Ladakh, une minuscule région de l'Himalaya. Auteur d'un livre perspicace, *Ancient Futures: Learning from Ladakh,* elle affirme qu'avant l'introduction dans cette région du système d'éducation occidental, la société était essentiellement formée de *menschen. (Mensch* est un mot yiddish pour décrire «une vraie personne›, une personne utile et sur qui l'on peut compter.) Les enfants apprenaient très tôt les principes bouddhistes de la compassion, du pacifisme et de l'harmonie, et, dès l'adolescence, la presque totalité des garçons et des filles savait préparer les repas, ravauder les vêtements, soigner les animaux, construire des maisons et des systèmes d'irrigation complexes. Bref, les jeunes du Ladakh devenaient tout naturellement des adultes capables, heureux et dotés de valeurs morales.

Puis, le «progrès» est arrivé. Des milliers d'enfants furent entassés dans des classes loin de leur village pour mémoriser des faits et réciter des dates. Ils cessèrent d'apprendre au contact de leurs parents, de leurs tantes, de leurs oncles et de leurs grands-parents. Ils n'aidèrent plus les leurs à se nourrir, à se chauffer, à s'abriter, à s'occuper des enfants ; ils devinrent des enfants « privilégiés », comme les petits Nord-Américains, et ne contribuèrent plus au bien-être de leur famille. Mais comme l'explique Madame Hodge, quand ils retournèrent dans leur village à la fin de leurs études, ils étaient devenus des membres inutiles de leur société. Ils ne maîtrisaient plus les valeurs fondamentales, les aptitudes et l'autodiscipline qui avaient fait le bonheur des gens de Ladakh pendant des centaines d'années. Aujourd'hui, un grand nombre de ces enfants ont émigré dans les grandes villes de l'Inde et du Népal. Ils se livrent à la prostitution, sont devenus toxicomanes ou travaillent pour des salaires de famine. Cette situation tragique ressemble à la dévastation qu'ont subie les sociétés amérindiennes d'Amérique du Nord.

La mise à l'écart des jeunes et des vieux

Ces mêmes attitudes se répètent à l'endroit des personnes âgées. Les concepts de « village-retraite » ou d'« aide à la vie autonome » sont positifs en apparence et même réalistes à certains égards, mais ne nous leurrons pas. Notre société semble être venue à la conclusion que les personnes âgées sont inutiles à leur famille ou à la société et que leur présence nous gêne. Elles nous empêchent d'avancer ; elles nous mangent notre temps. L'interaction entre nos enfants et leurs grands-parents ne nous semble pas importante.

Si nous voulons éprouver un sentiment d'appartenance à la vie, nous devons apporter une contribution positive au bien commun. Les enfants et les personnes âgées ne font pas exception à cette règle. En mettant nos enfants à l'abri de leurs responsabilités et en écartant les personnes âgées, nous avons créé sans le vouloir une génération de jeunes révoltés qui ont perdu toute orientation et nous avons isolé et sous-estimé les personnes âgées.

Pour beaucoup, cette situation reflète tout simplement la réalité : voilà ce que signifie être jeune ou vieux. Mais quiconque a voyagé suffisamment pour connaître d'autres cultures sait que cela est faux. Les enfants peuvent être heureux, respectueux et capables. Les personnes âgées peuvent être sereines, sages et vénérées. Plusieurs générations peuvent vivre ensemble avec bonheur, sous un même toit.

La vie est un processus mystérieux et béni. Chaque phase de l'existence comporte ses merveilles, ses défis, et est digne de respect. Dans chaque groupe d'âge il y a place pour des valeurs, des aptitudes et de l'autodiscipline. Quelle que soit notre génération, nous avons besoin des autres pour éprouver avec bonheur un sentiment d'achèvement. Nous avons besoin d'être entourés de jeunes, de personnes d'âge mûr et de personnes âgées. Nous sommes indissociables les uns des autres. Nous connaîtrons le paradis sur terre bras dessus, bras dessous, ou nous n'en trouverons jamais l'entrée.

PRATIQUE : UN INVENTAIRE

Il existe des millions de jeunes révoltés, des millions de personnes âgées qui vivent dans l'isolement. Cette situation ne changera pas du jour au lendemain. Mais chacun de nous peut faire en sorte d'enclencher le processus du changement en examinant ses propres valeurs, ses aptitudes et son autodiscipline, et en faisant en sorte de perfectionner ces vertus. Nous avons la capacité d'éroder peu à peu la tendance de notre société moderne à fermer les yeux sur la vieillesse et la mort.

- Vous vous teignez les cheveux pour paraître plus jeune? Arrêtez! Les cheveux gris sont très flatteurs. Les cheveux blancs, très séduisants. Il est beau de paraître son âge. Si l'on vous demande votre âge, n'hésitez pas à répondre, ne mentez pas et ne plaisantez pas. Les enfants nous observent tandis que nous nous efforçons de ressembler à des jeunes de vingt-cinq ans. Mais les jeunes de vingt-cinq ans ne sont pas particulièrement heureux. Quelle impasse! Les enfants doivent avoir sous les yeux des personnes âgées qui se sentent bien dans leur peau.
- Réfléchissez à la façon dont vous traitez vos enfants et vos aînés et demandez-vous si vous leur permettez d'être responsables et utiles à la famille. Comment pourriez-vous dépendre un peu plus les uns des autres sans recourir à des solutions artificielles?
- Soyez déterminé à démanteler vos idées reçues selon lesquelles le sens de la vie réside dans l'argent, la réussite, le prestige ou les loisirs, et cessez de transmettre ces notions à vos enfants. Prenez l'habitude de discuter en famille des annonces publicitaires, des articles, des spectacles, des livres et des publicités qui renforcent ces points de vue erronés. Entraînez vos enfants à voir au-delà des apparences.
- À tout âge, efforcez-vous de développer votre bon sens et vos aptitudes: vous deviendrez plus autonome et vous vous

adapterez plus facilement aux circonstances. Apprenez à remplacer un pneu crevé ou à faire cuire du pain (voir le chapitre suivant, « Réparez votre La-Z-Boy™» pour une discussion plus approfondie sur ce sujet).

- Évaluez vos modes d'expression et assurez-vous de toujours dire ce que vous pensez et de penser ce que vous dites. N'ayez pas d'intentions cachées et ne faites pas de promesses en l'air.
- Promenez-vous dans la nature sans y mettre de conditions et sans apporter votre téléphone cellulaire. Si vos enfants refusent de vous accompagner, dites-leur qu'ils n'ont pas le choix parce que c'est important. Ils n'en mourront pas.

Les valeurs, les aptitudes et l'autodiscipline contribuent à nous rendre la vie agréable, à rehausser notre estime de nous-même et notre confiance, et à resserrer nos liens d'amitié. Une fois que nous serons engagés avec nos enfants et nos aînés dans cette voie vers la liberté, notre entourage nous imitera. Chacun de nous a besoin d'avoir confiance en l'avenir. Si vous faites un premier pas dans la bonne direction, vous apporterez votre contribution à l'humanité et vous progresserez sur le chemin de la générosité.

RÉPAREZ VOTRE LA-Z-BOY™

J'ai l'habitude d'engager des ouvriers pour les petites réparations courantes. J'en ai les moyens, et je préfère m'occuper de choses plus agréables que la plomberie ou la peinture. N'ai-je pas raison d'occuper mon temps à des activités plus enrichissantes ?

Bouddha a dressé la liste des quinze vertus essentielles d'une vie significative. La première vertu de cette liste était : « l'habileté ». Être une personne capable, dotée d'aptitudes utiles qui renforcent l'estime de soi et procurent différents moyens de gagner sa vie.

Ce conseil n'était pas purement théorique. Bouddha reconnaissait que les êtres humains ont fondamentalement besoin d'avoir des habiletés. Cela ne veut pas dire que nous devrions tous savoir tout faire. Mais comment est-il possible que, dans notre société moderne, des millions d'individus soient parvenus à l'âge adulte sans avoir développé la moindre aptitude pratique ?

Nous faisons fausse route si nous croyons que cette constatation ne s'applique qu'aux jeunes sans instruction issus de milieux défavorisés. J'ai été premier de classe tout au long de mes études, mais avant l'âge adulte je ne savais pas tenir un marteau, planter des tomates ou réparer une crevaison. J'étais doué pour les études mais incompétent et inutile hors du milieu scolaire. Il en va de même pour la plupart des jeunes d'aujourd'hui, dans toutes les couches de la société, et beaucoup d'entre eux se sentent tout aussi inutiles même à l'école.

Ainsi que je le mentionnais dans le chapitre précédent, la culture juive a un mot yiddish pour désigner une personne capable : *mensch*. Un *mensch* est, par exemple, quelqu'un à qui vous pouvez prêter votre voiture sans inquiétude ; quelqu'un qui retirera une tranche de pain coincée dans le grille-pain sans s'électrocuter ; quelqu'un avec qui vous aimeriez travailler ; quelqu'un sur qui vous pourriez compter dans un incendie, un ascenseur bloqué, un tremblement de terre ou un ouragan.

Que faut-il pour être habile, pour être un *mensch* ? Nous avons plutôt tendance de nos jours à nous montrer condescendants envers ceux qui possèdent des aptitudes et une expérience pratiques. On m'a souvent répété que, grâce à mon intelligence, je pourrais toujours engager des cols bleus pour réparer ou construire des tas de choses, et que je n'aurais pas à me salir les mains. Pourtant, j'ai été profondément heureux d'apprendre à construire ma maison, à labourer la terre, à cultiver mes légumes et à réparer mon La-Z-Boy™ sans devoir le retourner chez le fabricant. Mais il m'a fallu apprendre tout seul, sur le tas. Pourquoi ?

John Taylor Gatto, un ancien instituteur de la ville de New York, dénonce avec véhémence le système scolaire américain. Il affirme que les enseignants se contentent de donner des leçons, mais n'enseignent pas à nos enfants. Je me souviens avec délices de sa repartie passionnée à l'occasion d'un entretien qu'il accordait :

> Vous êtes instituteur ? Pouvez-vous construire une maison ou un bateau ? Cultiver la terre, coudre vos vêtements, creuser un puits, chanter une chanson (que vous aurez écrite, bien entendu), faire le bonheur de vos enfants et tirer votre subsistance du milieu où vous vivez ? Non ? Vous n'en êtes pas capable ? Alors, écoutez-moi : vous n'avez rien à faire avec mes enfants.

Dans son premier livre, *Dumbing Us Down,* Gatto démontre clairement que non seulement notre système scolaire échoue à produire de jeunes adultes capables et heureux, mais qu'il les dépouille en outre de leur aptitude à penser avec originalité et créativité, et qu'il favorise les difficultés d'apprentissage. Lorsque l'on regroupe des enfants uniquement en fonction de l'âge, quels que soient leurs intérêts ou leur niveau d'intelligence, que l'on fait sonner une cloche toutes les quarante-cinq minutes pour les empêcher d'approfondir un sujet, qu'on les entasse comme du bétail dans des couloirs et des salles de classe ternes quand il fait un temps splendide dehors, à quoi pensons-nous donc ? Comment un *mensch* peut-il surgir d'un tel endoctrinement ? Gatto poursuit ainsi :

> Dans les siècles passés, l'enfant et l'adolescent s'occupaient à des tâches véritables et pratiquaient une réelle générosité ; ils vivaient de vraies aventures et recherchaient des maîtres authentiques qui pouvaient leur apprendre ce qu'ils désiraient sincèrement apprendre. Ils s'occupaient à des activités communautaires où ils pouvaient rehausser leur attachement aux autres, s'éduquer au contact de tous les membres de leur entourage, apprendre à construire une maison et perfectionner des douzaines d'autres habiletés qui devaient leur permettre de devenir des hommes et des femmes à part entière.

Ces ressources et ces occasions d'apprendre n'existent plus aujourd'hui, si bien que nous devons maintenant prendre la situation en mains. Si nous devenons des « néo-*menschen* », nos enfants pourront peut-être développer des aptitudes plus tôt que nous ne l'avons fait nous-mêmes et devenir des adultes plus polyvalents et plus heureux.

Il m'a suffi d'étudier le fonctionnement d'un appareil, de demander conseil à différents artisans et de me procurer les bons ouvrages de référence pour que je puisse jouir d'une certaine autonomie dans une variété de domaines qui, jusque-là, étaient pour moi voilés de mystère. J'irais jusqu'à dire que ce sont ces aptitudes manuelles qui m'ont permis d'éprouver enfin un sentiment d'achèvement.

J'ai mis sept ans à écrire mon premier livre, *We're All Doing Time,* persuadé que je n'en viendrais jamais à bout. Ensuite, j'ai consacré un an à la construction de ma maison. Cette tâche m'écrasait, car je n'avais jamais planté un clou de ma vie. J'étais certain que les secrets de la charpente, de la plomberie, de l'électricité, si familiers aux cols bleus, m'échapperaient toujours.

Je me suis lancé dans cette grande aventure qui me terrifiait et que je détestais dans le seul but d'éviter de prendre une hypothèque. Mais ces travaux de construction ont eu sur moi un effet inattendu. Au bout de trois mois, une fois jetées les fondations et érigé le bâti d'attente, j'avais un peu moins l'impression d'être un imposteur et il m'arrivait même d'avoir hâte de me rendre sur le chantier. Sita se mit à m'y accompagner, si bien que j'étais maintenant contremaître en quelque sorte, ce qui me permit de constater que j'avais tout de même appris un tas de choses et que je ne me débrouillais pas trop mal, à tout prendre. Sita apporta une dimension esthétique à nos travaux, et ceux-ci devinrent par le fait même plus agréables à poursuivre : nous n'érigions plus seulement un simple abri, mais une jolie maison.

Il m'arrivait néanmoins d'être encore écrasé par tout ce travail et apeuré à l'idée d'avoir entrepris une tâche au-dessus de mes forces. C'est alors qu'un moine bouddhiste vint vivre avec nous pendant quelques mois après avoir passé huit ans dans des monastères de la forêt thaïlandaise. Un soir, au dîner, tandis que je déplorais les difficultés associées à la construction d'une maison, il en eut assez et dit : « Tu sais, Bo, la plupart des habitants de la planète construisent leur propre maison, et ils n'y mettent qu'une semaine. »

Il m'est difficile de décrire l'effet que cette remarque impatiente eut sur moi. Elle démantela le mystère, le doute, la vanité et me fit comprendre que je ne faisais rien de spécial, qu'il n'y avait pas là de quoi me vanter. J'avais entrepris un boulot tout ce qu'il y a de plus élémentaire et courant. Je construisais un toit pour ma famille. Et puis après? Du moment que je ne faisais pas d'erreurs stupides sans les corriger, ma maison ne serait pas farcie d'erreurs stupides. Le mystère s'évaporait.

Pendant toute l'année scolaire, Sita et moi conduisions Josh à l'école avant de nous rendre sur le chantier, puis nous allions le cueillir à la fin des classes. Nous rentrions à la maison et, le soir, nous poursuivions notre travail auprès des détenus. Quand ma maison fut achevée, j'étais devenu un homme. Je pus terminer mon livre, *We're All Doing Time,* car comment pouvais-je laisser un livre en suspens maintenant que j'avais réussi à construire une maison?

Les deux griefs de Josh

En 1991, Sita et moi avons célébré notre vingt-cinquième anniversaire de mariage en compagnie de Josh, dans un coin reculé de la gorge du Rio Grande, au nord du Nouveau-Mexique. Nous en avons profité pour faire le ménage, pour formuler des griefs, pour approfondir l'amour et la loyauté qui nous unissaient. Josh avait vingt ans.

À un moment donné, j'ai demandé à Josh si nous l'avions laissé tomber de quelque façon au cours des ans. Il réfléchit avant de répondre que, oui, nous l'avions laissé tomber de deux façons. «D'abord, quand je me heurtais à une difficulté, vous m'aidiez tant que je n'ai pas su développer mon autonomie. Cela m'a beaucoup nui quand je vivais à Los Angeles, car j'ai dû rattraper le temps perdu. Vous ne m'avez pas beaucoup aidé à m'endurcir ou à m'adapter aux circonstances.

« Ensuite… Papa, te rappelles-tu ? quand j'avais quatorze ans et que je t'ai dit qu'à la fin de mon secondaire j'irais vivre à Los Angeles pour devenir acteur au lieu de poursuivre mes études ? » Oui, je m'en souvenais. Il poursuivit :

« Tu m'as dit que tu me donnerais ta bénédiction à une condition. Tu ne me laisserais partir que si j'étais d'abord devenu un excellent menuisier. Ainsi, si j'échouais dans ma carrière d'acteur, je pourrais toujours bien gagner ma vie et éprouver la satisfaction que procure un travail manuel. »

Je n'avais pas oublié. Josh dit encore : « Mais tu ne m'as pas obligé à devenir menuisier. Tu n'as rien fait pour que je le devienne et tu m'as donné ta bénédiction quand même. Tu aurais dû insister. »

J'ai protesté : « Mais j'ai essayé ! J'ai construit cinq édifices entre le moment où tu avais quatorze ans et celui où tu as quitté la maison, et j'ai tout fait pour que tu m'aides. Mais on aurait dit que je t'arrachais une dent. Alors, j'ai capitulé. Je ne voulais pas te forcer à faire ce qui te répugnait. »

« C'est exactement ce que je veux dire, fit Josh. Tu aurais dû m'y obliger. Tu étais le père et moi l'enfant. Tu as mis une condition à ton accord, et tu ne m'as pas forcé à respecter cette condition. Tu aurais dû m'obliger à devenir un bon menuisier que cela me plaise ou non. »

Il avait raison. Chez nous, donner sa bénédiction à un projet n'est pas anodin. Si j'avais tenu parole, Josh serait devenu un bon menuisier même malgré lui. Et maintenant, l'adulte qu'il était me faisait comprendre que les enfants ne veulent pas décider par eux-mêmes. Ils veulent être aimés, ils veulent être mis en cause, ils veulent répondre de leurs actes.

Mon instinct paternel premier avait été correct : même à vingt ans, Josh regrettait de ne pas être un bon menuisier. J'avais opté pour la facilité à ses dépens. Certes, nos enfants font toutes sortes de manières et vont jusqu'à se révolter, mais, dans l'ensemble, le degré d'autonomie que nous leur concédons, surtout lorsque cette autonomie est la conséquence d'une faiblesse parentale plutôt que d'un principe de vie, ne semble pas leur être bénéfique et ils n'en sont pas reconnaissants.

Sita et moi lui avons demandé pardon. Il nous a demandé pardon à son tour d'avoir mis nos faiblesses à l'épreuve. Ce fut une belle journée – une réaffirmation de notre affection profonde, de notre engagement, de notre confiance. Je recommande un tel ménage à toutes les familles.

Ces circonstances familiales n'ont rien d'inhabituel. Pour la plupart des Nord-Américains, la théorie l'emporte sur la pratique. Nous figurons parmi les adultes les plus incompétents de la planète quand survient une panne d'électricité, un tremblement de terre ou un ouragan. Cela veut dire que nous éprouverons toujours une insatisfaction profonde, un sentiment d'inachèvement, car les êtres humains ont besoin de se savoir utiles et polyvalents. Ces vertus contribuent à donner un sens à notre vie.

PRATIQUE : LES TRAVAUX MANUELS

Parce que nous nous sentons incompétents, la plupart d'entre nous capitulons avant même de savoir si nous prendrions plaisir à faire par nous-mêmes les réparations qui s'avèrent nécessaires. Pourtant, il est très facile de nos jours de trouver tout ce dont nous avons besoin pour apprendre.

Il y a quelque temps, la douche de la salle de bains s'est brisée. Sachant combien il en coûte pour faire venir un plombier, j'ai décidé d'essayer de la réparer moi-même, bien que je ne connaisse pas grand-chose à la plomberie. J'ai téléphoné à un magasin spécialisé et j'ai décrit mon problème au préposé. Il a conclu au bris de l'« inverseur », c'est-à-dire le gadget qui dirige le débit d'eau vers la baignoire ou la douche.

J'ai demandé ensuite : « Est-ce relativement simple à réparer, ou vais-je regretter de m'en être chargé moi-même ? » Le préposé m'a répondu que ce n'était pas très compliqué, que je pouvais me procurer un inverseur de rechange, mais il a ajouté le conseil de ne pas oublier de couper l'eau avant d'enlever le vieil inverseur.

Il est très utile de bien examiner la nouvelle pièce avant de retirer l'ancienne. Vous regardez comment elle est faite, vous examinez les éléments qui la composent, et vous vous assurez que les rondelles en caoutchouc ne risquent pas de tomber. Le vieil inverseur de ma douche était un peu rouillé et j'ai dû l'asperger de quelques jets de Liquid Wrench avant de parvenir à le dévisser à l'aide de pinces, mais trente minutes m'ont suffi pour effectuer cette réparation qui m'a coûté 10 $ à peine. À combien se serait chiffrée la facture du plombier ? Je n'aime pas particulièrement les travaux de plomberie, mais j'aime être gagnant !

Il y a tant de choses que nous ne savons pas faire. Et nous n'enseignons pas non plus à nos enfants à réparer ou à construire quoi que ce soit. J'ai entendu parler d'un jeune homme qui a dû se faire accompagner par ses parents quand il est entré à l'université, située dans une ville éloignée. Pourquoi ?

Parce qu'il ne savait comment suspendre un babillard au mur, faire sa lessive, assembler son bureau. Ses parents lui ont-ils rendu service en ne lui enseignant pas à se débrouiller seul?

Examinez la liste ci-dessous et efforcez-vous d'apprendre à faire face à quelques-uns au moins de ces petits ennuis quotidiens. Mieux, attaquez-vous à certains d'entre eux avec vos enfants. Vous verrez combien il peut être agréable de bricoler. Pour la plupart, comme un ivrogne qui a oublié la joie de la sobriété, nous sommes devenus beaucoup trop spécialisés, nous avons perdu de vue la satisfaction que procurent des aptitudes multiples et maîtrisées.

- **Dans la maison**
  Remplacez un fil de lampe
  Servez-vous d'une scie sauteuse
  Réparez une fenêtre
  Cousez des rideaux
  Remplacez la courroie de ventilateur du séchoir à linge
  Encadrez un tableau
  Réparez un robinet qui fuit
  Remplacez le chauffe-eau
  Remplacez la cuvette des cabinets
  Faites cuire du pain

- **À l'extérieur**
  Remplacez un pneu crevé
  Coupez du bois
  Entretenez la tondeuse à gazon
  Abattez un arbre mort
  Faites un potager

Érigez une clôture

Réparez la toiture

Peinturez la cheminée

- **Au bureau**

  Remplacez une carte d'ordinateur

  Entretenez le photocopieur

  Changez la cartouche d'encre de l'imprimante

  Assemblez une bibliothèque

  Suspendez des étagères

  Changez un fluorescent

  Installez un logiciel

  Installez un modem

LA RÉUSSITE PAR L'ÉCHEC

Comment puis-je me dévouer aux autres quand ma propre vie n'est qu'une suite d'échecs, petits et grands ? Si je ne réussis rien de ce que j'entreprends, comment puis-je aider les autres à avoir du succès ?

Nous avons le don de tourner en rond. Nous croyons que « charité bien ordonnée commence par soi-même », alors que ce qui peut le mieux nous aider est la compassion que nous témoignons à notre prochain. La vie ne se déroule pas de façon séquentielle ; elle nous arrive de partout à la fois. Ceux qui tardent à venir au secours d'autrui parce qu'ils ne sont pas encore assez heureux ou assez riches ou assez sereins ne seront jamais heureux. De toute façon, le nœud de l'affaire est que nos défis personnels sont ceux de l'humanité tout entière ; ils contribuent à créer entre tous des liens d'entraide.

Les échecs ou les tragédies personnelles nous permettent d'approfondir des vertus importantes telles que l'humilité et le dévouement. D'un point de vue spirituel, il n'est jamais trop tôt ou trop tard pour changer. Ce changement nous ouvre les yeux : nous comprenons que ce que nous considérions comme un échec est le fondement même de notre compassion et de notre humilité.

Nous sommes nombreux à penser qu'une grande partie de notre vie est un échec. C'est très bien ! Voilà la moitié du chemin de fait. Nous avons « une âme de pauvre ». La toute première des béatitudes du Sermon sur la montagne n'est-elle pas : « Heureux ceux qui ont une âme de pauvre, car le Royaume des Cieux est à eux » ?

J'aime l'histoire de Simon Pierre, dans le Nouveau Testament. Il était le plus hardi, le plus courageux des disciples, un pêcheur rude, plein de bon sens, férocement loyal à Jésus. Lorsque Jésus demanda aux apôtres « Mais pour vous, qui suis-je ? », Pierre fut le seul à avoir le courage de répondre : « Tu es le Christ, le Fils du Dieu vivant. » Lorsque Jésus marcha sur les eaux vers la barque où se trouvaient ses disciples, Pierre fut le seul à marcher lui aussi sur les eaux. Mais Pierre manquait d'humilité. Il croyait ne jamais céder à la faiblesse, contrairement à vous ou moi. Au jardin des Oliviers, Jésus laissa entendre que des troubles se préparaient. Pierre lui dit : « Si tous succombent à cause de toi, moi je ne succomberai jamais. » Jésus lui répliqua : « En vérité je te le dis : cette nuit même, avant que le coq chante, tu m'auras renié trois fois. » Pierre lui dit : « Dussé-je mourir avec toi, non, je ne te renierai pas. »

Pierre, trahir Jésus ? Jamais de la vie. Pierre est un rude bonhomme. Pas un lâche. *Jésus se trompe cette fois. Je vais le lui prouver.*

Comme il a dû se sentir petit et cruel quand il s'est surpris à renier Jésus comme un traître cette nuit-là. Pas d'excuse.

Rien à faire. Je suis sûr que la tentation de tourner les talons et de ne jamais plus se montrer, ou même de se suicider comme le fit Judas, a dû lui devenir insupportable. Il a menti. Il a perdu courage. Il a renié Jésus. Il a échoué misérablement à être un homme probe. Et cet échec minable et impardonnable est précisément ce qui a fait de lui ce roc sur lequel le Seigneur a bâti son Église. Jésus savait que Pierre n'était pas assez humble. Comment Pierre aurait-il pu nous montrer le chemin qui mène au Christ sans d'abord s'identifier à notre honte et à nos regrets, à nos faiblesses et à nos manques ? La plus grand échec humain de Pierre a débouché sur sa plus grande réussite spirituelle. Il a fallu cet échec pour démanteler son orgueil.

Sita et moi avions reçu pendant quelques jours un membre de la famille, une personne pétillante, loquace et extravertie. Le jour même de son départ était celui de l'arrivée d'un autre ami, que nous n'avions jamais rencontré en personne mais avec lequel nous avions été en contact pendant les dix ans de sa détention pour meurtre. Nos lettres, nos livres et nos cassettes l'avaient aidé à transformer sa vie, et voilà qu'à sa sortie de prison sa visite chez nous était pour lui une sorte de pèlerinage.

Notre parente nous quitta tôt dans la matinée, après quoi Sita et moi fîmes notre séance de méditation habituelle. Nous avions l'esprit confus, nous étions distraits par plusieurs jours de tapage. Nous désirions ardemment tous les deux atteindre un état de conscience supérieur avant l'arrivée de notre invité, car celui-ci venait à la rencontre de ses maîtres spirituels et non pas d'hôtes désinvoltes. Nous avons fait une prière pour demander qu'il nous soit donné de redevenir humbles et sereins avant son arrivée.

Peu après, nous sommes allés faire une promenade en forêt. Nous avions parcouru un kilomètre à peine quand nous avons commencé à nous chamailler violemment. Ni l'un ni l'autre ne se souvient aujourd'hui de l'objet de cette dispute. Nos cris et nos insultes profanaient la beauté de la nature et nous confondaient. La venue imminente de notre invité nous rendait doublement malades. Nous sommes rentrés à la maison dans un silence tendu, nous avons allumé les lampions de notre oratoire, et nous nous sommes assis sur des coussins. Au bout d'une minute, j'ai entendu une petite voix intérieure me dire : « Voilà. Est-ce que tu te sens humble à ton goût ? »

J'ai regardé Sita, qui recevait le même message. La honte et l'humiliation avaient en effet bouté le tapage hors de nous. Quand notre ami est arrivé dans l'après-midi, nous étions plus doux et plus sereins que nous ne l'avions jamais été.

L'apôtre Pierre a dû prier pour que l'humilité lui soit donnée. Dieu a exaucé sa prière en lui faisant renier Jésus. La prière de Sita et la mienne ont été exaucées quand nous avons été plongés dans une démence provisoire, mais elles ont été exaucées. Les voies de Dieu sont impénétrables.

Nous avons tous essuyé des échecs. Nous avons laissé tomber les gens que nous aimions. Nous avons été malhonnêtes, lâches, cruels. Nous nous sommes fait du mal et nous en avons fait aux autres. Si nous permettions à nos échecs de nous ouvrir le cœur au lieu de le fermer, si nous leur permettions de nous rendre humbles au lieu de nous abattre, toutes nos mauvaises actions pourraient devenir les fondements de notre dévotion et de notre compassion. Tout être humain contient le bien et le mal. Nous n'avons pas le droit de mépriser quiconque, quoi qu'il ait fait. Pierre a dû avoir honte au point d'avoir envie de se cacher à tout jamais. Mais il ne s'est pas caché. Il est descendu de son perchoir. Il n'a ni capitulé ni fui. Il n'a pas essayé d'oublier ce qui s'était passé. Il a accepté sa nature imparfaite, il a ouvert son cœur, il a progressé, il est devenu un homme aimable et doux tout en sachant qu'il était « comme tout le monde ». Il lui était maintenant possible d'accéder à cette sainteté à laquelle nous sommes tous appelés.

Comment tirer parti de nos erreurs

Nous croisons chaque jour des tas de personnes différentes. Chacune d'entre elles souhaite que nous soyons aimables, humbles et altruistes. Il lui importe peu de savoir comment nous le sommes devenus. Il lui importe peu de savoir si cet apprentissage a été facile ou ardu, s'il est la conséquence de nos échecs ou de nos réussites. Lorsque le type à côté de vous s'étrangle sur une arête de poisson, il ne veut pas savoir où vous avez appris à pratiquer la manœuvre de Heimlich. Il espère seulement que vous saurez la pratiquer.

Sans l'échec de Pierre, l'Église chrétienne n'existerait peut-être pas. Sans mes propres échecs, il est certain que la fondation Human Kindness ou le projet Prison-Ashram n'auraient jamais été créés. Où en serait votre vie sans les échecs que vous avez essuyés ? Les acceptez-vous tout autant que vos réussites ?

Sachant cela, il nous devient possible d'admettre que toutes les personnes que nous croisons et qui semblent dotées de courage, de dignité, de compassion et d'humilité ont connu l'échec, la faiblesse et la honte. Notre réussite spirituelle ne dépend pas de nos échecs eux-mêmes, mais de ce que nous avons bien voulu en faire.

Méfiez-vous de votre idée de la réussite. Gandhi a dit qu'il donnerait sa vie pour beaucoup de causes, mais qu'aucune cause ne l'inciterait à tuer. En d'autres termes, sachez défendre la justice à tout prix, mais refusez l'injustice même si l'on vous fait miroiter un emploi extraordinaire, une promotion inattendue, un revenu spectaculaire.

Notre réussite spirituelle dépend de notre courage à résister à la tentation. Nous ne voulons pas entendre cela. Nous voulons encore moins que nos enfants entendent cela, car il est normal pour des parents de souhaiter pour leurs enfants la sécurité, le confort et une certaine notion de la spiritualité. Mais les notions de la spiritualité ne sont pas la spiritualité. Sufi Sam a dit un jour : « La notion de Dieu est une notion. Elle n'est pas Dieu. » La spiritualité véritable ne nous procure aucune sécurité matérielle ; elle n'est ni exempte de danger ni toujours agréable. Qui a envie de s'entendre rappeler que, selon la Bible, « la racine de tous les maux, c'est l'argent » (I Timothée 6,10) ? Qui a envie qu'on lui rappelle de toujours avoir une pensée compatissante pour les malades, les pauvres, les opprimés ? Voilà quelles sont les exigences de la spiritualité. Ce qu'elles ont toujours été. Ce qu'elles seront toujours. Dans l'une de ses pensées les plus célèbres, l'empereur romain Marc-Aurèle dit : « Mets toute ta joie, toute ta satisfaction, à passer d'une action utile à l'État à une autre action qui lui soit encore utile, en te souvenant toujours de Dieu. » Ce sont là les principes fondamentaux de la vraie réussite. Celle-ci émerge paradoxalement de nos brisures et de notre ouverture aux autres, et non pas de nos conquêtes égocentriques ou de nos accomplissements.

PRATIQUE : UN JOUR DE SILENCE

Toutes les traditions de la sagesse nous encouragent à vivre des périodes occasionnelles de silence. La vie moderne est extrêmement tapageuse. Ce bruit constant nous empêche de regarder en nous-mêmes aussi clairement et honnêtement que nous le souhaiterions. Sita et moi avons beaucoup de respect pour le silence. Pendant plusieurs années, nous lui avons consacré une journée par semaine, parfois même davantage (par exemple, ma retraite silencieuse de deux mois en 1991). À Kindness House, où nous vivons, chaque jour nous met en présence d'une ou deux personnes qui ont fait de cette journée une journée de silence. Ce silence est un bienfait pour la communauté tout entière, qui s'en trouve rassérénée. C'est une sensation très civilisée.

La pratique du silence est essentiellement de deux types. Chacun présente des avantages. Dans tous les cas, sachez par avance ce que vous entendez par « une journée », afin d'éviter toute confusion. Pour certains, cette journée prend fin au repas du soir, pour d'autres elle s'étend d'un lever à l'autre, pour d'autres encore du lever au coucher du soleil.

1. *Le silence au cœur d'une journée par ailleurs normale*
   La pratique du silence dans une journée par ailleurs normale nous aide à mieux comprendre nos modes d'expression habituels. Elle nous permet aussi de constater que le monde peut fort bien se passer de nos opinions et nous inspire à parler moins souvent quand nous recommençons à nous exprimer.

- La meilleure façon de vous préparer au silence est de le faire savoir par avance à vos proches, en particulier aux membres de votre famille et à votre supérieur. Ensuite, rédigez un petit carton qui dira quelque chose comme: «Je fais une journée de silence.» Vous pourriez ajouter: «Merci de votre compréhension», mais retenez-vous de donner trop d'explications et ne vous inquiétez pas de l'opinion des autres. S'ils vous comprennent, tant mieux; mais certains n'y comprendront rien et pourraient même se moquer de vous ou vous mépriser. Accordez-leur la dignité d'affronter leurs propres défis spirituels. Vous ne faites rien d'autre que vous taire pendant une journée complète. N'en rajoutez pas.
- Gardez un carnet et un stylo à portée de la main, mais essayez de prévoir quels genres de rencontres vous obligeront à y recourir. En général, rien ne vous oblige à participer aux conversations sociales ou personnelles. Ces conversations font partie de ce dont vous souhaitez vous écarter un temps. Il n'en va pas de même des questions professionnelles. Mais soyez bref, et sachez être fidèle à votre intention première: éviter toute forme de communication qui ne soit pas absolument indispensable. Vous pourriez avoir à votre portée un autre carton qui dit: «Pourrions-nous remettre cette conversation à demain?»
- Aux repas, souriez beaucoup. Votre sourire dira à vos compagnons que vous êtes présent parmi eux, tout à fait conscient de ce qui se passe et amical. Vous serez étonné de constater l'effet qu'une personne silencieuse peut avoir sur un groupe de convives, surtout quand la conversation tourne aux bavardages et à la médisance. D'une

certaine façon, votre présence silencieuse aide les autres à mieux saisir la portée de leurs paroles.

2. *La retraite silencieuse*

L'autre pratique du silence consiste à vous retirer de toutes vos activités habituelles, à éviter autant que possible la présence d'autres personnes. Si vous ne pouvez pas vous enfuir dans une cabane au fond des bois ou dans un autre endroit isolé, éteignez la sonnerie du téléphone, tirez les rideaux et restez à la maison ou, mieux, enfermez-vous dans votre chambre. Vous pourriez prévenir votre famille ou vos colocataires de façon qu'ils ne voient pas dans votre détachement et votre silence une bizarrerie ou un manque de courtoisie à leur égard.

Quoi que vous fassiez, voici quelques trucs qui vous aideront à tirer le meilleur parti possible de votre retraite silencieuse:

- Planifiez vos repas, et décidez de réduire vos portions de moitié. Ce demi-jeûne vous aidera à entrer en vous-même. Optez pour une nourriture simple, et évitez les aliments qui nécessitent une cuisson ou des préparatifs compliqués. En ce qui me concerne, un bout de pain et quelques fruits suffisent à me contenter.
- Lisez le moins possible. Si vous décidez de lire, planifiez votre lecture à l'avance et limitez-la à des écrits édifiants qui vous aideront à composer avec le silence.
- N'écoutez pas de musique et ne regardez pas la télévision.
- Efforcez-vous de communier avec la nature, de l'écouter et de l'observer. Si vous n'avez pas un accès facile à la campagne, regardez le ciel et toutes ses nuances.

- Efforcez-vous de ne pas vous laisser dominer par vos pensées. Pour y parvenir, le mieux est de vous concentrer sur vos sens : observez, écoutez, touchez, sentez, goûtez, mastiquez, marchez. Portez attention à ce qui se passe « en dehors » de votre esprit en vous concentrant sur l'instant présent.
- Respirez lentement et profondément. Ceci aidera le corps à s'apaiser. Le silence est l'occasion rêvée pour devenir l'ami de votre respiration.

LA VÉRITÉ VRAIE ET LA VRAIE FICTION

Toute ma vie, on m'a appris à me fier à mes sentiments, parce que ceux-ci ne me tromperaient pas. Tant que je suis sincère avec moi-même, je serai dans la bonne voie. Mais ma sincérité est souvent en conflit avec celle de mon mari et celle de mes amis. Comment puis-je vivre auprès des autres tout en restant fidèle à moi-même ?

Sita aura beau croire que je suis l'homme le plus beau du monde, son opinion est très subjective. La sincérité et la vérité ne se confondent que chez le sage initié. Bien que la sincérité soit indispensable au droit chemin, il y a des moments où nous aurions intérêt à nous fier aux autres plutôt qu'à nous-mêmes, des moments où notre conjoint, nos amis ou notre famille peuvent voir nos torts et nos excuses plus clairement que nous ne les voyons. Au lieu de défendre « votre vérité » contre l'opinion des autres, vous gagneriez à pratiquer ce que

Thich Nhat Hanh nomme «l'écoute profonde». L'écoute profonde consiste à observer votre sincérité, quand le besoin s'en fait sentir, à la lumière d'une vérité plus objective que la vôtre.

L'un des premiers pensionnaires de Kindness House était un dénommé Norman, un détenu qui avait purgé une peine de vingt-deux ans de prison pour avoir commis un double meurtre horrible à l'âge de dix-huit ans. Norman, qui avait commencé à réfléchir à sa vie dans la vingtaine, prit la responsabilité de sa propre éducation, s'affranchit des drogues et de l'alcool (tâche beaucoup plus ardue qu'on ne le croit en milieu carcéral), et participa à presque tous les programmes de réhabilitation possibles. Quand nous l'avons connu, il était âgé d'une trentaine d'années, et il dirigeait la section de la NAACP *(National Association for the Advancement of Colored People)* de son pénitencier. C'était un homme d'une grande compassion. Il avait vécu une profonde transformation. Il n'était plus un danger public, il n'était plus le tueur dysfonctionnel et cocaïnomane qu'il avait déjà été.

Au cours d'une des réunions auxquelles il participa pendant le premier mois de son séjour chez nous, Norman semblait préoccupé et maussade. Quand je lui demandai ce qui n'allait pas, il refusa de répondre, sinon par: «Rien. Ne t'en fais pas.» Les autres membres du groupe lui signalèrent que ces réunions étaient centrées sur l'honnêteté et qu'elles nous offraient une occasion de résoudre nos conflits. Norman finit par marmonner: «J'ai vu l'expression de Bo quand il est passé par l'entrepôt ce matin et qu'il m'a vu en train de parler à Sita.»

Je ne me souvenais pas d'avoir aperçu Norman et Sita en train de parler dans l'entrepôt. Je dis: «De quelle expression parles-tu, Norman?» Il regarda par terre et dit avec brusquerie: «Tu sais très bien de quelle expression je veux parler.» Je répliquai, brusque moi aussi: «Non, je ne le sais pas. Quelle est cette expression que tu as cru voir sur mon visage?» Toujours incapable de me regarder en face, Norman dit: «Tu n'as pas aimé que ta femme soit seule avec un Noir.»

J'ai dit: «Norman, premièrement, je n'ai même pas remarqué que tu étais avec Sita dans l'entrepôt. Ensuite, ça ne me pose aucun problème que ma femme soit seule avec un Noir.»

Norman me regarda pour la première fois droit dans les yeux, avec une confiance et une certitude absolues: «Je sais ce que j'ai vu», dit-il. Je le regardai tout aussi froidement: «Mais ce que tu as vu ne correspond pas à la vérité.» J'ai dû le regarder pendant un long moment avant qu'il n'accepte de remettre en question sa perception.

Cette anecdote mérite réflexion, car, tout comme Norman, nous avons tous été influencés par un principe psychologique qui dit à peu près ceci:

> Fiez-vous à votre vérité. Si c'est vrai pour vous, il importe peu que ce soit vrai pour les autres. Soyez sincère avec vous-mêmes.

Cela témoigne de la dangereuse confusion qui règne entre la sincérité et la vérité, et de la notion, tout aussi dangereuse, voulant que la vérité soit toujours relative. Je ne doute pas une seconde de la sincérité de Norman. Il croyait sincèrement que je n'avais pas aimé qu'il soit seul avec Sita. Mais c'était faux. Faux, non seulement «pour moi», mais aussi pour Norman. C'était faux, point, à la ligne.

Lorsque nous confondons sincérité et vérité objective, nous nous butons et nous refusons de remettre en question nos perceptions. Cela semble le cas de beaucoup de nos contemporains. Norman avait suivi des cours de psychologie en prison et il y avait appris à exprimer honnêtement ses sentiments. C'est important, bien entendu. Mais les cours qu'il avait suivis avaient failli sur un point: ils ne lui avaient pas appris à comprendre que ses sentiments n'étaient pas toujours fidèles à la réalité.

Un autre pensionnaire de Kindness House, qui avait purgé une peine de dix ans pour meurtre, éprouvait de la difficulté à se soumettre aux règlements de la maison et à adopter nos façons de faire. Lorsque je le réprimandais, Terry répondait toujours: «Il faut que je fasse ce que me dit de faire ma petite voix intérieure. Chaque fois que je lui ai désobéi, cela m'a occasionné des problèmes.» Je lui ai souvent dit que sa petite voix autoprotectrice et indépendante lui était peut-être nécessaire dans un milieu brutal comme celui de la prison où il devait survivre en dépit des obstacles, mais qu'ici, dans ce nouvel environnement, cette même petite voix l'empêchait de progresser. Toujours, il souriait en disant: «Je sais ce que j'ai à faire.»

Mère Meera, une sainte femme indienne qui parle peu et qui vit en Allemagne, a souvent réfléchi à cette question. Elle a écrit: «Je conseille aux gens de ne pas porter attention à leurs voix intérieures, et de ne pas baser leurs actes sur leurs directives, car il est difficile d'en déterminer la provenance.»

Je connais un autre détenu dont le comportement souligne les aspects les plus périlleux et les plus douteux de cette opposition sincérité/vérité. À sa sortie de l'hôpital psychiatrique il y a quelques années, Bobby s'est immédiatement rendu au domicile de sa psychiatre, convaincu qu'elle était sexuellement attirée par lui. En ouvrant la porte, elle lui dit assez brutalement qu'il avait eu tort de se présenter chez elle. Elle ne tenait pas à discuter avec lui à ce moment. Bobby se mit à l'injurier, et elle claqua la porte. Il l'enguirlanda de la pelouse : « Je sais à quel jeu tu joues ! Tu veux que je te brutalise. Tu veux que j'enfonce la porte. Tu veux que je sois violent. C'est ça qui t'excite ! » Bien entendu, Bobby a été incarcéré à nouveau. C'est lui qui m'a raconté cette histoire. Il était parfaitement sincère. Il n'envisageait pas une autre explication.

Peu de gens, sans doute, se laissent autant leurrer par leur sincérité. Mais vous et moi risquons chaque jour de nous laisser prendre à des pièges de moindre importance dès que nous confondons sincérité des émotions et vérité objective.

Une partie du problème provient de la psychologie populaire qui nous incite à croire en nous-mêmes au point d'associer à notre insu le doute de soi à l'échec. Il n'y a rien de névrotique à remettre en question nos sentiments ou nos motivations. Cela ne veut pas dire que nous ayons cessé de croire en nous-mêmes. Au contraire, cette remise en question est saine et favorise l'assimilation de nos perceptions individuelles au monde qui nous entoure. Nos émotions sont de petites coquines très perméables à nos envies, à nos appréhensions, à nos humeurs, à notre éducation, à nos cycles biologiques, et à nombre d'autres facteurs. L'une des principales raisons d'être d'un mode de vie adéquat, d'une pratique spirituelle quotidienne et d'un entourage affectueux est de mieux accorder nos émotions à la réalité. Croire que cette harmonisation est innée est insensé.

Si nos émotions sincères sont, au mieux, peu fiables, au pire, catastrophiques, comment Dieu peut-il nous guider ? Par le biais de notre intuition. L'intuition s'accompagne rarement, voire jamais, de certitude. C'est une sensation floue, une supposition, une vague idée qui nous fait pencher d'un côté ou de l'autre sans que nous sachions trop pourquoi. L'intuition est humble et influençable. Une intuition bien développée se traduit par une confiance en soi délicate et discrète qui n'a rien de rigide ou de péremptoire, une prise de conscience globale que quelque chose nous fait signe.

On ne s'éveille pas à la présence de Dieu en adoptant des attitudes superficielles comme celles-ci : « Je dois cesser de me juger trop sévèrement » ou « Mes émotions ont toujours raison ». L'éveil spirituel auquel nous aspirons tous est, Dieu merci, beaucoup plus grandiose et beaucoup plus sismique !

PRATIQUE : LE CERCLE DE DISCUSSION – INVITEZ LA VÉRITÉ À PÉNÉTRER VOS ÉMOTIONS

Lisez ce chapitre en compagnie de quelques amis, membres de votre famille ou collègues, puis rassemblez-vous pour discuter des oppositions sincérité/vérité qui se manifestent dans votre vie.

- *L'image de soi* est toujours un domaine fascinant à explorer. Supposons que je prétende vouloir cesser d'être un bourreau de travail. Je dis : « Je crois que je travaille moins, et je suis sincèrement convaincu que ma vie quotidienne est de plus en plus sereine. Qu'en pensez-vous ? Est-ce un leurre ? »

Les participants doivent s'engager à ne pas tourner autour du pot, mais bien à vous faire part de leur point de vue, même si celui-ci n'est pas facile à exprimer. Le cercle de discussion n'a rien à voir avec la thérapie de groupe en vogue dans les années 1960, où les attaques personnelles étaient encouragées. Le cercle de discussion est une pratique sacrée fondée sur la bonne volonté et la fraternité. Les participants doivent savoir que tous les membres du groupe œuvrent pour la croissance spirituelle de chacun. C'est la clé qui vous permettra d'avaler bien des pilules amères.

Nos réunions de conseil sont essentiellement des cercles de discussion. En 1997, il fut décidé que je devrais limiter un peu mes activités et me reposer davantage. Au cercle de discussion de 1998, nous avons relu le procès-verbal de 1997. Je me suis dit content d'avoir suivi les conseils qui m'avaient été donnés, mais mon fils prit la parole et énuméra une bonne douzaine d'éléments qui prouvaient que je ne prenais pas suffisamment soin de ma santé. Il ne m'attaquait pas et ne m'accusait pas : il s'inquiétait de constater que je me leurrais. Voilà comment fonctionne un cercle de discussion.

Tous les sujets peuvent être abordés dans un cercle de discussion, par exemple, l'alimentation, les modes d'expression (plaisanteries de mauvais goût, réactions d'impatience, etc.), ou toute autre forme de comportement égocentrique. Un musicien de mes amis, chanteur folklorique et guitariste de talent, nous rend souvent visite à Kindness House. Nous faisons de la musique ensemble, ou il joue pour notre plaisir. Il me dit un jour, en privé, qu'il ne percevait plus de narcissisme ou de vanité dans son art, qu'il avait surmonté cela. Ma longue expérience de ses visites à Kindness House m'incita à lui répondre : « Pourquoi ne demandes-tu pas aux membres de cette communauté ce qu'ils en pensent? Mon petit doigt me dit qu'ils te diraient tous que tu as beaucoup de talent et que t'écouter est un réel plaisir, mais que tu es aussi très narcissique. Se pourrait-il que tous aient tort ? »

Oui, en théorie, ils pourraient tous se tromper. Mais, la plupart du temps, quand les personnes qui nous connaissent vraiment et nous aiment ont toutes la même perception de nous, nous ferions bien de prendre leurs propos en considération et d'y réfléchir. Quelle image de vous-même voudriez-vous mettre à l'épreuve auprès de votre famille, de vos amis, de vos collègues ou de votre employeur ? Cela pourrait être extrêmement révélateur !

- *L'image des autres* favorise également la confrontation avec la réalité, en particulier lorsqu'elle donne lieu à des conflits. Comme dans le cas de Norman, qui était convaincu que sa conversation avec Sita m'avait déplu, ces sentiments sincères mais trompeurs peuvent endommager gravement nos relations avec les autres. Pour comble, l'autre personne n'a souvent aucune idée de ce qui se trame. Plus nous nous accrochons à nos idées fausses, moins nous les remettons en question, et plus elles tendent à devenir des réalités « occultes ». Nous nous persuadons que l'autre personne les connaît alors que la tempête n'a véritablement lieu qu'en nous-mêmes.
- *L'image globale* peut aussi favoriser les remises en question. Ma mère, qui, du matin au soir, regarde toutes les émissions d'information et d'affaires publiques à la télévision, a une perception très amère de l'état du monde. Ma belle-sœur, qui travaille auprès des jeunes des minorités, qui est témoin des transformations positives qui les affectent individuellement et qui n'a guère le temps de regarder la télévision, est

beaucoup plus optimiste. Chacune a une perception partielle du monde, influencée par ses propres observations. Il est bon, pour nuancer nos points de vue, de les comparer à ceux de nos amis et de nos collègues. C'est vrai que le monde est dans un bien piètre état, et il importe que nous le sachions. Mais il est tout aussi vrai d'affirmer qu'il y a un nombre incalculable de personnes merveilleuses, courageuses et inspirantes, et qu'il importe de reconnaître cette réalité.

Le cercle de discussion se distingue de plusieurs façons de la conversation ordinaire :

- Une seule personne s'exprime à la fois. Ne l'interrompez pas.
- Pratiquez ce que Thich Nhat Hanh appelle « l'écoute profonde ». Autrement dit, efforcez-vous de ressentir les émotions de la personne qui parle en vous identifiant à elle ; ensuite seulement comparez son point de vue au vôtre. Il est très utile de parfaire cette aptitude.
- Prévoyez une limite de temps pour la discussion. Cela favorisera une participation énergique et déterminée sans risque que le cercle se poursuive jusqu'aux petites heures si chacun décide de s'exprimer en toute honnêteté.
- Il est plus important de parler et d'être entendu que de résoudre immédiatement un conflit. Certaines questions demandent une période de réflexion.
- Il est bon de mettre fin au cercle de discussion par une expression de gratitude et de respect, même en cas de conflit.

UN TEMPS POUR PARLER

Lorsque je m'efforce d'avoir une attitude plus bienveillante à l'égard des personnes que je rencontre, il m'arrive d'en éprouver de la confusion. Dois-je leur donner ce qu'elles veulent ou ce qui, selon moi, correspond à leurs besoins ? Qui suis-je pour les juger ?

Il y a un moment pour tout et un temps pour toute chose sous le ciel. […]
Un temps pour se taire, et un temps pour parler. […]

Ecclésiaste 3, 1-7

La distinction entre jugement et discernement est associée à la distinction entre sincérité et vérité. Chaque jour, j'entends quelqu'un dire : « Je ne veux pas porter de jugement, mais… », ou encore « Je fais peut-être un jugement de valeur, mais… » Ces formules sont généralisées. Savons-nous néanmoins ce qu'elles signifient ?

Ce n'est pas un jugement de valeur que d'adhérer à des principes différents. Ce n'est pas un jugement de valeur que d'être en désaccord avec ses amis ou de les exhorter à changer d'avis ou à modifier leur comportement lorsque nous croyons qu'ils se font du tort ou qu'ils en font aux autres. Ce n'est pas un jugement de valeur que de critiquer en toute bonne foi un livre, un film, ou le contenu d'une conférence ou d'un atelier. Ce n'est absolument pas un jugement de valeur que d'orienter la vie morale et les principes de vie de nos enfants. Ce serait plutôt la démonstration d'une conduite humaine importante et légitime.

Depuis quelque temps, nous nous isolons des autres et nous nous les aliénons d'une façon alarmante, parce que nous saisissons mal la différence entre jugement critique et discernement. Nous avons développé une éthique de type non interventionniste en ce qui concerne les opinions et les comportements d'autrui, mais cette éthique ne peut que mettre un frein à l'entraide. Quand nous sommes méfiants ou désireux qu'on nous laisse tranquilles, il nous suffit de dire «J'ai l'impression que tu me juges» pour que l'autre personne tourne les talons.

Pourtant, la vie est une montagne que nous devons gravir comme des alpinistes, en nous entraidant. Nous avons renoncé à ce soutien mutuel par l'application excessive d'un certain nombre de slogans: *Je ne peux que me sauver moi-même. Je sais que je ne peux pas lui venir en aide. À chacun sa vérité. Qui suis-je pour juger? Vivre et laisser vivre. À toi de décider.*

Certes, ces slogans ne sont pas exempts de vérité en ceci qu'ils affirment que chacun est responsable de sa propre ascension. Mais cela ne signifie pas que nous devions laisser chaque individu à ses propres moyens. Nous avons tous besoin d'attraper de temps à autre la corde qu'on nous lance, ou d'obéir aux mises en garde qu'on nous crie de là-haut quand nous flirtons avec le danger. Même si nous pensons que nos amis sont dans l'erreur, nous pouvons les remercier de s'inquiéter de nous au lieu de les accuser de nous juger.

Une telle hystérie pourrait entraîner notre société dans une terrible solitude où, en dépit de notre proximité les uns avec les autres, nous serions terrifiés d'émouvoir ou d'être émus en profondeur. Cette solitude existe déjà pour bon nombre d'entre nous. La notion populaire de « soutien » – un mot très à la mode – semble synonyme d'encouragement plutôt que d'instruction ou de transformation. Nous sommes laissés à nous-mêmes et nous avons beaucoup de mal à escalader la montagne sacrée.

À l'occasion d'un colloque tenu en milieu carcéral à Chicago il y a quelques années, l'un des intervenants décrivit son programme de mentorat destiné aux ex-détenus. Son projet m'apparaissait très positif, mais je fus secoué par sa véhémence quand il déclara : « Et, croyez-moi, le mentorat *n'a pas* pour but de vous dicter vos comportements ! » Une salve d'applaudissements et de hourras accueillit ces propos. L'intervenant et le public entérinaient et applaudissaient de concert un concept extrêmement populaire.

J'étais abasourdi. Premièrement, cette déclaration ne me semblait pas honnête : elle jouait sur les mots. Toute personne qui travaille auprès d'individus dysfonctionnels ou marginalement fonctionnels espère leur faire comprendre quels comportements sont acceptables et lesquels ne le sont pas. Forçons-nous nos enfants à apprendre à monter à bicyclette sans leur prodiguer des conseils qui leur éviteront des blessures ?

Ensuite, il n'y a rien de mal à dire de temps en temps aux autres comment ils devraient agir. Cela n'équivaut pas à les juger, et c'est aussi important que de savoir quand *ne pas* leur dicter leur conduite. Ne soyons pas simplistes au point de ne pas voir les deux côtés de la médaille. En vérité, il est parfois opportun de dire aux autres ce qu'ils doivent faire, et parfois opportun de les laisser décider par eux-mêmes. Quoi que nous fassions, il y a place pour les jugements critiques et aussi pour l'objectivité.

Je connais une femme merveilleuse, conseillère auprès des détenus. Elle est exceptionnellement motivée et compatissante. Son rôle est « sacré » à ses yeux, elle procure aux détenus « un refuge où ils peuvent s'exprimer et être eux-mêmes sans que je les juge ou tente de les transformer de quelque façon que ce soit ». Pédophiles et meurtriers peuvent s'asseoir avec elle et décrire en détail leurs fantasmes sexuels ou leurs fantasmes de violence, et elle se contentera de les écouter à cœur ouvert en les acceptant tels qu'ils sont.

Pour l'amour du Ciel, je n'ai jamais trouvé de texte sacré qui nous conseille d'écouter passivement sans faire de distinction entre le bien et le mal. Cela n'existe que dans les mauvais ouvrages de psychologie populaire. Les grands textes sont clairs : la grande perfection indivise existe, mais au sein de cette perfection, il y a une bonne voie et une mauvaise voie – le dharma et l'adharma en Orient, le Bien et le Mal en Occident. On nous exhorte à prendre parti pour empêcher nos frères et sœurs de détruire leur vie spirituelle en choisissant la mauvaise voie. Est-ce porter un jugement critique que d'affirmer qu'il est mal d'abuser sexuellement d'un enfant ? Rappelez-vous : lorsque Dieu demanda à Caïn où était Abel, Caïn répondit : « Je ne suis pas le gardien de mon frère. » Mais Dieu n'apprécia pas sa réponse !

Comprendre ce que signifie ne pas porter de jugement n'est pas si compliqué. Cela veut dire ne pas se croire supérieur. Ne pas regarder les autres de haut ou se croire incapable des mêmes vices ou des mêmes péchés. Ne pas porter de jugement ne signifie pas « rester neutre » en matière de morale, d'éthique, de vice et de vertu.

N'est-ce pas là, dans cette neutralité, que réside le problème ? Ne nous sommes-nous pas laissés happer par un principe de neutralité en vertu duquel le bien et le mal sont toujours relatifs et il revient à chacun de prendre ses propres décisions ? Est-ce pour cette raison que nous nous permettons, et permettons à nos enfants, de visionner des films chargés d'effets spéciaux très crédibles, où des êtres humains sont brutalement battus, violés, tués à coups de revolver ou massacrés à coups de hache ou au moyen d'une scie à chaîne ? Cet embrouillamini philosophique requiert notre attention. Nous devons reprendre en mains notre propre vie et celle de nos enfants.

L'une des sources de notre confusion est évidente. Ces trente dernières années, la société occidentale a de plus en plus déformé la notion voulant que nous possédions tous un « côté sombre ». Au cours des années 1960, nous niions volontiers l'existence des aspects les plus noirs de notre nature. Cette négation nous entraînant dans l'hypocrisie et le prêchi-prêcha, nous avons voulu exprimer notre maturité et notre humilité en disant : « Reconnaissons l'existence de notre côté sombre. » Bien entendu, c'est ce que s'évertuaient à nous répéter depuis toujours toutes les traditions de la Sagesse : le Bien et le Mal résident en chacun de nous.

Mais avec le temps, en raison des liens qui se sont créés entre la psychologie, l'incitation à consommer et l'industrie du spectacle, nous sommes passés de « Reconnaissons l'existence de notre côté sombre » à « Faisons-nous un ami de notre côté sombre », puis à « Applaudissons notre côté sombre ». Nous avons commencé à juger malsain de ne pas plonger au cœur de nos désirs, de notre fureur, de nos fantasmes les plus noirs, de notre avidité, bref, de tous ces aspects les plus sombres de la nature humaine que toutes les traditions anciennes nous conseillent de surveiller attentivement.

Pour les Grecs, ce côté sombre de la nature humaine était une boîte de Pandore. Une fois qu'on l'a ouverte, il est quasiment impossible de la refermer, surtout à notre époque, car nous pensons à tort qu'il est malsain de vouloir la refermer. L'on tend à voir dans les aspects les plus vils de notre nature des penchants naturels que nous aurions tort de réprimer. Le contrôle de soi, cette pierre angulaire de tout cheminement spirituel, est vu comme un refoulement. La complaisance envers notre côté sombre est devenue la norme dans l'industrie du cinéma, de la musique et de la mercatique. Il est indispensable que nous réévaluions nos notions du Bien, du Mal, et du jugement critique.

Les valeurs fondamentales du dharma et de l'adharma, du Bien et du Mal, demeurent les mêmes à toutes les époques. Elles ne sont pas appelées à être réinventées à intervalles plus ou moins réguliers, individuellement ou démocratiquement. Nous devons plutôt les transmettre à nos descendants, les leur inculquer, et les renforcer en chacun de nous avec le soutien d'autrui.

Les racines du mot sanscrit *dharma* signifient « empêcher le désastre ». Les Dix Commandements, les préceptes bouddhistes, les yamas et niyamas hindous, la loi islamique, tout cela nous a été transmis pour nous empêcher de sombrer dans les désastres moraux et psychologiques qui marquent notre époque. Nous ne manquons pas de leçons de sagesse millénaire pour nous inspirer. Nous devons toutefois réfléchir et nous dissocier des tendances de la culture contemporaine.

En un sens, la voie de la spiritualité n'exige rien de plus que de discerner sans cesse entre le juste et l'injuste, le Bien et le Mal, l'aptitude et l'inaptitude. Nous faisons cette distinction pour nous-mêmes et il nous arrive de la partager avec autrui. Nous ne pouvons pas attendre d'être parvenus à l'éveil pour ce faire, car cela suffirait à nous faire échouer.

Un jour ou l'autre, nous devons en venir à appeler les choses par leur nom, avec bonne volonté et bonne humeur, tout en sachant que nous nous tromperons parfois, et sans nous croire infaillibles. Tant que perdurera cette « hystérie du jugement critique », nous ne serons pas complètement engagés les uns envers les autres, nous serons toujours un peu à côté de la vie, jamais tout à fait capables d'accords ou de désaccords, jamais tout à fait disposés à aider les autres ou à ne pas les aider, jamais aptes à prendre quelqu'un à partie par amour et par compassion.

J'estime énormément les personnes qui ont eu le courage de me dire ce que je n'avais pas envie d'entendre. Le refus de l'opinion sincère et brutale de nos amis est un appauvrissement. De quoi avons-nous peur ? Nous sommes capables d'en prendre ! Un entourage qui ne ménage pas ses influences positives est un entourage compatissant.

PRATIQUE : LE CERCLE DE DISCUSSION – DISCERNEMENT OU JUGEMENT CRITIQUE

Cette pratique est très facile à expliquer, car elle prendra forme d'elle-même à mesure. Rassemblez au moins un ou deux amis (ou votre conjoint, des membres de la famille, des collègues) et ayez avec eux une franche discussion sur ce thème. Quelques questions simples donneront de l'élan à votre discussion :

- Quels exemples de jugement critique et de discernement pouvez-vous relever dans votre entourage ?
- Est-ce que j'évite les confrontations parce que je crains qu'on dise que je me pose en juge ?
- Que signifie le mot « soutien » à mes yeux ? S'agit-il seulement d'un soutien approbateur ?
- En quoi mes amis seraient-ils étonnés de savoir ce que je pense vraiment de leur comportement et de la voie qu'ils ont choisie ?
- Quelle est ma réaction lorsqu'on m'accuse de me poser en juge ? Est-ce que je me referme ?
- Qu'est-ce qu'un ami sur lequel on peut vraiment compter ? Qu'arrive-t-il quand je pense que mon ami fait erreur ?
- Notre amitié nous est-elle aussi bénéfique que possible ?
- En tant qu'amis, pourrions-nous convenir d'être un peu plus libres de nous influencer les uns les autres sans qu'on nous reproche d'avoir essayé ?
- Pourrions-nous imposer un moratoire temporaire sur l'expression « Cesse de te poser en juge » ?

Supposons qu'un couple de vos amis avoue avoir de temps en temps recours à la pornographie pour pimenter sa vie sexuelle. Supposons maintenant que, comme moi, vous estimiez que les revues et les films pornos sont néfastes et que l'industrie de la pornographie exploite et avilit les jeunes, et contribue à resserrer les liens entre sexe et violence, sexe et argent, sexe et infidélité. Supposons que vous soyez d'avis qu'il est mal d'encourager cette industrie.

Vous avez le choix. Vous pourriez cacher vos sentiments afin de ne pas paraître critique. Mais vous seriez un faux ami en prétendant tolérer une situation offensante. Vous pourriez exiger que vos amis cessent de recourir à la pornographie s'ils tiennent à votre amitié. Mais vous vous adonneriez à un jeu de pouvoir dont votre amitié serait l'enjeu en plus d'éviter de démêler le nœud de l'affaire. Vous pourriez enfin dire à vos amis que vous les aimez et que vous tenez à leur amitié, mais que vous espérez qu'ils renonceront à la pornographie. Ensuite, expliquez-leur clairement ce qui vous motive. S'ils refusent de repenser leur rapport à la pornographie, qu'ils évitent tout au moins de discuter avec vous de cet aspect de leur vie personnelle afin de ne pas vous embarrasser.

Cette dernière solution est celle qu'ont choisie beaucoup de mes amis sudistes pour ne pas empoisonner leurs relations familiales lors de la lutte pour les droits et libertés civils. Ils s'efforcèrent de convaincre leurs proches de changer d'attitude envers les Noirs, puis ils leur demandèrent de ne pas proférer de propos racistes en leur présence. Ils n'ont pas ressenti le besoin se dissocier de leur famille, mais ils ont estimé nécessaire de dire la vérité. Dans la plupart des cas, cette franchise a contribué à resserrer leurs liens et à influencer chacun jusqu'à un certain point. Il est bon de s'influencer dans le bon sens. Ne l'oublions pas.

NOUS AVONS TOUS UNE MÈRE

Je sais que l'altruisme se fonde sur la compassion et la générosité, même envers ceux qui ont fait des choses répréhensibles. Comment puis-je éprouver de la compassion envers une personne qui a commis des actes épouvantables ou dont les valeurs diffèrent totalement des miennes ?

Nous devons nous efforcer de comprendre que la bonté, la compassion, l'indulgence et la bonne volonté sont des principes fondamentaux de toutes les traditions de la Sagesse. Ce ne sont ni des idées nouvelles ni de simples suggestions ou des expressions de naïveté. Ces leçons nous viennent de là-haut. Si nous leur obéissons, cela nous réussira. Dans le cas contraire, nous souffrirons. Ce n'est pas une philosophie, mais une réalité. Voilà ce qu'il importe de comprendre lorsque nous luttons contre nos sentiments de haine, de vengeance ou d'indifférence. Nous sommes acculés au mur ; il nous est impossible de donner un sens à notre vie tant que nous n'aurons pas assimilé ces enseignements universels. Il vous faudra du temps pour y parvenir, très certainement, mais vous aurez fait un grand pas en avant dès l'instant où vous vous rendrez à l'irréfutabilité de cette réalité.

Selon les traditions de la Sagesse, la haine, la vengeance, la méchanceté et le mépris ne sont jamais des réactions fécondes. Ce sont des sentiments fort tentants lorsque nous sommes victimes d'un crime ou d'une trahison personnelle, mais il nous faut alors lutter avec notre conscience et avec les valeurs morales, éthiques et spirituelles qui sont les nôtres, et tenter de prendre un recul capable de nous humaniser de nouveau. Ce processus a lieu depuis les premiers temps du monde. Il nous permet d'apprendre et de grandir.

Selon moi, l'un des plus terrifiants changements sociaux du XXe siècle est la façon dont nous nous permettons d'extérioriser notre fureur, notre méchanceté, notre esprit de vengeance à l'endroit des criminels et des individus qui nous déplaisent. Nous avons tout mis en œuvre et nos hommes politiques eux-mêmes expriment cette virulence sans même s'arrêter à penser que la nature humaine possède en elle la capacité de se repentir et de changer.

Les pouvoirs spirituels de l'univers ne nous jugeront pas en fonction des crimes dont nous avons été victimes, mais en fonction de notre réaction à ces crimes. De nos jours, notre réaction est faite de haine et de brutalité institutionnelles, de manifestations de joie exubérante lors d'une exécution, de centres de détention à sécurité « supramaximale » qui rendent fous les détenus plutôt que de les encourager à s'améliorer.

Si nous voulons respecter les plus hautes valeurs humaines, nous devons changer d'attitude à l'égard de ceux qui nous ont fait du mal. Cela ne signifie pas que nous leur permettions de nous voler ou de nous faire du tort. Cela ne signifie pas que nous agissions avec stupidité. Nous ne permettons pas à nos enfants de nous exploiter ou d'accomplir des actes cruels ou immoraux, mais quand ils s'en rendent coupables, nous ne les haïssons pas. Nous ne les punissons pas au point de les rendre dysfonctionnels jusqu'à la fin de leurs jours. Nous ne les renions pas en leur disant de se débrouiller tout seuls.

Chaque détenu a une mère. Pourtant, notre justice criminelle actuelle nous incite à les renier. L'extériorisation de notre haine et de notre fureur n'arrange pas les choses, bien au contraire. Elle les détériore. Tant de jeunes femmes, de jeunes hommes confus, égoïstes surtout, pourraient s'amender si on leur offrait un peu de générosité et une formation adéquate. Au lieu de cela, nous les traumatisons au point d'en faire des criminels dysfonctionnels et isolés pour qui toute réinsertion sociale est une utopie. Aucun mot ne saurait décrire avec justesse la magnitude de l'erreur spirituelle que commet notre justice criminelle. Nous nous faisons un tort considérable dont les conséquences se feront sentir pendant des générations. Je prie pour que nous retrouvions bientôt le chemin du bon sens.

Nous oublions par le fait même que la plupart des grands initiés et des sages de toutes les religions avaient un passé criminel. Ils ont tué, ils ont été ivrognes, ils se sont prostitués. Saint Paul, de son vrai nom Saul, était un juif natif de Tarse, un pharisien persécuteur des chrétiens. Le grand saint tibétain Milarepa, un cruel sorcier, avait assassiné trente-sept personnes. Valmiki, l'un des plus grands sages de l'hindouisme, était un ivrogne, un voleur et un tueur. Ces saints étaient des personnages immondes, des hommes d'une grande cruauté au début de leur vie, des individus beaucoup plus sanguinaires que les millions de pauvres âmes qui croupissent dans nos prisons d'aujourd'hui.

L'histoire de la religion regorge de conversions de cette nature. Si nous cessons de croire à la rédemption et à la transformation, nous passons sérieusement les bornes, et cela ne saurait que nous appauvrir. Certains individus, capables de devenir de grands militants ou de saints hommes, sont derrière les barreaux. J'ai eu la chance d'en connaître quelques-uns. La rédemption et la transformation sont les aspects les plus extraordinaires de toute foi religieuse. Sommes-nous certains de vouloir y renoncer? Nous ne nous prononçons pas «contre eux», en réalité, mais bien «contre les plus grands principes de la conduite humaine», ce qui signifie, au bout du compte, que nous nous prononçons «contre nous-mêmes». Efforcez-vous de comprendre les enjeux de cette attitude.

Une des autres conséquences néfastes du manque de générosité et de la cruauté envers les criminels est que ces mauvaises qualités se répandent comme un virus dans tous les domaines de notre vie personnelle et nationale. Devons-nous nous étonner si nos hommes politiques s'insultent les uns les autres, s'ils ne font preuve ni de dignité ni de décorum dans leurs propos? Devons-nous nous étonner si les émissions-débats rassemblent des personnages pathétiques qui hurlent et s'élancent les uns sur les autres sous les bravos et les applaudissements des spectateurs en studio? La courtoisie la plus élémentaire fout le camp.

Récemment, je me suis arrêté à une station-service pour obtenir un renseignement. Deux femmes dans la trentaine, élégantes et jolies, étaient en train de remplir le réservoir de leur voiture respective. Je me suis adressé aux deux, car elles se tenaient à un mètre l'une de l'autre, et je leur ai demandé de me diriger vers un marchand de bois. L'une des femmes me répondit: «À un kilomètre d'ici environ, sur cette route, vous trouverez une intersection...» Elle s'était arrêtée de parler un moment pour réfléchir, quand l'autre l'interrompit avec vivacité: «C'est une grande intersection.» Celle qui avait parlé la première lui lança un regard glacial et répliqua: «J'étais en train de lui répondre! Je n'ai pas besoin de votre aide!»

Gênée, la seconde femme détourna la tête, et la première continua de m'indiquer le chemin à suivre avec amabilité, comme si de rien n'était. Un moment plus tôt, ces deux femmes, qui ne se connaissaient pas, ne se détestaient pas. Quand je repris la route, elles se tenaient toujours à un mètre l'une de l'autre, mais un gouffre les séparait. Quelle tristesse! Cet incident n'a pas eu lieu dans un quartier mal famé d'une grande ville, mais dans un petit bourg de la Caroline du Nord, là où des générations de citoyens s'enorgueillissent depuis toujours de leur sens de l'hospitalité.

J'ai bien peur que, pour la plupart des gens, une telle affirmation de soi, dépourvue de toute volonté de coopération ou même de la plus élémentaire courtoisie, soit devenue la norme. Comment en serait-il autrement? Nous sommes témoins d'une telle attitude dès que nous allumons le téléviseur, que nous feuilletons une revue ou que nous participons à une assemblée des citoyens qui doivent choisir entre acquérir un nouvel autobus scolaire ou planter une croix sur le toit de l'hôtel de ville à Noël. Chacun s'efforce le plus possible d'être impoli ou furieux à propos de tout et de rien. Sommes-nous si agressifs que les plus mal engueulés et les plus vicieux d'entre nous parviennent à grimper les échelons du pouvoir parce que leur méchanceté nous inspire confiance plus que ne le feraient la délicatesse et la diplomatie ? Sachons être prudents.

On ne peut dissocier la haine, la rage envers les criminels de ces autres problèmes sociaux. Nous enfreignons une loi spirituelle fondamentale, mais nous en payons le prix : impolitesse, cruauté, criminalité, violence, dépravation, haine et fureur accrues. Nous nous retournons les uns contre les autres, parfois même au sein de notre propre famille. La ligne dure est parfois nécessaire envers les adolescents, mais combien de gens comprennent mal et mésusent de cet amour rude en exprimant de la colère et de l'amertume envers leurs propres enfants ? Encore une fois, sachons être prudents. Nous marchons sur des œufs.

J'ai en mémoire un exemple du comportement contraire, un comportement fondé sur une bonne volonté à toute épreuve. En 1994, dans une petite université de la Caroline du Nord, le sénateur Jesse Helms, reconnu pour être un conservateur acharné, reçut Sa Sainteté le Dalaï-Lama. L'une des membres de notre comité de direction, qui avait assisté à cet événement, se dit stupéfaite et émue par l'attitude affectueuse et respectueuse de Jesse Helms à l'égard du Dalaï-Lama. Il s'adressa à lui en disant « Votre Sainteté » ; il l'embrassa ; les deux hommes s'inclinèrent avec humilité l'un devant l'autre. Un cynique aurait affirmé que la seule chose qui les unissait était leur opposition commune aux politiques de la Chine, mais de nombreuses personnes présentes ont affirmé que leur générosité semblait sincère et mutuelle.

Mon gourou me dit un jour : « Quand un voleur à la tire regarde un saint, il ne voit que ses poches. » Si j'en juge d'après mon expérience des saints hommes et des saintes femmes, je suis certain que le contraire est tout aussi vrai : quand un saint regarde un voleur à la tire, il voit le saint latent en lui. Est-il possible que nous ne voyions que les poches de Jesse Helms quand nous le regardons, tandis que le Dalaï-Lama voit le saint qu'il cache ? Est-il possible que Jesse Helms soit sensible au respect et à la générosité du Dalaï-Lama, puis qu'il en vienne à se montrer à la hauteur par des actes qui le surprennent lui-même ?

Mathieu, ce froid collecteur d'impôts, se rendit chez Pierre dans l'intention de se moquer de Jésus. Celui-ci le reçut aimablement et l'invita à se joindre à ses disciples pour le repas. Pierre en fut outragé, si bien que Jésus dit à Mathieu qu'il irait chez lui partager son repas – fait inacceptable pour toute personne respectable. Mathieu se montra à la hauteur des attentes de Jésus. Peu après, il devint son disciple et, plus tard, le saint que Jésus avait reconnu au premier coup d'œil.

Il y a quelques années, j'ai prononcé une conférence à la faculté de droit de Winston-Salem, en Caroline du Nord. À la période de questions, un type costaud, dans la trentaine, assis à l'arrière de la salle, se leva et se mit à raconter nerveusement une histoire fascinante. « Je n'ai pas de question. Je veux seulement remercier Bo et Sita Lozoff pour une chose dont ils ignorent tout. J'ai passé une bonne partie de ma vie dans les cours juvéniles ou en prison. Jusqu'à il y a quelques années. Tout ce temps, je croyais n'être que de la mauvaise graine, mais j'acceptais cette situation. Elle me convenait. Je n'avais pas l'intention d'en changer. Un jour, Bo et Sita sont venus prononcer une conférence. Ils m'ont regardé droit dans les yeux. Je leur ai rendu le regard le plus cruel que j'ai pu, mais ils ont simplement continué à me regarder comme si j'avais été un brave type.

« Eh bien, pour tout vous dire, cela m'a révolté. Je suis sincère. Je les ai détestés. Ils avaient chamboulé toute mon existence d'un seul regard. Je les ai haïs. Parfaitement. Parce que jamais plus je ne pourrais me convaincre que j'étais un type pourri. Et puisque je n'étais pas un type pourri, il me faudrait changer. Aujourd'hui, j'étudie ici, dans cette université. Je tiens à vous dire merci, Bo et Sita. Merci d'avoir vu en moi quelqu'un dont j'ignorais moi-même l'existence. »

PRATIQUE : LA GÉNÉROSITÉ SANS BORNES

La pratique qui suit clôt bien cet ouvrage, car c'est un exercice ultime de communion unilatérale et inconditionnelle avec tous, partout dans le monde. Cette pratique a pour origine la bénédiction que j'adressais chaque jour à mon fils Josh. À la fin de ma séance matinale de méditation, je l'accueillais dans mon cœur pendant quelques instants, je goûtais l'amour paternel que je lui témoignais, et lui offrais une prière. Je compris bientôt que cette affection paternelle ressemble beaucoup à la générosité sans bornes que le Dalaï-Lama éprouva envers Jesse Helms : cette acceptation absolue de sa décence et de sa bonté.

Je sais que mon fils est une bonne personne. Peu importe ses erreurs, c'est une bonne nature. Je le sais sans doute mieux que lui, comme Jésus connaissait mieux Mathieu que Mathieu ne se connaissait lui-même. Quels que soient ses péchés, ses toxicomanies, sa folie, ses crimes, personne ne parviendrait à me convaincre de ce que mon fils est méchant. La générosité sans bornes consiste à reconnaître cette bonté intrinsèque en tout être humain. Certes, ce n'est pas facile. Mais c'est possible, avec un peu d'exercice.

Le plus étrange est que votre bénédiction vous fera plus de bien qu'elle n'en fera à ceux que vous bénissez. Car c'est une vraie bénédiction, un véritable paradis sur terre que de parvenir à nous débarrasser de nos mauvaises intentions, de notre ressentiment, de nos rancunes, de notre amertume et de notre colère. Mais si nous nous demandons si quelqu'un « mérite » notre pardon, nous faisons fausse route. Notre parcours vers la perfection a tout autant besoin de pardon et de bénédiction que les personnes auxquelles nous pardonnons et que nous bénissons.

- Avant tout, remémorez-vous la personne que vous aimez le plus au monde, si possible un être innocent et pur, par exemple, un petit bébé ou un animal de compagnie. Rayonnez dans votre cœur en songeant à l'amour que vous ressentez pour cet être. Bénissez-le.
- Soyez de plus en plus conscient du sentiment de douceur qui vous ouvre le cœur, et inscrivez-y l'image d'autres créatures que vous aimez. Regardez-les avec toute la douceur dont vous êtes capable et offrez-leur une bénédiction sans condition.
- Si vous sentez votre cœur se refermer, rappelez à votre esprit l'image de la première créature que vous y avez appelée, afin de vous rendre à nouveau disponible. L'amour que vous ressentez pour cet être spécial vous aidera à approfondir l'amour que vous ressentez envers toutes les créatures de Dieu.
- À mesure que la pratique de cette bénédiction vous deviendra plus facile, vous accueillerez dans votre esprit les êtres les plus vils, désagréables ou perdus que vous

puissiez imaginer (il y en a !) et vous vous efforcerez de croire à leur bonté et à leur décence avec autant d'enthousiasme que vous croyez à la bonté et à la décence des êtres innocents et purs que vous aviez accueillis au début.

Ne vous limitez pas aux personnes que vous connaissez, mais incluez les objets les plus récents du mépris et de la haine de la société : les jeunes qui tuent leurs camarades de classe, les terroristes qui font sauter des avions, le tueur en série, le pédophile, tout autre individu jugé monstrueux par les médias et digne de la haine du peuple. Ceux qui, comme vous et moi, disent être des pèlerins de la spiritualité ne sauraient s'associer à cette mentalité de foule en délire. Ainsi que l'exprime la prière de saint François, là où il y a la haine, nous devons semer l'amour. Nous n'avons pas d'autre choix. Cette pratique nous permet de le faire vraiment, de ne pas seulement nous contenter d'y croire.

Considérez que cette bénédiction vous aide à voir chaque être humain comme si sa mère était votre voisine. Si vous faites cela chaque jour, même pendant quelques secondes tout au plus, vous constaterez que personne ne vous est inconnu. Vous en viendrez peut-être à comprendre aussi qu'un ange ou un saint réside au plus profond de vous aussi. Alors, qu'attendez-vous pour commencer à en adopter les comportements ?

À qui te demande, donne ; à qui veut t'emprunter, ne tourne pas le dos.

[…] Aimez vos ennemis, et priez pour vos persécuteurs […] car si vous aimez ceux qui vous aiment, quelle récompense aurez-vous ? […] Et si vous réservez vos saluts à vos frères, que faites-vous d'extraordinaire ? Les païens eux-mêmes n'en font-ils pas autant ? Vous donc, vous serez parfaits comme votre Père céleste est parfait.

Jésus, *Le Sermon sur la montagne*

Postface

NE COMPLIQUEZ PAS LES CHOSES

Au milieu des années 1960, Sita et moi avons noué des liens d'amitié durables avec un type costaud, un montagnard pesant dans les 135 kilos, chauffeur de camion de son état. Ted était devenu du jour au lendemain une vedette de la lutte pour les libertés civiles après avoir mis K.O. un shérif adjoint qui s'apprêtait à brutaliser un Noir, son collègue de travail. Ted ne se prenait pas le moins du monde pour un militant et, du reste, c'est à peine s'il savait lire et écrire. Mais il avait réagi à une situation négative avec tout ce qu'il possédait d'humanité.

Ted avait déjà purgé une peine de neuf ans de prison dans son Nebraska natal avant d'émigrer en Floride avec sa femme et ses quatre enfants pour recommencer sa vie. En dépit de leur très grande pauvreté, Ted et sa famille étaient des gens bons, généreux, très doués et dotés de gros bon sens. Sita et moi avons séjourné chez eux à plusieurs reprises. Elsie, l'épouse de Ted, enseignait à Sita à faire de la bonne cuisine paysanne, des conserves, et bon nombre d'autres choses qui nous ont été très précieuses plus tard. Puis, Sita et moi avons poursuivi notre chemin et avons connu de profondes transformations amenées par la méditation, le yoga et la spiritualité orientale. Plusieurs années avaient passé lorsque Ted et Elsie vinrent nous rendre visite à l'ashram où nous avions élu domicile. Nous portions des vêtements blancs et des Pater. Nous étions végétariens et terriblement aimables. Ted nous demanda de lui expliquer ce que diable nous faisions.

Je lui débitai d'interminables et éloquents propos sur la spiritualité, les illusions, la méditation, la transformation, les chakras, la respiration, l'énergie, et... enfin, vous me comprenez. Tout ce temps, Ted me regardait droit dans les yeux. Quand je me tus, il cracha un jet noir de chique et fit un commentaire qui, dès cet instant, modela mon travail, mon écriture et mes conférences: «Tu sais, Bo, si tu ne peux pas dire tout ça assez simplement pour que je comprenne, de deux choses l'une: ou bien c'est de la merde, ou bien tu n'y comprends rien toi-même.»

Il venait de me donner la leçon la plus vraie et la plus profonde que j'aie jamais reçue. Il y a longtemps que Ted, comme on dit au Tibet, «nous a quittés pour de plus heureuses renaissances», mais sa sagesse ordinaire se perpétue dans cet ouvrage et dans les pratiques spirituelles que je vous souhaite. Si nous persistons à compliquer les choses, nous faisons fausse route encore et encore.

Votre mode de vie peut changer. Vos pratiques spirituelles peuvent changer. Mais la pratique spirituelle devrait toujours vous aider à devenir plus aimant, pas moins; plus résistant, plus jovial, plus polyvalent, pas moins. Lorsque vous êtes dans une impasse que vous avez créée vous-même, lorsque vous vous sentez en désaccord avec tout ce qui vous entoure, le moment est venu de prendre du recul et de revenir à la simplicité des choses. Aimez votre prochain et aimez votre vie. Relâchez votre emprise sur la création divine et aidez votre prochain autant que faire se peut.

Lorsqu'une corde comporte des tas de nœuds, il faut de la patience et de l'adresse pour les défaire. Les pratiques décrites dans le présent ouvrage vous proposent différentes techniques pour défaire les nœuds de la corde. Vous pourriez commencer par de simples exercices de respiration ou de méditation, puis ajouter la prière et quelques lectures sacrées à votre répertoire. Faites attention de ne pas ajouter d'autres nœuds à votre corde par ces pratiques. Ainsi que le disait mon bon vieux Ted, ne compliquez pas les choses.

Pour prévenir les complications inutiles, optez en toute conscience pour une pratique spécifique et déterminez le moment de la journée qui lui conviendrait le mieux. Réfléchissez à vos besoins. Disposez-vous d'un lieu tranquille pour méditer sans interruption ? Avez-vous un coussin pour vous asseoir ? Les livres que vous désirez lire sont-ils en votre possession ? Le cas échéant, avez-vous du papier et un stylo à portée de la main ? Ces questions peuvent sembler simplistes, mais n'oubliez pas qu'une bonne préparation vous évitera bien des déboires.

Faire acte de bienfaisance avec constance peut sembler compliqué. Commencez par de petites choses ; elles n'en seront pas moins valables : par exemple, faites preuve de bonté envers toutes les personnes que vous croisez, du commis d'épicerie au péagiste. Une gentillesse en amène une autre.

Lorsque nous intégrons un tel souci de rendre service à notre vie quotidienne, nous sommes parfois tentés de réduire la part de temps que nous consacrons à nos pratiques spirituelles. Selon moi, c'est là une cause majeure d'épuisement professionnel. Le dévouement total aux autres par des activités désintéressées, peu importe que celles-ci nous procurent le sentiment de venir en aide à autrui, finit par nous gruger jusqu'à la moelle si nous ne prenons pas le temps d'entrer aussi dans notre silence intérieur. Cela équivaut à exhaler sans inhaler : ça ne peut pas durer toujours. Inspirez. Votre altruisme n'en sera que plus profond.

> Un homme rendit visite à son maître spirituel et lui dit : « Mon problème est que je m'efforce de réserver une heure chaque jour à la méditation, mais j'ai une femme et trois enfants, et un emploi très exigeant. Les enfants sont déjà debout quand je me lève ; quand je rentre à la maison le soir, je n'ai pas un instant de tranquillité. Et puis, il faut bien que ma femme et moi nous ménagions des moments d'intimité. Que faut-il que je fasse ? » Le maître répondit : « *Deux* heures de méditation par jour. »

À mesure que la communion intérieure renforce notre présence, clarifie notre esprit et nous ouvre le cœur, nos actes de bienfaisance deviennent une manifestation spontanée, naturelle de cette présence, de cette clarté et de cette compassion. Je ne vois pas d'autre façon d'avoir une vie réellement enrichissante : cœur et esprit dans un équilibre sans cesse renouvelé.

Peu importe notre bonne nature et nos bonnes intentions, une vie vouée au service d'autrui est impossible sans l'apprentissage d'un rythme binaire intérieur/extérieur, car alors le secours que nous portons aux autres est sans joie. Pour cheminer le plus loin possible dans la voie de la spiritualité, il faut sauter dans la soupe, en être l'un des ingrédients, et non pas se contenter de la touiller de haut.

À Kindness House, nous avons des mises au point hebdomadaires afin de nous confronter à nous-mêmes et aux autres. Ce sont essentiellement des cercles de discussion où nous pouvons nous concentrer sur nos liens d'amitié et notre travail spirituel sans être dérangés par le téléphone, les visiteurs ou toute autre distraction. Vous pouvez faire de même, seul ou entre amis, et répondre de temps à autre à quelques questions fondamentales :

- La vie que je mène correspond-elle à mes aspirations ?
- Est-ce que je consacre suffisamment de temps à ma pratique spirituelle ? À l'aide que j'offre à mon prochain ?
- Est-ce que je prends bien soin de mon corps ? Est-ce que je dors suffisamment ? Est-ce que je fais assez d'exercice ?
- Est-ce que je remplace mes mauvaises habitudes par de bonnes habitudes ?
- Est-ce que je dépense plus d'argent que nécessaire ? Pourquoi ?
- Est-ce que j'aime mon gagne-pain ?
- Comment me suis-je comporté envers les personnes que j'ai croisées aujourd'hui ?
- Mes êtres chers savent-ils à quel point je les aime ?

Quelles que soient les questions qui suscitent ce «face à face avec la réalité spirituelle» pour vous, votre famille et vos amis, ne les compliquez pas inutilement. Elles traitent des points fondamentaux de votre vie : vos valeurs, votre emploi du temps, votre bien-être physique, vos relations avec votre entourage. Ces interrogations sont non seulement sensées, elles sont indispensables à une vie enrichissante. Au début, vous trébucherez sans doute. Mais c'est normal. Vous avez trébuché en apprenant à marcher ou à monter à bicyclette. Avec un peu d'exercice, vous réussirez.

LES SAINTS, LES SAGES ET LES TEXTES SACRÉS MENTIONNÉS DANS LE PRÉSENT OUVRAGE

ADI GRANTH : texte sacré du sikhisme contenant quelque six mille hymnes. Les influences hindouistes et musulmanes y sont apparentes et témoignent de l'origine du sikhisme.

BA'AL SHEM TOV : surnom du rabbin Ysrael Ben Eliezer (1700-1760), fondateur du mouvement hassidique juif. *Ba'al Shem Tov* a plusieurs significations, notamment « Maître du Nom ». Dans l'entourage du Ba'al Shem Tov, les miracles étaient fréquents. On dit que, lorsqu'il priait, une lumière vive émanait de lui et que la pièce dans laquelle il se trouvait était agitée de secousses.

Le Bhagavad-Gîtâ : sanscrit pour « Le chant du Seigneur ». L'une des sections du Mahabharata, l'une des deux grandes épopées sacrées de l'hindouisme, l'autre étant le Ramayana (voir plus bas). Le principal message du Bhagavad-Gîtâ est le renoncement du moi pour le dévouement à Dieu. Le Gîtâ était le texte préféré du Mahatma Gandhi, qui le lisait fidèlement chaque jour.

BAHÂ' U'LLAH (1817-1892) : chef religieux persan qui fonda une secte islamique : le bahaïsme. Il vécut en prison presque toute sa vie. Il y écrivit le plus important des textes bahaï, soit le Kitâbi Ikân, « Le livre des certitudes ».

BOUDDHA : richissime prince du nom de Siddharta Gautama (v. 563-480 av. J.-C.). Sa naissance s'accompagna de nombreux miracles. Les initiés dirent à son père, le roi, que Siddharta était destiné à devenir un grand roi ou un grand saint. Son père, voulant s'assurer que son fils serait roi, l'isola complètement du monde afin qu'il ne soit jamais témoin de la souffrance humaine, de la vieillesse, de la maladie ou de la mort. Mais avec le temps, Siddharta fut en contact avec une personne malade, un vieillard, un cortège funèbre et un sage. La conscience de la finitude de l'existence le dégoûta des plaisirs de la cour. Il renonça à tout et se mit en quête de la vérité. Il atteignit le *nirvana,* cet état qui transcende la souffrance, tandis qu'il méditait sous un figuier pippal, à Bodh Gaya. Dès lors il devint le *Bouddha,* l'«éveillé», et il initia ses disciples à la «voie du milieu», celle qui permet à l'être d'atteindre sa vraie nature et celle de tout le créé.

Le rabbin SHLOMO CARLEBACH (1924-1994): rabbin de Kihillat Jacob, à Manhattan, et le compositeur-interprète hassidique le plus populaire du judaïsme américain.

Sa Sainteté le quatorzième DALAÏ-LAMA: chef politique et religieux de la nation tibétaine. Depuis son exil en Inde à la suite de l'occupation du Tibet par la Chine en 1959, le Dalaï-Lama est l'un des humanistes et chefs religieux les plus aimés dans le monde. Pour les bouddhistes tibétains, le Dalaï-Lama serait la réincarnation d'Avalokiteshvara, le Bouddha de la compassion.

TULSI DÂS (1532-1623): le plus grand des poètes mystiques indiens. Auteur d'une traduction du sanscrit à l'hindi du Ramayana, l'un des deux grands textes sacrés de l'Inde, il a permis aux gens du commun d'accéder à cette sublime épopée. La version de Tulsi Dâs, les Ramacharitamanas, est devenu l'écrit sacré le plus populaire de l'Inde. Ce texte a été représenté, lu et chanté de toutes les façons possibles.

Le DHAMMAPADA: «La voie de la vertu», en pali, est un texte bouddhiste fondamental qui décrit les valeurs primordiales de l'existence et la voie de l'illumination du Bouddha.

SAINT FRANÇOIS D'ASSISE (v. 1181-1226): personnage important de l'Église médiévale. Il renonça à une vie de privilégié pour se vouer aux valeurs chrétiennes de pauvreté, de simplicité et d'amour. François a fondé sa propre confrérie de moines, les franciscains, en 1210.

MAHATMA GANDHI (1869-1948): il a voué son existence à la non-violence, le principe hindouiste de l'*ahimsa.* Sa campagne fructueuse pour libérer l'Inde du colonialisme britannique lui a valu le respect et l'admiration du monde entier. Le courage personnel de Gandhi et ses analyses pénétrantes des changements sociaux ont eu une influence fondamentale sur le militantisme pacifique partout dans le monde, y compris sur les luttes de Martin Luther King aux États-Unis. Gandhi fut assassiné en 1948 par un fanatique sikh. Ses dernières paroles furent: «*Jai Ram*» («Vive Dieu», en hindi).

KHALIL GIBRAN (1883-1931): poète et romancier né au Liban et émigré aux États-Unis. Il est surtout connu pour ses ouvrages, *Le prophète* et *Jésus le fils de l'homme,* qui fusionnent les mystiques poétiques de l'Orient et de l'Occident.

Les ÉVANGILES CHRÉTIENS sont au cœur du Nouveau Testament de la Bible. Ils narrent la vie et l'enseignement de Jésus du point de vue des Évangélistes Matthieu, Marc, Luc et Jean.

HÂFIZ (1320-1389): l'un des poètes mystiques les plus importants de l'islam. L'œuvre majeure de ce «fou d'amour de Dieu», doté d'un humour décapant et maître de la métaphore, a été traduite en français par Pierre Seghers: *Le livre d'or du Divân.*

HILLEL: rabbin et maître du judaïsme ayant vécu à Jérusalem au Ier siècle av. J.-C. Dans son interprétation des Écritures, il recourait à des anecdotes et à des maximes. Il a beaucoup contribué à la formation de la pensée juive.

Les CONTES JATAKA: recueil de 547 histoires relatant les vies antérieures du Bouddha. Dans chacune, le Bouddha apparaît sous une forme différente de la sienne (souvent dans la peau d'un animal). Ces contes illustrent tous un problème moral.

JÉSUS DE NAZARETH (v. 6 av. J.-C. - 33 A.D.): pour les chrétiens il est le Christ, le Messie sauveur du monde, le fils de Dieu. Jésus s'est démarqué de la tradition juive à l'époque de la domination du peuple juif par les Romains. Il fut crucifié pour avoir affirmé, avec ses disciples, qu'il était en effet le Messie promis par Dieu dans tout l'Ancien Testament. L'essentiel des enseignements de Jésus se retrouve dans le Sermon sur la montagne. Il y prêche le renoncement volontaire à tout comportement égoïste ou autoprotecteur et une dévotion totale au service de Dieu par le biais de la bonté envers ses créatures. On le dit responsable de très nombreux miracles, y compris celui de sa propre résurrection des morts, que les chrétiens célèbrent à Pâques.

Le père MATTHEW KELTY: moine du monastère de Gethsemani et ancien novice de Thomas Merton. Il a vécu neuf ans en Nouvelle-Guinée, en ermite. Son livre, *My Song Is of Mercy,* renferme une spiritualité tout ensemble chrétienne et universelle.

Le CORAN: livre sacré de l'islam. Son titre arabe signifie «la lecture» ou «la leçon». Dans la Perse du VIIe siècle, Mahomet (voir plus bas) entendit une voix le sommant d'écrire la parole de Dieu et de devenir Son envoyé. Les musulmans considèrent que cette voix était celle de l'archange Gabriel. D'abord récalcitrant, Mahomet devint néanmoins le Prophète, ou le Messager, et le fondateur de l'islam. La religion islamique est une branche de l'arbre judéo-chrétien. Elle a accueilli plusieurs figures de l'Ancien et du Nouveau Testament, incluant Jésus, qu'elle considère comme l'un des prophètes de Dieu. De très nombreux musulmans se font un devoir sacré d'apprendre par cœur les 75 000 mots du Coran dans sa langue originale, tel qu'il fut révélé au prophète Mahomet.

KRISHNA est, pour les hindouistes, l'incarnation du Seigneur suprême, Vishnou. Comme Jésus, Krishna eut une origine humble (il est né dans un donjon) et il fut l'objet d'une recherche massive par un roi cruel qui avait résolu de le tuer au berceau (comme Hérode voulut tuer Jésus). Krishna et son frère, Balaram, ont été donnés à d'humbles vachers pour qu'ils les élèvent en secret. Responsable de nombreux miracles, il ne révéla sa véritable identité qu'à l'âge de douze ans (comme Jésus, lorsqu'il fit son premier sermon au Temple). Krishna est le personnage central du Mahabharata. Le Bhagavad-Gîtâ regroupe ses enseignements.

JIDDU KRISHNAMURTI (1895-1986): maître spirituel indien qui prêchait une conscience individuelle à l'écart des religions ou des gourous. Il naquit en Inde et émigra plus tard à Ojai, en Californie, où la Fondation existe toujours. Ses livres incluent ses *Commentaires sur la vie, La première et dernière liberté, Se libérer du connu, La vérité et l'événement, Le livre de la méditation et de la vie.*

LAO-TSEU (VIe siècle av. J.-C.): historien et lettré chinois, fondateur du taoïsme et auteur du *Tao Te Ching,* «La Voie et ses vertus». Ses enseignements oraux ont été transcrits dans le *Hua Hu Ching*. Le taoïsme prêche la simplicité et l'harmonisation à toute chose créée. Similaire au bouddhisme en ceci qu'il préconise la transcendance du moi, le taoïsme trouve une illustration quintessentielle dans cette pensée: «Le sage ne fait rien, et rien ne demeure inachevé.»

Le MAHABHARATA: l'un des deux grands écrits sacrés de l'hindouisme, connu dès le VIe siècle et attribué à l'initié Vyasa. Par le biais de l'histoire d'une dynastie familiale extrêmement puissante et des querelles entre branches cousines qui s'arrachent le trône de l'Inde, le Mahabharata est riche d'enseignements sur la domination de soi et la dévotion à Dieu. L'une de ses parties, le Bhagavad-Gîtâ, est depuis longtemps considérée par des gens de toutes confessions comme l'un des écrits sacrés les plus profonds de toute l'histoire des religions. Le Mahabharata a été traduit en français par Jean-Claude Carrière.

MILAREPA (1040-1123): yogi, saint et poète bouddhiste. Plus tôt dans sa vie, il avait été sorcier et responsable de la mort d'un grand nombre d'individus. Il est l'une des figures centrales de l'école Kagyu du bouddhisme tibétain.

Le père MIGUEL DE MOLINOS (1628-1696): prêtre du Vatican devenu célèbre quand il écrivit et publia, en 1675, un ouvrage de dévotion et de mystique catholique, le *Guide spirituel*. Accusé d'hérésie et condamné à l'emprisonnement à vie en raison de ses croyances quiétistes, Molinos est mort dans un couvent du Vatican. Le pape Innocent XI dénonça ses opinions dans la bulle *Cælestis Pastor* et excommunia tous ceux qui entraient en possession de son livre. Cette bulle n'a toujours pas été révoquée.

MÈRE TERESA (1910-1997): née en Albanie, elle a vécu et travaillé à Calcutta, en Inde, vouant sa vie entière aux plus démunis de la société. Sa Congrégation des missionnaires de la Charité a rayonné partout dans le monde. Le nom de Mère Teresa est devenu un symbole de charité chrétienne. Elle disait ne pas servir les hommes, mais Dieu. Sa vie était centrée autour de la prière. Elle disait: «Quand je regarde un mendiant mourant dans les yeux, je vois le Christ.» À la pitié, elle préférait une attitude de joie profonde dans son travail auprès des pauvres.

MAHOMET (570-632): il était déjà un homme d'âge mûr quand il reçut ses premières visions. Il fonda l'islam en 622 lorsqu'il vint s'installer au nord de La Mecque afin de se rapprocher de ses disciples. Des années plus tard, sans verser une seule goutte de sang, il conquit La Mecque, mais choisit de vivre à Médine. Influencé à la fois par le judaïsme et le christianisme, il prêcha le monothéïsme, qui est au cœur de la doctrine islamique. Pour les musulmans, Mahomet est le Messager élu de Dieu.

MURSHID SAMUEL LEWIS, dit «SUFI SAM» (1896-1971): précurseur de la religion et du mysticisme universels de notre époque. Il adopta et enseigna le soufisme et le bouddhisme zen, de même que d'autres traditions spirituelles. Il est l'auteur de *Spiritual Dance and Walk, Talks of an American Sufi* et *This Is the New Age in Person.*

NEEM KAROLI BABA: mon gourou, un mystérieux initié indien qui commença à m'apparaître en rêve lorsque j'avais huit ans. Je l'appelais «Magic Man». J'ignorais tout de son existence jusqu'à ce que j'aperçoive une photo de lui dans le premier livre de Ram Dass, *Be Here Now.* On le disait âgé entre quatre-vingts et trois cents ans quand il quitta son corps en 1973. Pratiquement inconnu, il est néanmoins directement responsable de la naissance du projet Prison-Ashram ainsi que d'autres réalisations majeures de notre époque, notamment l'éradication presque totale de la variole. Des miracles se produisaient en sa présence. Entre autres livres à son sujet, notons *Miracle of Love, By His Grace* et *The Near and the Dear.*

Le NOUVEAU TESTAMENT : partie chrétienne de la Bible qui rassemble les Évangiles, les Actes des Apôtres, les Épîtres et l'Apocalypse. Les Évangiles de Matthieu, de Marc, de Luc et de Jean relatent la vie de Jésus. Les Actes des Apôtres rassemblent les enseignements de Pierre et de Paul, deux importants disciples de Jésus. Les Épîtres sont des lettres. L'Apocalypse rassemble des prédictions sur l'avenir de l'humanité et traite du Jugement dernier.

L'ANCIEN TESTAMENT regroupe les écrits fondamentaux de la Bible : la Torah (le Pentateuque), les Livres prophétiques, les Livres historiques, poétiques et sapientiaux. Le Pentateuque comprend la Genèse, l'Exode, le Lévitique, les Nombres et le Deutéronome. Ils racontent l'histoire de la création telle que vue par les Juifs et transmettent les lois. Les Livres prophétiques rassemblent les enseignements des prophètes juifs. Les autres Livres regroupent plusieurs types d'écrits, notamment des psaumes, des récits historiques, des proverbes, des poèmes, etc.

SAINT PAUL (v. 3-67) : Saul, né à Tarse, en Cilicie, fut d'abord un ennemi du christianisme. Comme le Tibétain Milarepa (voir ci-haut), il provoqua la mort d'un grand nombre de gens avant sa conversion. Ses lettres aux premiers chrétiens constituent une part importante du Nouveau Testament et furent souvent écrites dans l'une des prisons romaines où il passa une grande partie de sa vie.

RAMAKRISHNA (1836-1886) : initié et mystique bengali qui rencontra Dieu dans les représentations de toutes les grandes religions. Il prêcha que chaque religion nous offre une voie différente vers la même expérience de Dieu. Ses disciples, parmi lesquels Swami Vivekenanda, ont beaucoup fait pour promouvoir un dialogue interconfessionnel à travers le monde. L'ouvrage le plus connu de Ramakrishna est *L'enseignement de Ramakrishna*.

Le RAMAYANA : l'une des grandes épopées hindouistes, et l'ouvrage central de la pratique spirituelle de ma famille. Le livre raconte la venue de Dieu sur terre sous la forme de Rama, ou Ram, en compagnie de sa femme, Sita. C'est un récit d'aventure, d'intrigue, de dévotion et d'honneur. C'est le récit de votre vie et de la mienne, un récit qui nous enseigne comment sortir victorieux de nos luttes innombrables. Le Ramayana a été publié en français en 1999 dans la Bibliothèque de la Pléiade.

Le père MURRAY ROGERS : prêtre anglican, conseiller spirituel de ma famille et de ma communauté. Le père Murray et sa femme, Mary, de même que leur amie dévouée Heather Sandeman, ont vécu vingt-sept ans en Inde au milieu des pauvres, puis dix autres années au sein d'une communauté monastique en Israël, puis encore dix ans en Chine et sept ans au Canada avant de rentrer dans leur Angleterre natale. Bien avant ma naissance, leur vie était centrée sur la simplicité et la spiritualité. Ce sont des gens qui rayonnent d'humilité, des aînés heureux qui nous inspirent et nous maintiennent sur le qui-vive.

JALÂL AL-DÎN RÛMÎ (1207-1273) : le plus connu des poètes mystiques persans, Rûmî a vécu dans ce qui est aujourd'hui la Turquie. Il a écrit le *Masnawi é ma'nawi*, un monument poétique en six tomes sur la spiritualité et la tradition soufies. Le *Masnawi* a exercé une grande influence. La presque totalité des Persans le connaissent et peuvent souvent le réciter de mémoire. Les éditions de l'Imprimerie nationale (Paris) et les éditions Gallimard (Paris) ont publié des choix de poèmes de Rûmî en français.

Le rabbin RAMI SHAPIRO est un ami personnel et l'une des voix les plus originales du judaïsme américain contemporain. Parmi ses livres, notons *Open Secrets, Minyan* et *Wisdom of the Jewish Sages.*

Le SIKHISME, fondé par un musulman, Kabir, est né d'une fusion entre l'islam et l'hindouisme. Il préconise l'égalité de tous les hommes, quelle que soit leur caste, l'iconoclasme et l'amour fraternel. Nanak (mort en 1539) fut l'un des dix premiers gourous de la religion sikh.

Le SOUFISME : secte mystique islamique qui partage avec le judaïsme hassidique une ferveur intense, un besoin de la présence de Dieu et des chants et danses extatiques. Le soufisme a produit certains des courants poétiques mystiques les plus exceptionnels de tous les temps.

Un SWAMI est un maître spirituel et un ascète hindouiste dont la discipline de vie est centrée sur la charité et la dévotion religieuse.

Le TAO TE CHING, de Lao-tseu, est l'un des grands classiques de la spiritualité. Cet ouvrage bref, philosophique et énigmatique, s'articule autour de la vertu du Tao, la « voie », le principe universel éternel.

Le père THEOPHANE : un autre de mes amis et aîné dont le livre, *Tales of a Magic Monastery,* regroupe des histoires très courtes, parfois d'un paragraphe ou deux à peine, qui expriment le mystère, la paix, l'humour et la dévotion d'un fervent disciple de Jésus. Le père Theophane vit au monastère de St. Benedict, à Snowmass, dans le Colorado.

THÉRÈSE D'AVILA (1515-1582): première femme à être honorée par le pape (Docteur de l'Église), elle vécut en Espagne et écrivit son autobiographie spirituelle, *Le livre de la vie*. Ses autres ouvrages incluent *Le livre des fondations, Le chemin de la perfection, Les demeures ou le château intérieur.* C'est une des figures dévotionnelles les plus passionnées de la tradition chrétienne.

Les UPANISHADS, dernière section des écrits védiques hindouistes, traitent des grands mystères de la création et de la vie. Ce sont certains des textes les plus importants de la littérature sacrée.

VALMIKI (v. 6000 av. J.-C.): connu en Inde sous le nom de «Adi-Kavya», le «Premier poète». Comme Milarepa, saint Paul et tant d'autres, Valmiki fut un criminel qui se convertit à la suite de sa rencontre avec un sage. Il passa tant d'années de sa vie dans la méditation qu'une fourmilière grandit autour de lui. Il eut un jour une vision qui lui ordonna de se dégager de sa fourmilière et d'écrire le Ramayana, ou «Voie de Rama», le grand poème épique indien qui relate la vie du prince Ram et de sa femme, Sita. L'épopée de Valmiki est, depuis des millénaires, l'un des textes sacrés les plus respectés.

Un YOGI est un adepte de l'une ou l'autre des écoles de yoga, qui signifie «domination de soi». Il y a plusieurs écoles de yoga dont les plus importantes sont le *Bhakti* (la dévotion), le *Karma* (l'altruisme), et le *Jnana* (la sagesse). Le *Hatha* et le *Raja yoga* sont des techniques avancées du recours au corps et à la respiration pour favoriser la communion avec Dieu.

Table des matières